JN250696

いかさま、騙しの技法

詐欺賭博の研究

井上馨 著

国書刊行会

はじめに

金銭を賭けて勝負を争う「賭博（とばく）」の歴史は古く、今から千三百年ほど昔の飛鳥（あすか）時代の六九八年（文武天皇二）にも、

「博戯遊手（はくぎゆうしゅ）の徒（博奕（ばくち）や賭けごとをして遊び暮らしている者）を禁止する」（『続日本紀』七月七日、『新国史大年表』第一巻二一六頁参照）

との取り締まりが出されています。江戸時代には幡随院長兵衛や国定忠治、清水次郎長のような博徒が神社仏閣の祭礼の時や縄張り内で賭場を開き、賽子（サイコロ）や花札を用いての賭博が開帳されてきました。金銭を賭けての勝負事ですから、賭博にイカサマ行為はつきもので、相応な厳しい習練を必要とする高度なイカサマや騙しの工夫が行われてきました。

本書『いかさま、騙しの技法——詐欺賭博の研究』は、賭博にまつわるさまざまな不正手段（イカサマ）を研究し、その手法を図版を多用して具体的に示したものです。もとより詐欺賭博の不正手段は時代により大きく変化していますが、その基本は儲けようとする心理を利用することです。本書中の「抱き落とし」の手法は現在も使われています。

本書の原本は「司法研究　報告書第二十輯十四　詐欺賭博の研究」として、昭和十年十一月に司法省調査課より、司法部内の研究資料として刊行されたものです。筆者井上馨は名古屋地方裁判所検事局検事で、「司法研究第二部第十回研究員」としての研究成果をまとめたものです。

井上は主な参考資料として、

一、昭和十年六月までに確定した十ヵ年にわたる全国詐欺賭博事件百四十件の記録（二百五十冊）および判決謄本ならびに予審終結決定書謄本。
二、判事星野武雄氏著「詐欺賭博」。
三、検事小泉輝三郎氏著「大阪に行はるるインチキ賭博と鹿追」。
四、警視庁警部岩重重昇氏著「裏から見たインチキ賭博」。
五、検事堀真道氏著「詐欺賭博とイカサマ方法」。
六、検事三木今二氏著「賭博」。
七、司法資料第一号「定型ある犯罪の捜査」。
八、司法資料第百二十一号「賭博に関する捜査」。
九、東京市浅草区蔵前大通森田町十番地賭具販売店下方屋商店、ならびに甲府市柳町三丁目賭具販売店塩島商店各発行に係わる「不正賭具営業案内書」。
十、前示下方屋商店店員の説明、ならびに市ヶ谷刑務所、府中刑務所および名古屋刑務所入所中の詐欺賭博事件被告人、同罪により処刑せられたる囚人計八名の供述。などを掲示しています。

筆者は検事の立場から、詐欺賭博に関する先行研究書七冊や司法資料を活用し、合わせて百四十件の詐欺賭博事件の裁判記録に目を通して被告人の供述などもひもとき、実際の詐欺賭博事件の関係者や刑務所に入所中の被告人の供述を参照するなど、実に綿密な研究のもとに本書を執筆しています。今では考えられないような奇想天外なインチキ手法も収録されています。手書きの豊富な図版もこうした地道な研究に導かれての成果と考えられます。

平成二十九年九月

国書刊行会

現代語版凡例

本書の原本は「司法研究　報告書第二十輯十四　詐欺賭博の研究」として、昭和十年十一月に司法省調査課より、司法部内の研究資料として刊行されたものです。このたびの現代語版の発行にあたり、左記のように編集上の補いをしました。

①本文の旧漢字旧仮名遣いを新漢字新仮名遣いに改めました。
②差別用語に配慮し、一部を削除あるいは加筆し補いました。
③難字にはルビをふり、難解な言葉には（　）で意味を補いました。
④図版および図版説明文は原著をそのまま収録しました。そのため旧漢字旧仮名遣いが用いられています
⑤緒言および付録「警視庁犯罪手口カード中『詐話師』名簿」を割愛しました。

いかさま、騙しの技法　詐欺賭博の研究　目次

第一編　一般的な詐欺賭博

第一章　賽と詐欺賭博

（一）賽

賽は骰子、采、簺、投子とも書く。目の盛り方は「天一、地六」「南三、北四」「西二、東五」と定められ、二方面に相反対する数はそれぞれ奇数偶数で、これを合算すればそれぞれ七点となる。

賽の材料は象牙を上材とし、鯱歯（シャチバ）（鯱は一名「逆又（サカマタ）」と称し海豚（イルカ）科に属す）、鹿角、海鹿（海豚）、水晶、牛馬の骨等を用いる。鹿角は仕込み、すなわち不正賽に用いて効力偉大かつ最も堅牢である。

賽の形は一分形から二寸形まで二十種あり、その寸法は古来独特である。その辺を曲尺で計れば、

賽の一分形	曲尺の一分八厘
同　二分形	同　二分
同　三分形	同　二分二厘
同　四分形	同　二分四厘

同　五分形　　同　二分六厘
同　六分形　　同　二分八厘
同　七分形　　同　三分
同　八分形　　同　三分二厘五毛
同　九分形　　同　三分五厘
同　寸　形　　同　三分七厘五毛
同　寸一形　　同　四分
同　寸二形　　同　四分二厘
同　寸三形　　同　四分五厘
同　寸四形　　同　四分七厘五毛
同　寸五形　　同　五分
同　寸六形　　同　五分二厘
同　寸七形　　同　五分五厘
同　寸八形　　同　五分七厘五毛
同　寸九形　　同　六分
同　二寸形　　同　六分二厘五毛

となっている。

次図は、東京市浅草区蔵前大通森田町十番地下方屋商店発売の賽寸法現型である。

その目盛には、太目、普通目、細目、寄目、極寄目、開目等の区別がある。その稜角の切方には、角切形、普通形、ダルマ形の三種がある。角切形は角度鋭敏、普通形はこれに次ぎ、ダルマ形は緩慢なる丸味を有す。

普通賽の代価は甲府市柳町三丁目塩島商店の定価表によれば次の通りである。

極上シラサイの部

◆四分形より八分形迄の定価表（以上一分増す毎に一割増）

品名	内訳	海鹿	鹿角	象牙	水晶
丁半用	二個一組	金弐円	金参円	金四円	金六円
チーバ用	四個一組	金四円	金六円	金八円	金拾弐円
狐用	三個一組	金参円	金四円五拾銭	金六円	金九円
ムジナ用	四個一組	金四円	金六円	金八円	金拾弐円
天サイ用	五個一組	金五円	金七円五拾銭	金拾円	金拾五円
雑穀用	三個一組	金参円	金四円五拾銭	金六円	金九円
チョボ一用	一個	金壱円	金壱円五拾銭	金弐円	金参円
ミツゞ用	三個一組	金参円	金四円五拾銭	金六円	金九円

並製シラサイの部

品名	内訳	五分形より八分形迄の定価	九分	寸形	一寸	二寸	三寸	四寸	五寸	六寸	七寸
			円十銭	円十銭	円十銭	円十銭	円十銭	円十銭	円十銭	円十銭	円十銭
丁半用	二個一組	金壱円	一、一〇	一、二〇	一、四〇	一、七〇	二、〇〇	二、二〇	二、五〇	三、〇〇	三、五〇
チーバ用	四個一組	金弐円	二、二〇	二、五〇	二、八〇	三、〇〇	三、五〇	三、八〇	四、〇〇	四、五〇	五、〇〇
狐用	三個一組	金壱円五拾銭	一、六五	二、〇〇	二、二〇	二、五〇	二、八〇	三、〇〇	三、五〇	四、〇〇	四、五〇
天サイ用	五個一組	金弐円五拾銭	二、七〇	三、〇〇	三、三〇	三、五〇	四、〇〇	四、五〇	五、〇〇	五、五〇	六、〇〇
角丸	四個一組	金参拾五銭	〇、四〇	〇、四五	〇、五〇	〇、六〇	〇、七〇	〇、八〇	〇、九〇	一、一〇	一、二〇
角切	四個一組	金参拾銭	〇、三五	〇、四〇	〇、四五	〇、五〇	〇、六〇	〇、七〇	〇、八〇	〇、九〇	一、一〇
無地サイ	四個一組	金参拾五銭	〇、四〇	〇、五〇	〇、六〇	〇、八〇	一、〇〇	一、二〇	一、五〇	二、〇〇	二、五〇

（二）　賽技術

不正賽は詐欺賭博者間において、俗に機械、機械賽、道具、ゴク等と呼ばれ、不正賽を取り扱うものは技師（技士）と称せられる。

抱き落とし（鹿追）の場合では、被害者は勝負の頭初から不正賽を使用するのであるが、このように特殊な場合以外は、勝負の中途、被害者が熱狂興奮しあるいは勝利に歓喜して注意力が粗漫となり、あるいは長時間の勝負のために疲労した機会をうかがって、密かに不正賽が使用される。

しかも不正賽は連続数回使用されるのではなくて、最後の決戦的勝負の際や双方全額の所持金を賭金した時機とか、勝負の途中被害者が相当の賭金をした際であるとかに密かに使用される。使用後は直ちに不正賽と同質、同色、同型で、外観上は識別困難である普通賽（これを先用賽という）と擦り替えて場におく。ゆえに、不正賽を使用するには、特殊な技能が必要である。不正賽は特殊な技能を有する技術者、すなわち技師に依ってはじめてその効果を発揮することができる。このような技術は賽技術と呼ばれ博徒の最も厭むところで、徳川時代に賭場で賽技術が発見された時には、種々の私刑が行われたようである。

賽技術として応用される公式的なものは、「擦り替え」およびこの前芸としての「釣り込み」である。

①　釣り込み　釣り込みは右手あるいは左手の内側の筋肉を利用して賽を挟むのである。中指と薬指との付け根（第一図）、生命線の（第二図）、小指の間（第三図）、拇指の内側（第四図、第五図）等に一箇または二箇の賽を挟む。拇指の内側に挟む場合は、第四図のように二箇の賽を横に並べる場合と、第五図のように縦に並べる場合とがある。第四図のように賽二箇を横にして挟む場合を特に「鰐口」と呼ぶ者がある。おそらく、これを挟む時は、指示と中指との二本の指先に二箇の賽を挟み込み、指を曲げつつ拇指と掌との間の口に喰え込むことからこの名が出たのである。「鰐口」は賽の擦り替えにも利用される。不正賽を忍ばせておく場所は、左右の足先の下、帯の間などが主で

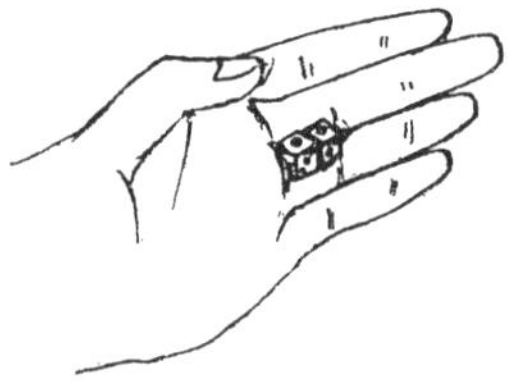

（第一図）

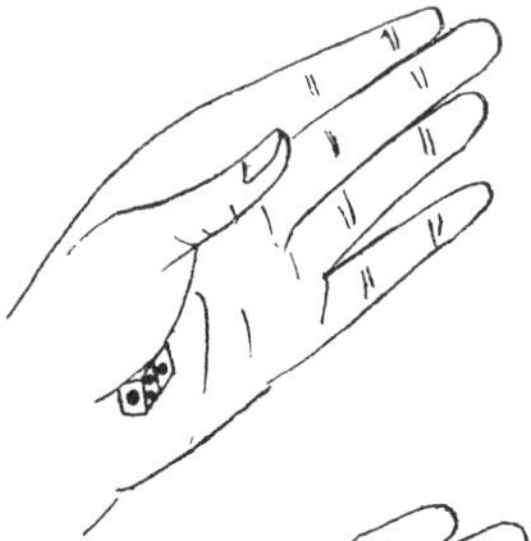

（第二図）

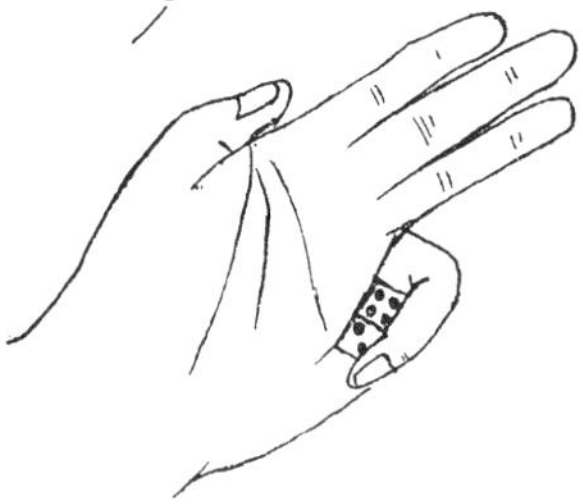

（第三図）

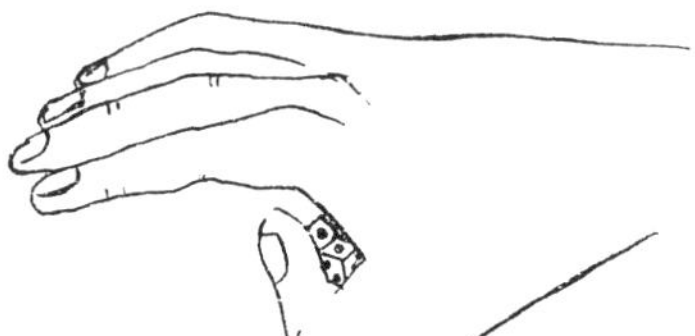

（第四図）

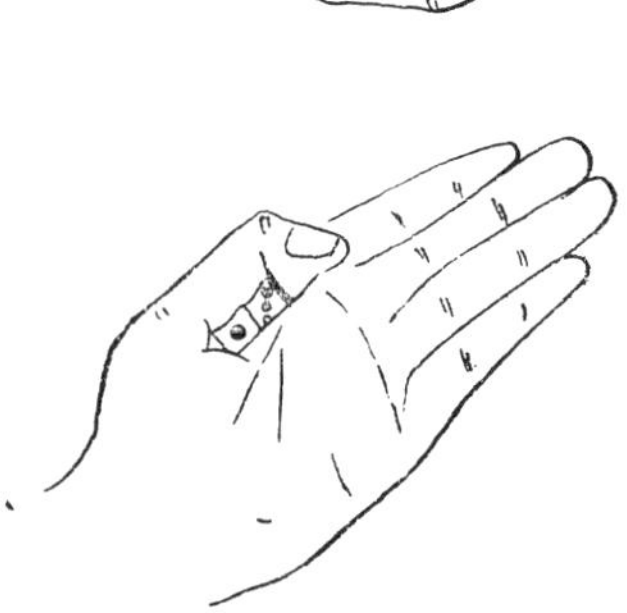

（第五図）

ある。

②　擦り替え

（イ）　擦り替えるには不正賽を左手の中に釣り込み、その左手で場の普通賽を寄せてこれをも左手に釣り込む。例えば左手の拇指の付け根に不正賽を釣り込んだ時は、左手の小指の間に普通賽を釣り込む。その後、右手の壺の中に不正賽を落し込み壺を振って伏せ、左手の普通賽は足の下等に忍ばせて隠す。これで擦り替えが終わるのである。

逆に不正賽を普通賽に擦り替える時も同一手段を使えばよい。——また不正賽と普通賽の擦り替え、例えば丁目のみ出る鉛入り賽と、半目のみ出る鉛入り賽とを擦り替える時、あるいは丁目の達磨賽と半目の達磨賽とを擦り替える際にも応用することができるから、抱き落としの場合にも利用される。

（ロ）　場の二箇の賽を左手で握り、そのうち一個を左手の内側に釣って他の一個だけを壺の中に落とし、左手に釣り込んだ賽は右手の内側に落として、右手に釣り替えた後壺を振って伏せ、同時に右手に釣り込んだ賽を壺の外側に落とし壺を開く。このようにしてあたかも壺の中に二個の賽を入れて伏せたように相手方を欺罔（ぎもう）することができる、この技術は抱き落としに多く利用される。

例えば、技師が客にはいずれも丁目ばかりが上目となる丁目の鉛入り七分賽二個を使用して、丁半賭博をなし尽大の所持金を騙取しようと持ち掛けて丁目の鉛入り七分賽を使用し、尽大を敗北せしめて賭金を没収して客を喜ばせる。そのうち技師は、右の擦り替えを利用し客には内密に、一個の丁目の七分賽だけは壺の外に据えて、指先（右手小指と薬指）で半目を上目にしておく。すると壺の中の一個の丁目賽は丁目を上目として座っているのだから二個の賽の上目は合算して半である。しかるに、客はこの擦り替えを知らないから丁目に賭金をして敗北する順序となる。

そのほか普通の賽を壺に入れて伏せ、壺底に接着した面を必ず上目として場に出す技術がある。それには、壺の内側の縁に静かに賽をすべらせて場に伏せるのがコツである。

また狐チョボで「重ね打ち」という技術がある。壺の縁に接した壺の底に二個の賽を並べ、その上に一個の賽を重ねて伏せる時は、上段にあった一個の賽は下段にあった二個の賽の重みのため一回転して居据るが、そのとき壺の中で、壺の中心に向かって出ていた側面と反対の面が定まって場に出目となって表われる。ゆえに、右壺の中の側面の目が二であった時、五に賭金せば勝利を得ることができる。

これら最後の二技術はいずれも方法が幼稚であって相手方に看破されやすいから、抱き落としの場合以外には施用されないようである。

（三）　不正賽

本項に述べる不正賽の種類は、

①鉛入り（ナマリ）　⑨音聞き　⑰陶器賽
②粉入り（コ）　⑩飛賽（トビサイ）
③粉引き（コヒ）　⑪両通賽（リヨウガヨイサイ）
④水こぼし　⑫験示賽（ケンジサイ）
⑤鼓賽（ツヅミサイ）　⑬平角繰（ヒラカククリ）
⑥達磨賽（ダルマサイ）　⑭つなぎ
⑦軽目（カルメ）　⑮曳き綱（毛曳き）
⑧鳴針入り（ナキハリ）　⑯ピカ賽

であるが、地方によって名称は多少異なる。右のうち最もよく使用されるのは鉛入り、鼓、達磨、験示等である。

不正賽の代価は無論普通の賽に比べ高価であるが、次に掲げたのはいずれも最近の前記東京市下方屋商店甲府市塩島商店の不正賽定価表の抜萃である。ただし巷間に隠れたる不正賽細工師の製造するものは右両商店の定価よりも約三割安価である。

種別		個数	形状	下方屋	塩島商店
一、鉛入り	(一)一点物	一	一分形乃至八分形	三、五〇円	二、五〇円
	(二)二点物	一	同	三、二五	二、五〇
	(三)三点物	一	同	三、〇〇	二、五〇

二、粉入り	一	四分形乃至八分形	三、二五	
三、粉引き	一	八分形迄	三、五〇	三、五〇
四、水こぼし	一	八分形迄	〇、八〇	一、〇〇
五、鼓	一	八分形迄	〇、六〇	〇、五五
六、達磨	一	八分形迄	〇、八〇	
七、軽目	一	八分形迄	二、四〇	一、五〇
八、鳴針入	一	八分形迄	三、三〇	二、五〇
九、飛賽	一	八分形迄	三、〇〇乃至八、〇〇	二、〇〇乃至六、三〇
一〇、両通い	一	八分形迄	七、五〇	六、〇〇
一一、験示	一	二分乃至四分形	二、〇〇	
一二、角繰	一	八分形迄	〇、八〇	〇、七〇
一三、つなぎ	二	八分形迄	二、〇〇	一、七〇
一四、ピカ賽	一	寸形	四、五〇	

① **鉛入り**　賽の中を刳り抜き、鉛または錫等を充填する。普通は半目の中央に刃物を入れて充填するのであるが、充填の場所、容量により、**一点物**、**二点物**、**三点物**と三通りの区別がある。

一点物は賽の目の一から六まで、もし六方のうち一方だけの内側に鉛を充填したもので、これを壺に入れて十度伏せれば五度以上、六、七度の割合いで反対側の目が上目となる。一点物は賽一個を使用するチョボ一賭博に利用される。

二点物は賽の目の一から六まで六方の中の「**一二**」、「**五六**」、「**三二**」、「**五四**」、「**四一**」、「**三六**」等すべて隣接した二面の片隅に鉛を入れたもので、十度伏せれば六度以上、七、八度くらいまでは反対側の目が上目になる。二点物は一点物と同様チョボ一、四下等の賭博に利用される。

三点物は俗に七分賽または「七ツ」と称し、広く一般に用いられ「二四六」の丁目の七分賽と「一三五」の半目の七分賽と二通りある。丁目の七分賽は、「一三五」の半目の隅に、半目の七分賽は「二四六」の丁目の隅に、賽の全容積の約四分の一程度の鉛を充塡したものである。いずれも十度伏せて七度以上、八、九度までは丁目または半目が上目になるから七分賽の名が出たのである。半目もの二個を使用すれば半目の丁ができ、丁半各一個ずつ使用すれば半目が出る。

右三種の鉛入りのうち最も有効なものは第三の三点物で、二点物はこれに次ぐ。したがって三点物が最も広く利用される。これら鉛入りの賽を見分けるには、掌の上に載せて数回回転させて、いずれの目が多く上目となるかを試験してみるのが一の方法である。また拇指と示指で対角線上の両角を緩かに挟むといずれか重い方は下方に回転する（これを「ツリ」に掛けるという）からこれで見分けることもできる。

最も的確な見分け方は、天賽用の賽のように賽の中央に穴を開けた賽であれば、その穴に針を通してこれを指で回転させてみる重い方は下になるからすぐ判かる。

大正九年十一月福岡地方裁判所において判決を言い渡された福岡幸三郎ほか四十三名の一味が、俗に「**三粒**」と称し賽の合計出目が**六**、**十一**、**十六**となる場合を親の付目とし賭客の張る場所を**七**、**八**、**九**、**十**の四に分かち、合計出目が**七**、**十二**、**十七**となる場合を**七**、**同三**、**八**、**十三**、**十八**となる場合を**八**、同**四**、**九**、**一四**となる場合を**九**、同**五**、**十**、**十五**となる場合は**十**と定めた賭博に仮託して詐欺賭博を敢行するに際し使用した賽は、**三**、**一**の二点物（俗に三、一の餡入賽と称す）二個、および三、六の二点物（俗に三、六の餡入賽と称す）一個であって、犯人等は、三個の合計出目である**七**および**十**の目のみに賭金し被害者の賭金を騙取した。

次図は三点物七分賽の横断面および天賽の黒目の七分賽である。

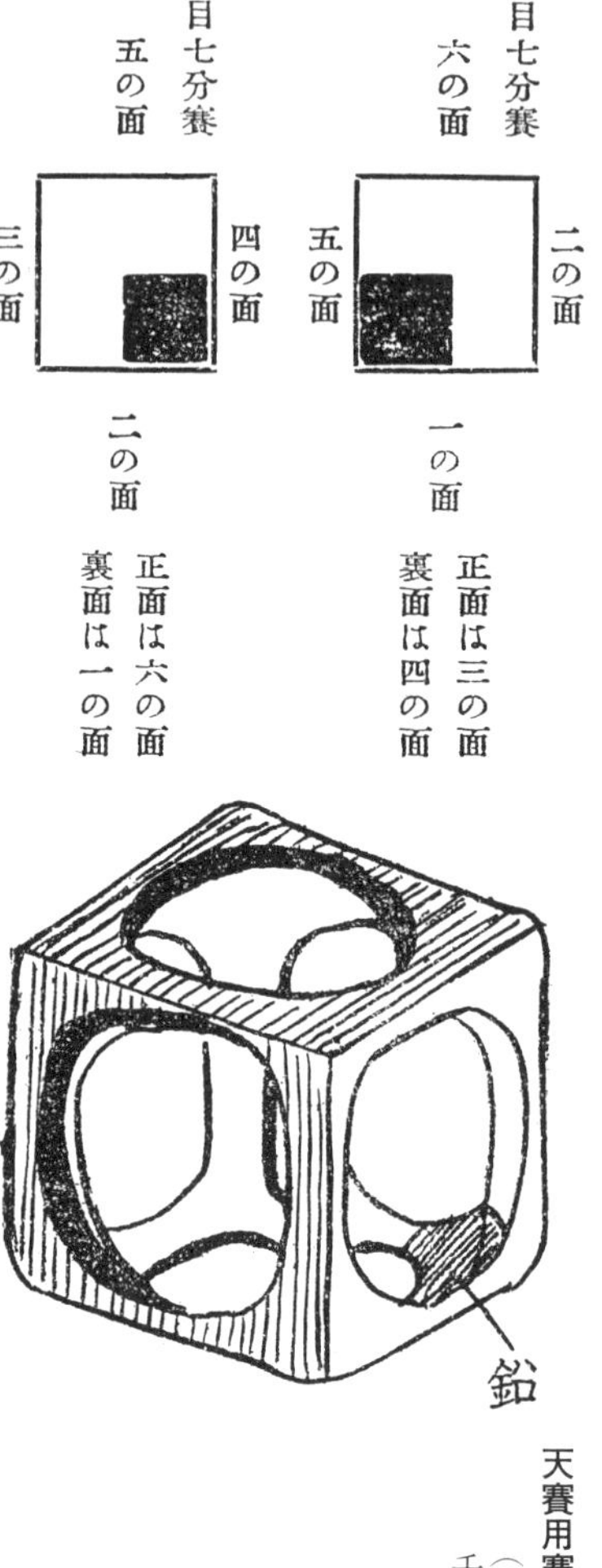

天賽用賽の黒目の七分賽
（白目の角に鉛を充填す）
千葉・金沢検事正所蔵

天賽（テンサイ）に似た賭博に「**白黒**」がある。銀杏の反面は黒く塗り（これを黒目と称する）、他の反面は原色のままとし（これを白目と称す）、三個を胴親が壺に入れて伏せ、白目または黒目のうち一方に張り方に賭金させた後、胴親は壺を開いて白目または黒目の出目の多少を調べ、もし白目が多い場合は白目に張った者が勝ち、黒目が多い場合は黒目に張った者が勝ちとなる。張り方が勝てば胴元は賭金の倍額を支払う。ただし三個とも全部白目または黒目の場合は「白のカン」または「黒のカン」と称し、敗けた者の賭金は胴元が全部取り、勝った者へは賭金の半倍を支払う。胴元一人と張り方数人の勝負で人数には制限はない。

この賭博の本場は名古屋市である。同市中区米浜町一帯を縄張（同地方では費場所（ヒバショ）と称す）とする博徒親分本願寺一派の総師弘法兼事高瀬兼次郎の直系乾児横地清一ほか数十名の乾児は、地形的に検挙困難なる同町の要所に見張りをおき客引を設け、胴元銭付、壺の伏せ役等を定め、ほとんど連日白黒賭博に耽っていたが、昭和七年十一月中旬の一斉検挙によりその首脳部は壊滅した。賭博の状況は次図の通りである。

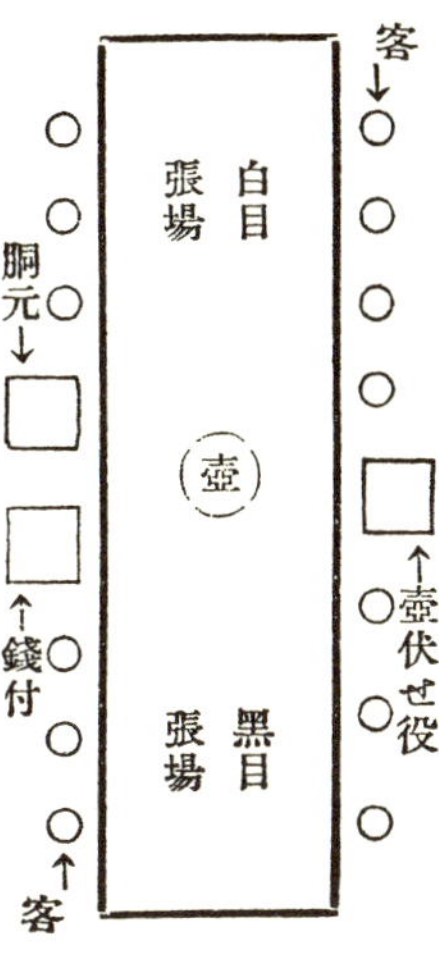

右胴元等は鉛入り銀杏を使用するとの風説があったが、証拠物件が無かった等の関係から、つい

に詐欺賭博として処理するに至らなかった。

②**粉入り（水銀入り）**　俗に「**六方**」、「**臼**」または「**ドブ**」と称え、賽の中を空洞に刳り抜き約七分量程の金属粉または水銀の類を入れる。空洞が一方に偏していればその反対の目が多く出るようになる。空洞が一方に偏しない時は内容物が安定して賽が居据るからこれを底の平坦な壺皿に入れて伏せれば、賽は重さのため転ばず壺皿の底に接していた方の目が上目となって出て重さのため足をつけても転ばない。賽を振れば異様な音を発するから看破されやすい。賽三個を使用する丁半賭博では、半目または丁目の七分賽二個と粉入り一個の割合で使用される。おそらく七分賽は丁または半の固定した賽であるから変通自在な粉入り賽一個を併用して、丁または半の目を作ることにするのである。

③**粉引き**　賽の中を刳り抜き五三一の半目真中に漏斗形の穴を開け、内部に金属の粉を充填し半目が下になった時、これらの粉がごく少量流れ出るように作られたものである。

粉引賽横断面圖

例えば二個の粉引賽を伏せて足をつけ、その跡に粉の星が一つ出ていれば半、二個出ていれば丁、星が一つも出ていない時は半目の丁という判断ができ、粉は詰め替えができる。

必ずしも半目に穴を開けるとは限らないから**六**、**四**、**二**の丁目から粉が出るよう作ってもよい訳であるが、**六**、**四**、**二**の目はいずれも面の中心点を離れているから穴を作るのに適さないので、粉引きといえばその出口は**五**、**三**、**一**の面に決まっている。

そうして粉の出口の穴は必ず漏斗形で上は開き下は狭くなっていなければならないが、粗製品は上下とも同形の穴であるから粉の出方が悪く、本来の効用を完うしない場合がある。右の図は前記下方屋発売の漏斗形に穴を開けた粉引賽の横断面を示したものである。

④　**水こぼし**　井菱賽とも称せられ、上目となるべき面は井菱形で狭く座りにくく、その裏目は正方形で広く座りやすいように作られた賽である。上目を丁にするか半にするかにより丁目物、半目物の区別がある。

⑤　**鼓賽**　鼓賽とは賽の内部には何等仕掛を施さない普通賽であるが、目盛を裏表同一にした俗に「尻目同」と称せられるもので、丁目物は「二の裏二」「四の裏四」「六の裏六」また半目物は「一の裏一」「三の裏三」「五の裏五」と目盛を表裏とも同一に瞞着した品で、鼓には裏も表もないから鼓賽の名前が出たものである。別名太鼓ともいう。

前出の天賽賭博の賽にも俗に白鼓、黒鼓と称し、六方とも白ばかりの賽と黒ばかりの賽がある。使用法は鉛入りの場合と同様であるが、鼓賽一個と普通賽四個を用いてもその効果は相当大で、十度伏せて六度くらいは白目の出る可能性がある。

昭和八年二月鳥取県で長野佐市は、賽三個を使用する丁半賭博をなすにあたり、二個の普通賽を一個の半目の鼓賽を使用した。その場合の上目は、

普通賽二個の出目が半目のみとすれば……半勝

普通賽二個の中一個は**丁**、一個は**半**、とすれば……半負

普通賽二個が丁目のみ出たとすれば……半勝

すなわち半目の賽一個を混入して使用すれば三分の二の率で半の目が勝つことになる。

⑥ **達磨賽**　極端にいえば円錐形の賽である。上目となる面は面積を狭く四周の陵を円く落とし、その反対の底となる面は広くかつ四周の陵を鋭敏に作る。面積が狭く陵が円味を持っていれば座りにくく、これが反対であれば座りやすく転倒しにくい。しかしこの賽の効果は絶対的なものではない。

⑦ **軽目**　賽に鉛を入れた達磨賽を軽目という。賽の中を刳り抜き、上目となる方はそのままとし、底となる目の内側にのみ鉛を入れ、かつ陵はいずれも円く作り、上目の面は狭く底の面は広く作っ

たものである。

⑧ **鳴針入り**　俗に轟音聞と称し、丁半の賽ならば五、三、一の各目の真ん中に一本の針を差し入れ、これを裏目にすれば針の尖端がわずかに突出する仕掛にしたもので（六、四、二の目には真ん中に目盛なきゆえ仕掛を施さず）、壺で伏せて足をつける際、針の手障りの有無により上目が丁目になるか半目になるかを判断するのである。これと鉛入り半目の三点物七分賽とあわせて二個を使用する場合、針の手障りがあれば**丁**、手障りがなければ半目である。一度に鳴針入り二個以上を使用する時は針の手障りが一個であるか二個であるかの識別は困難であるから、通常一個しか使用されない。

⑨ **音聞き**　通常音聞きと称せられるものは、賽の半目または丁目に、硝子粉等を糊で塗って乾かしたもので、壺で伏せ足をつける際に音がするからこれにより素上目を判別することができる。主としてチョボ一に使用される。

⑩ **飛賽**　これは鳴針とは異なり、丁目または半目の一方の面の隅から細い小針が出る仕掛である。壺で伏せ足をつけるうちに布に引掛って裏目がわかるから、もし反対の目を出そうとすれば強く壺を押す、または曳いて賽を倒せばよい。七分形までは一本針でよいが、八分形以上は二本針でなければ効果が薄い。

飛賽および鳴針の針は一方の面から反対の面に開けた細い穴の中に収め上の穴は塞ぐ。穴は上が広く下は狭くなっているので、針は下方からわずかな先端を外部に出すのみで、穴から抜けることができない。

⑪ **両通賽**（リヨウガヨイサイ）　一個の賽を丁目および半目の両方に使用し得る七分賽である。その構造は、賽の中を二室に刳り抜き両室の仕切には二個の穴を開け、二室の各一隅にはそれぞれ燈心を充塡したのち適度な重量を有する金属性の粉を入れる。粉は仕切板の穴を通って上下に通うのであるが、燈心を充塡した一隅には粉は入らないから、粉は他の一隅のみに集まり、したがって一室中一隅は重く、一隅は軽い所ができて、丁目または半目の七分賽ができることになる。

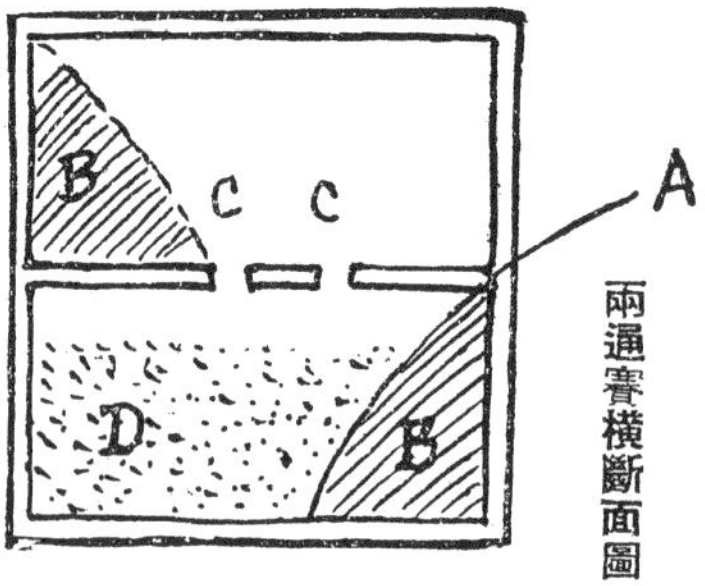

普通用いられるのは、一六通であって**六**、**五**、**三**の目の隅および**四**、**二**、**一**の目の隅にはそれぞれ燈心を入れたものである。一の目を上向けてよく振り動かし、中の粉を下に通わせると粉は**六**、**四**、**二**の隅に集まるから半目の七分賽となり、これを壺で伏せれば**五**、**三**、**一**の目が上目となる。反対に六の目を上向けてよく振り動かし中の粉を下に通わせると、粉は**五**、**三**、**一**の隅に集まるから丁目の七分賽となりこれを壺で伏せれば**六**、**四**、**二**の目が上目となる。

両通賽横斷面圖

Aは仕切
Bは燈心
Cは穴
Dは金屬粉

上図は前記下方屋発売の両通賽の横断図である。

⑫ **験示賽**（ケンジサイ）　俗に「**オガミ**」ともいう。賽の面の片隅に半の面には一個、丁の面には二個のキズをつけた所と全然キズをつけない部分とに分けて目印とする。普通は針で小さい穴を作り墨を入れて目印とする。これを壺で伏せて足をつける際に壺の手前をわずかにあげて目印を見れば、一つ見えた時は**半**、二つ見えた時は**丁**、一つも見えない時は**丁**という判断がつく。普通、験示賽には特別の木製験示用壺を用いる。

験示壺として前記下方屋販売の物は、小形五円、中形六円、大形七円で、その構造は壺の縁の半周だけは三日月形に凹み、これを平面に伏せると隙間ができるようになっている。ゆえに壺をあげなくとも験示賽の験示を見ることができるのである。

⑬ **平角繰**（ヒラカククリ）　平角繰の賽は五、三、一の三面が交叉する陵角または六、四、二の三面が交叉する陵角のうちいずれかを先鋭なる直角にし、他の陵角はいずれも鈍角にした賽である。これを伏せるには、角繰壺と名づけその内面に桟様のものをつけた特殊な壺を使用し、鋭敏なる陵角を桟様のものに引っかけて倒す。前記下方

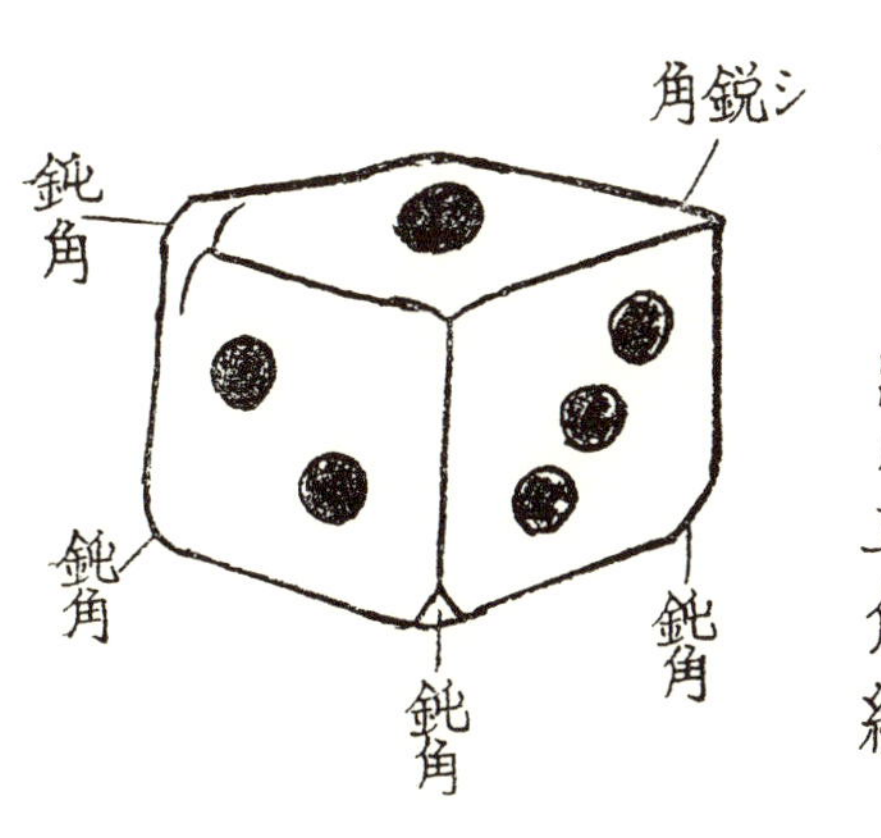

屋においては、一個六円五十銭ないし九円五十銭でこの種の壺を販売している。前頁の図は平角繰賽である。

⑭　**つなぎ**　普通賽二個を白のごく細い絹糸で縛って繋ぎ合わせた賽をつなぎという。賽の目の出し方により半目繋ぎ（例えば五の目盛と六の目盛を上目にして繋げば五の裏目は二、六の裏目は一）、丁目繋ぎ（例えば四の目盛と六の目盛を上目にして繋げば四の裏目は三、六の裏目は一）の二種があり、これを壺に入れ思う目を出す。糸が切れない限りは有効であり、賽自体には何等仕掛をしないから場合により指先にて糸を切断すれば普通賽となる。

⑮　**曳き綱**　普通賽に綱（普通精練前の繭糸を使用）をつけ、右手で壺に足をつけながら左手で綱を曳き、賽を倒す仕掛を曳綱という。普通の**二**、**四**、**六**の面の接点に綱をつけて曳き倒せば**五**、**三**、**一**の目盛が出るし、同様**五**、**三**、**一**の面の接点に綱をつけて曳けば**二**、**四**、**六**の目盛が出る。「**テンサイ**」の賽では黒目三面の接点に綱をつけて曳けば白目が出るし、白目三面の接点に綱をつけて曳けば黒目が出る。綱は精製した松脂で付着する場合もあり（賭具販売店にては虫薬と称して販売）、賽自体に細い穴を開けてこれに糸を通す場合もある。

松脂をつける時はまず綱に松脂を着けてからこれを賽につける。綱の長さに定めはないが、同時に二個の賽を使用する時は技糸を作って二個の賽を繋ぐ（抜糸の長さは三寸内外である）。綱を発見されないためには、薄暗い場所を選ぶまたは光線を背後にする等の配慮を要する。また綱を曳くには呼吸がいるから、相当の修練を積まなければならない。

⑯ **ピカ賽**　ピカ賽とは賽の丁目または半目の方を擦り込み光沢を出したもので、これを伏せる時は透かし壺と称する不正壺を使用する。光線に向かって座しこれを伏せ壺の真ん中におき透視すれば、光線は透して壺の中で反射し、上目は判断することができる。賽を擦り込むには絹布真鍮磨き等を用いる。

前記下方屋では、一個につき三円の磨き料を徴して磨くのである。前記甲府市の塩島商店では「最新式ピカみがき薬」と名づけ一瓶十円にて磨き粉を売っているがその正体は十銭内外の真鍮磨きである。

⑰ **陶器賽**　角製の賽には種々不正細工が行われやすいので、陶器製の賽が賭場で使用されることもある。しかしこの賽にも一点物、二点物、三点物等の鉛入り、金粉入り、鼓等角賽同様の仕掛をしたものがあって前記下方屋ではこれを販売している。

（四）モカールゼー

昭和六年十月二十四日、福岡地方裁判所予審においては、次のような興味ある事件につき、公判に付するの終結決定をした。

昭和六年十月二十四日福岡地方裁判所予審終結決定

被告人等ハ共謀シ戸畑市仲町魚類商竹内直八ヨリ金員騙取ヲ企テ被告人岡本ハ直八ニ対シ時分ノ主人ナル直方ノ某炭坑々主ハ近々其娘ヲ婚姻セシムル筈ナルカ其ノ祝儀ニ使用スル魚類ヲ貴方ニ註文シ度キ希望ニ付一応主人ニ面会シ呉レ度キ旨虚偽ノ申込ヲ為シテ誘引シ右主人ヲ仮装セル被告人朴ニ紹介シ次テ直八ニ対シ主人ハ大金ヲ所持シ居レルカ賭博ヲ好ム癖アルニ付骨子ヲ使用スル丁半賭博ニ事寄セ其所持金ヲ捲キ上ケ度キニヨリ協力サレタキ旨申向ケテ承諾ヲ受ケ且勝負ノ方法トシテ骨子二個ヲ壺ニ入レ之ヲ巧ニ場ニ状セ置カハ表面ニ現ハルヘキ目ノ数ハ予メ之ヲ知リ得ルニヨリ自ラ親ト為ラハ必勝疑ナキ旨実地ニ付教示シテ会得セシメ其実被告人朴ト手合セヲ為サシムルニ当リテハ窃ニ骨子ノ一部ニ「モカールゼー」ト称スル薬品ヲ塗布シ直八ヵ右方法ヲ執ルトモ骨子ヲ覆ヘル壺ヲ静ニ動カセハ在中ノ骨子ハ転倒シ必勝ヲ破リ得ル手段ヲ構シ置キ且常ニ直八ノ味方ナルカ如ク装ヒテ油断セシメ昭和五年九月発頃三回ニ亘リ小倉市室町勝山旅館ニ於テ同人ヲシテ前示必勝方法ヲ執ラシメタル後私ニ之ヲ破ル手段ヲ構シテ直

八ヲ欺罔シ因テ勝負敗ケ名義ノ下ニ金八百余円ヲ騙取シタリ（以上）

被告人等は尽大、忠兵衛等の役割を定め丁半賭博に仮託し客を抱き落し（鹿追）の方法により欺罔し八百円を騙取したのであるが、客と尽大役と勝負中客を敗北せしむるために賽に塗布した「モカールゼー」とは何であるか、被告人は「東京で買っている薬だ」と自供しているが販売先は明確に知らなかった。しかし「この薬を賽の六面中三面に塗って壺で伏せ足を付ける時は、塗布された面は上向くのである」旨自供しているのだから、モカールゼーの効力は確実なものであったらしい。さればこそ詐欺罪としての決定を受けたのであろう。モカールゼーの成分、効能、使用方法、製造並に販売所等に就いては、係官において最も突き止めたい所であったと思うが、不幸にして被告人の自白以外は、不明のまま事件は確定した。

右モカールゼーと同一種類のものであるか否かは断言できないが、前記、浅草の下方屋では、右と同一の効力を有するものとして、密かに「モカールゼー」と称する煉膏性の物を販売している。その案内書を次に掲げるが、その説明は、

一、序　文　　**四**、実　験
二、効　能　　**五**、使　用
三、定　価　　**六**、保　存

の順序になっている。

表紙

最新輸入科学的新知識応用
モカールゼー研究の栞　（非売品）
東京蔵前通下方屋本舗発行

裏面

世の進歩と共に人智も進める時世に袁玄道に限り兎角進歩に遅れ勝なるを遺憾とし茲(ここ)に下方屋本舗業主『不肖高橋愛三』が腐心熱中寝食を忘れ巨額の私財を抛(なげう)ち薬学及理化学上の新智識に富む専門家数名を顧問として十数年間苦心研究の結果今回創製せし『モカールゼー』は使用法軽便にして最も強力なる弾嫌性を発揮し真に実用に適する性質を完備する最新式の発見剤たる事を確証致候。

最新式発明弾嫌性母苛亜瑠是(モカールゼー)の効力説明

最新発明理化学の新智識を応用して創製せし『新式モカールゼー』は無味無臭無害の練硬剤にして猛烈に強き弾嫌性を含有す。其少量を唾にて煉り角の丸き八、九分形以下の普通サイの二四六或は五三一に附け口の開きたる瀬戸又は木椀にて畳、蓙蓙、生毛斯、セル地、木綿布、帆布の如き物の上にて伏せて逆「の」字形に足を附ける時は如何なる素人が使用する共十度の内七度以上八九度位モカールゼーの附きたる方が上向きに起出る即ち五三一にモカールゼーを附ける時は半目が出る二四六に附ける時は丁目が起出る而して足を附けず伏放の儘は普通サイ同様にて丁も半も平均の起出るなり殊に『天サイ』に附けても同一の効力あり、即ち白の方へ附ける時は白が出る、黒の方へ附る時は黒が出る。而して振り込んだ儘では白も黒も平均に起出るなり、サイはもちろん平サイにして口の開きたる木の椀か（ソバヤのチョコ）の如き朝顔形の坪椀にて伏せ六七寸大の逆「の」の字形に足を附ける時は如何程下手な素人が使用する共十度のうち八九度位モカールゼー付きたる方が必ず上向に起出るだけの効力確実なり足の附方は余り裂敷摺り動かす時は効過ぎて却て反対の方が出る事もある、又余り静か過ぎても面白からず少敷研究せば直に熟練す適度に足を附けて使用せば十度が十度百度が百度共皆有効に使用する事を得る。特に便利なるは他人の所持するサイを借用して一寸モカールゼーを附けても前記の如き効力を発揮する事勿論なりとす。最も特色とする所はサイに附けて少しも変色せず古きサイに附ける時は古サイと同色また新らしきサイに附ける時は新サイと同色になる、如何なるサイに附けても其のサイと同一色になる故如何なる斯道の達人の面前にて使用するとも決して発見される憂等更になく最も安全に使用して便益を得る事のできる有益なる品たる事は本舗営業主が責任を帯びて確証する所なり。尚万々一不審なりと疑う者あり共普通サイなれば此に対し一言の条件を附ける事はできず、尚又条件を附ける者有り共是等に応ずる必要更になく最も安全なりとす。モカールゼーは一時買受ける時は高値の様なれども買入れたる後は特製の如きは一回の使用量はわずか五銭強なりとす、左れば廉価無類といわざるべからず。普通サイにわずか五銭強のモカールゼーを一回附る時は百度以上有効なり（附けても使用せずに置けば一ヶ年以上経過するとも同一の効あり）近時最も進歩せる理化学の新智識を応用して創製せる頗る有益の奇剤モカールゼーは今回更に効果なる高貴薬品数種増加調合の結果モカールゼーの特色たる弾嫌性は著る敷き弾力と相成り如何なるサイでも又如何なる素人が使用するとも最も強力なる弾嫌性の威力を発揮してモカールゼーが上向に起る事一層確実となり従来の品とは殆ど別物の如く完全なり。

新式弾嫌性モカールゼー改正定価表

■地方より御註文には必ず前金又は手附金五円を前金に御送附願升

■新式並製モカールゼー（小）一瓶定価金五十円也

△此一瓶は（有数三ヶ年）五百回分の使用量入故一回の使用料は僅に金十銭也

■新式上製モカールゼー（中）一瓶定価金八十円也

△此一瓶は（有数四ヶ年）一千回分の使用量入故一回の使用料は僅に金八銭也

■新式特製モカールゼー（大）一瓶定価金百円也

△此一瓶は有数五ヶ年二千回分の使用量入故一回の使用料は僅に金五銭也

■新式別撰モカールゼー（別）一瓶定価金二百円也

△此一瓶は有数十ヶ年三千回使用量入にて効力は最大強度の保険証附なり

新式実験用品一揃　定価八円也

二四六へモカールゼーを附けたるサイ二個
五三一へモカールゼーを附けたるサイ二個
口の開きたる朝顔形の瀬戸椀の伏壺一個

店舗にての実験料

御来店の上モカールゼーを実験する場合は実験料として一人の時に限り金三円也（なお共同買受人及び同伴者と雖も其の実験を傍観せんとする場合は何人でも一人に付き金一円増宛）を前金に申し受けたる後に限り実地試験を御覧に供し可申候尤も此の場合実験料は単に実験を観覧するだけの料金にして観覧後は何等の特権無之尚又試験に供したるモカールゼー附きのサイは勿論御所有のサイに附けたる薬品も必ず拭き落とす事如何なる理由によるも又如何に少量なりとも薬品御持ち帰りの事は堅く御断り申置き候ただし実験者又は同伴者が御実験の時より二十四時間以内にモカールゼー一瓶買い受ける場合は買受人一人丈けの実験料を返金し現品定価の内より差引計算するも買受人以外の者に対しては既納の実験料を返金せざるは勿論買受人と雖規定の二十四時間以上を一時間でも経過せる場合は返金せざる事とす。

モカールゼーを最も有効に使用する秘訣

モカールゼーを使用するには、

第一　サイへ附くる時の注意

モカールゼーは成る可く濃く煉りて最も少量を極く薄くサイの目に入れざる様一面に最も平均に附けること。

モカールゼー入の瓶に少し唾を入れて指先にてニチャニチャと溶解する様煉り廻して成るべく濃く煉りその少量を最も薄く平均にサイの上面へ一面に附けること。

此の附け方は成るべく濃く煉りたるモカールゼーを成る丈け薄く平均に指先にてサイの二四六、あるいは五三一を軽く押す時は直に附着す、一度で平均に附かざる時は二、三度続けて軽く押すべし、一ヶ所へはベタベタ硬めて附け他の一ヶ所へは余り附け方が少ないという様な不同なる附け方は面白からず、すべて二四六、五三一等の三ヶ所共に多過ぎ少な過ぎ等のなき様最も平均に適度を計りて附けること。この適度を計り附けるとは他人が見ては附けたるや否や少しも分からずして使用して効ある位を適度とす。少しく注意せば直に了解し得らる。なお附方見本の実験用のサイを参考として附けるも妙なり、モカールゼーの附きたる指先にて、サイに附けるには単に軽く押すだけで必ず指先を摺り動かすべからず、指先を動かす時はモカールゼーがサイの目の中に入り目穴が埋まり外見が悪くなるゆえサイの目穴を埋めぬよう注意して軽く押さえたままで程よく附着す。附けて一分間位経過せば乾燥し直ちに使用して効ありただし十分に乾燥せずして使用する時は効力なし。故に必ず乾燥したる後に使用する事を篤に御注意の上必ず失念なく御記憶あらん事を希望す。

第二　壷

モカールゼー附のサイを伏せる壺椀は瀬戸物でも木製でもその他何製でも更に差支えなし。すべて少しでも口の開きたる朝顔形にして伏せて足を附ける時のサイの上角を押す物に限る、口の狭き物は伏せて足を附ける時サイの下角に障るゆえ不便なり。籐製壺皿は椽が中へ凸出し居る故紙を張りて椽の凸出をサイの下角に障らずして上角を押す様な具合に工風して調製するか又は東京蔵前大通森田町一〇番下方屋本舗へモカールゼー用張壺皿といって別に註文する必要あり。

第三　床

モカールゼーを使用する床は盆御座、畳、生毛斯、木綿座布団、羅紗、セル地、金巾、雲斎、帆布、麻布等のごとき物なれば、いかなる所にて使用するも差支えなし。

第一のモカールゼー着きのサイを第二の壺椀をもって第三の畳の上にて伏せた儘の時は丁でも半でも平均に出る又六七寸位の太の逆「の」の字形又は「S」字形の如くに余り烈げし過ぎず平均適度に足を付けて摺り動かす時は如何なる下手な素人が使用しても十度の内七度以上八九度位必ず有効なり。熟練したる者が巧に使用せば十度が十度百度が百度共確実にして有効なり。

○モカールゼーの性質は上を向く性質の如く誤解する人あるも決して上を向く性質にあらず、上を向く性質の物を発明せんと種々苦心研究せしも上を向く性質は学理上無き事を確めたり。依てモカールゼーは下を嫌う性質なり、故に振込、放は普通サイ同様にて何等の効もなく、丁半平均に出る故振込放しは仮令モカールゼーの附きたる方は下向きになる共逆「の」字形に足を附け摺り動かす時はモカールゼーの弾嫌性を発揮し下を向く事を嫌って弾き返す故モカールゼーの附きたる方は下を向かず必ず上向きになる、故にキッネチョボ一等に使用する時も一二三、四五六、四五一、三二六等凡て三点に附ける事、三点の内で一点だけが必ず上向きになる只単に一点、二点丈けに附ける時はモカールゼーの附きたる方は下向にはならぬが果たして上を向くか或は横向きになるかは其時の場合に依って一定せず、最も有効に使用するには必ず三点へ附けるに限る。モカールゼーは一回サイに附ければ必ず百度有効なり、すなわち一時間の内にでも百度使用せし後は無効となる、又仮に一日に一度ずつ使用すれば百日間有効なり、又三日目または四日目位に一度ずつ使用すれば一ヶ年間有効なり、要するに時日の長い短いには関係なく単に度数で一回附けて百度有効なり但サイとサイが摩擦すると使用せず共効力を消滅せしむる故附着したまま長く保存する時は摩擦させぬ様に綿か又は吉野紙にて包み置くべし。

百度以上使用して無効となりたる時サイに着きたるモカールゼーを拭落すには日本紙を少し濡らして湿気ある紙切にて拭きとるべし（手巾又は手拭にても差支えなし）拭落とせば直に落ちる。無効となったら必ず拭落とすこと肝要である。

○賽

モカールゼーは角の丸きサイには不便なり、又余り大形のサイにも不便なり、有効の大きさは九分以下の事とす、サイが小形なれば小形になる程効力が強大となる又使用方法を十分研究して熟練したる者が上手に使用する時は寸形又は寸一形位迄のサイに使用しても確実なる効力あり、九分形以下の小形のサイなれば如何なる下手な素人が使用しても十度の内七度以上八九度位有効なる事は確実に保証す。

モカールゼー保存上の注意

モカールゼーは、塩、煙草、灰及湿気は禁物なり、故に混同せざる様御注意を乞う、特に夏季は手の汗がサイに付かぬ様、手の汗をよく拭き取りて御使用の事、瓶中のモカールゼーに手アカが附かぬ様指先をきれいに拭きて使用する事、使用中自然に瓶の中に手アカが附き黒くなりたる時はナマヌルの湯にて静かに黒きアカ丈けを洗い落とすべし。（以上）

前記塩島商店に於ても、右モカールゼーと同様の効用を目的とするものを「インコール」なる名称を附して発売して居り、この案内書には、前記「モカールゼー」の案内書と殆ど同様の口書がある。而して其定価は、一瓶並製二十円、上製三十円、特製五十円、超特製七十円である。

モカールゼーの実験

昭和十年七月初旬予は前記下方屋店舗に臨み、モカールゼーの実験方を申込んだ所実験料金三円を約したる上二階の洋風応接間に案内せられ、やがて三十歳余の番頭一名が、六分型位の賽二個と直径一寸余、深さ三分余の硝子製蓋付瓶及朝顔形茶碗に和紙を巻きたるもの各一個を持参して出で来り実験に移った。番頭はまず瓶の蓋を取って其の中に充塡されたる白色の固形体即ちモカールゼーを舐めて唾液を塗り、右手の示指を以て之を摩擦し白色の溶液を作り、二個の賽の何れも丁目すなわち二、四、六の面に塗り込み、約三分間乾燥せしめたる後、右茶碗を取って右二個の賽を入れよく振って目の荒い麻の敷布を敷いた卓の上で伏せ逆さの字「の」形に足を附けたる後茶碗を開いた所二つ共丁の目が出た。其後数十回実験した所、十分の八位の割合で丁の目が出た。しかも同一の賽、茶碗を利用して数十回実験したる所、十分の六乃至七の割合で丁目が出た。即ちモカールゼーを塗った面が上目となるのである。之を以てモカールゼーが相当効力あるものである事は判った。

右物品の成分に附いて探索の結果次の事実が判明した。

モカールゼーの正体

モカールゼーは硝子又は水晶の微粉末とアラビヤ護謨及び乾燥剤として甘汞焼明礬等を練り合わせ熱を加えて固めた白色の固形物で坊間「ガリ」と称し往々詐欺賭博犯人が製造するものである。故に前記定価の凡そ百分の一以下の価をもって容易に何人でも製造する事ができる。

下方屋の如く固形物とせず溶液の儘瓶に入れ使用することもある。硝子又は水晶の微粉末の尖端は飛賽の張りと同一の働きをなし足を附ける中に賽を転倒せしむるのである。此故に、右案内書の如く逆さ「の」字形、又は「S」字形に足を附け、或は下敷として床は、茣蓙、畳、麻布等の如き目の荒い摩擦の多いものである事が必要となって来る。又壺が朝顔形でなければならないのは賽が転倒する際接触面が少くて済み転倒し易からしむるからである。硝子又は水晶の微粉末は、飛賽の張りに比し効力が薄弱であるから、モカールゼーを使用する賽は、角丸く、小形で転倒し易い賽でなければならない。之が保存上塩、湿気を嫌うのは、護謨の性質を弱めるからで煙草、灰を嫌うのは、不純物の混入を防ぐ爲である。

第二章　骨牌と詐欺賭博

（一）骨　牌

骨牌（カルタ）の語源はポルトガル語のCarta（牌書）だとのことである。古くから関東の賽、関西の札といわれ骨牌賭博は関西が中心地であるから、骨牌の製造元は京阪地方に多く質も良好で、関東の骨牌に比べて厚味もあって石膏を芯に入れたものが多い。

詐欺賭博に用いられる骨牌は花札、カブ札、テンショ札、豆札等であるが、形はいずれも長方形で花札にあっては横は約一寸一分、縦は約一寸八分。豆札にあっては横は約一寸、縦は約一寸六分である。骨牌を使用する詐欺賭博には不正札を使用する場合と不正札は使用せず単に不正技術による場合とがある。また不正札と不正技術とを併用する場合がある。不正札にはショウ札とベカ札がある。ショウ札およびベカ札は抱き落としの場合以外は勝負中客の賭金が多い場合、または最後の決戦の際、密かに使用されるものである。

（二）札技術

札事師の通常行う技術は

① 釣り込み　⑦ つなぎ
② 吹き返し（擦り）　⑧ 屏風
③ 打ち替え　⑨ 蹴込め
④ 道中の打ち替え　⑩ 目つぶし
⑤ 行って来い　⑪ 床あげ
⑥ 寄せ込み　⑫ 小手返し

等である。以上の名称は必ずしも共通しているのではない。犯人によっては、「吹き返し」を「打ち替え」といったり「寄せ込み」を「もつなぎ」といったりする。直接犯人に接し、かつ記録も参照した所で以上の名称が妥当であると思ったのでこれを採用した。

① **釣り込み**　「釣り込み」は札を掌中に釣る技術であって、札を使う勝負には、全部応用し得る札事技術の基本的動作である。ゆえに札事師修習の第一階は札の突き方と「釣り込み」だと称せら

れている。「釣り込み」の方法は、札を寄せ集める時、突き混ぜる時、山札の札を起こす時、あるいは張方が切った札を左手で持って右手で撒く直前に、右手または左手の掌に札を挟み込んで隠すのである。

札を配布する時に山札の上層の札を釣り込むのを「道中釣り」という。釣り方には、札を横にして釣る「横釣り」（第一図参照）と、縦にして釣る「縦釣り」（第二図参照）との二方法がある。札事師の得意によって両技術とも使われているが、「横釣り」の方が入りやすくまた堅実であると称せられる。熟練すれば六枚までは釣ることができる。追丁カブで胴親たる技師が、張方たる尽大に「アラシ」の札三枚を撒く時、あるいは馬鹿花において胴親たる技師が被害者に青・赤の短物や、四光を撒く時には、三枚釣り四枚釣りの必要がある。

左手に釣り込むのを東京方面では「甚五郎」といっている。釣っていることが相手方に判らぬように、釣った手で他の札を撒く等の諸操作をせねばならないので、もちろん相当の練磨を必要とする。

普通の札は買立ての封切り物でも玄人の目には何枚かの疵が映る。その疵は、俗に自然の「ショウ」または「ガン」と称せられるもので、製造中にできた悪意のない自然な疵である。ことに廉価の札には疵が甚だしい。疵は札の背面にも縁にもある。縁の疵は山札を作った場合にも認めることができる。そのところで、カブ賭博で慎重な胴親は左手の背面を山札の上に冠せ、山札を全部隠して後、張方が張札に賭金するのを待つのである。掌を冠せず背面を冠せるのは山札の上層の札を左手の掌で釣り込む等の不正行為をしない証左を示すためである。技師が胴親となった時は、山札の上層部から「裏釣り」の方法で札を釣り込む。すなわち左手の背面の示指と、小指との間に札を挟むのである（第三図参照）。「裏釣り」にした札は、右手の袂の蔭まで運び、左手の中指と示指とを曲げて示指と小指とで、札を回転せしめつつ掌の中に釣り替えるのである。

釣り込み図解

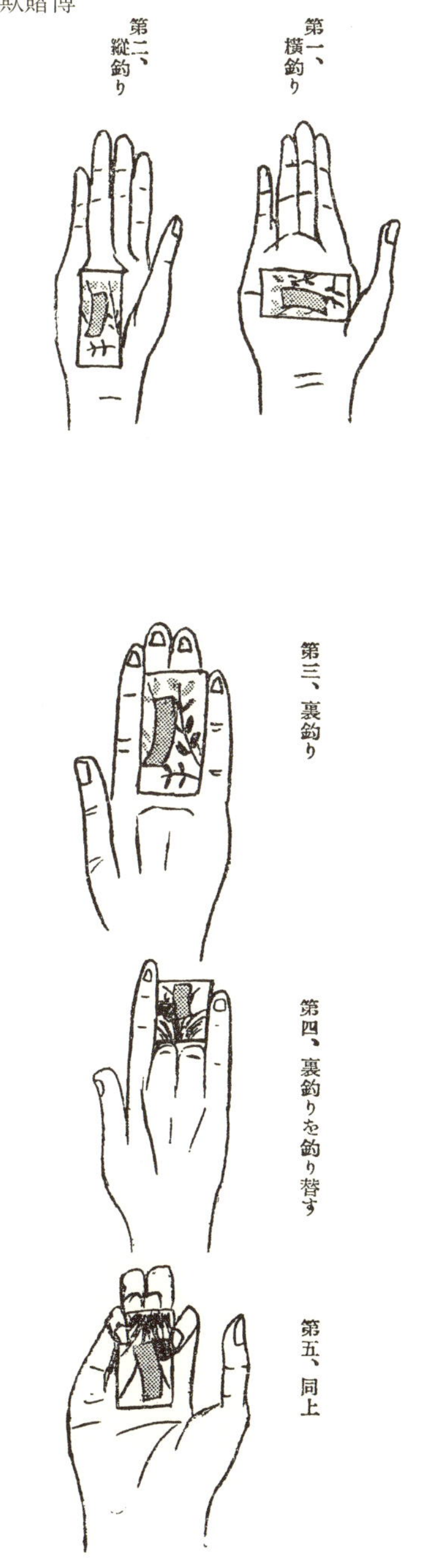

第一、横釣り
第二、縦釣り
第三、裏釣り
第四、裏釣りを釣り替す
第五、同上

② **吹き返し**（**擦り**）「吹き返し」は、一名「擦り」といい、釣り札と場札とを擦り替える技術であって、「花類」、「カブ」等札を使う賭博には全て応用できる。「**追丁カブ**」に例を設けて説明すれば、（**イ**）被害者が胴親、犯人が張方となった場合、犯人は、札を寄せ集める際等に密かに一枚の札を釣っておき、客が撒いた張札、（三枚撒ならば三枚、四枚撒ならば四枚）の月数と、釣り札の月数

とを一枚ずつ合算し、八（追丁）または九（カブ）等高目を作る張札一枚に賭金し、次に胴親が張札の上に伏せて撒いた撒き札一枚を取上げ、その月数を見るように装いこれと手中の釣札とを擦り替えて釣り札を場に出し、逆に撒き札を掌中に釣る。（ロ）犯人が胴親、被害者が張方となった場合は、同様犯人は一枚釣り札をして胴親の台札または次の撒き札のうちいずれか一枚と釣り札とを擦り替え、親の搔目（「四、一」「九、一」）または高目を作り、同様不要の札は一時釣っておいて勝負後に捨てる。

③　**打ち替え**　釣り札と山札と擦り替えて、釣り札を場に打つ技術である。「**打ち替え**」の方法はまず右手の掌に一枚適当な札を釣っておく。次にこの札を場に打つ好機が到来した時は、一枚は手札から打ち、次に釣札を山札の一番上層部の札（床絵）の上に一旦載せ、載せた一枚とともに上層部の一枚（床絵）計二枚を同時に右手の指で摘み上げ、下の札（床絵）は、右手の小指、薬指等を働かせて掌の中に送り込み上の札（**釣り札**）を場に打つ。すると床絵を掌に残し、釣り札を場に打つこととなる。すなわち、山札の床絵と釣り札とを擦り替えるのであって、前の「**吹き替え**」の進歩した技術である。もちろん釣り札を床絵の上に載せ、床絵とともに摑み、床絵を掌に送り込み、釣り札を打つ、までの連続せる四つの動作は一瞬に行うのである。技師によっては右手の釣り札を、山札に載せず右手に釣ったままで山札の最上層の一枚を起こし、これを打つように装って釣り札を場に打ち、起こし札は掌の中に潜めて釣り込む方法を選ぶ者もある。

④ **道中の打ち替え**　道中すなわち闘牌中に床絵を釣り込み、次の札を起こし札とする技術である。カブ、ハンカン等の勝負の際、山札の最上層の一枚と次の一枚の目を密かに見る。そしてこの二枚目の札の方が有利であった場合、正当な順序ならば、床絵を起こし札として場に出さねばならないのに、二枚目の札を起こし札とするには、次の方法を応用して打ち替えを行うのである。すなわち床絵一枚と、二枚目の札一枚計二枚を摑んで、拇指にて二枚目の札を送り出して場に打ち、床絵は掌の中に残す。前項の場合は二枚目を掌中に残すのであるが、この場合は、一枚目すなわち床絵を残して、二枚目は場に出す。道中の釣り札に「**二枚ガケ**」というのがある。床絵から三枚目までの目を見て、この三枚目が有利であった時は、右手で三枚摑み、三枚目を場に出し、床絵と二枚目の札は掌に残す方法である。

⑤ **行って来い**　これを「**打替え**」ともいう。「**コイコイ**」花等の際に配布された札いわゆる手札を一枚右手または左の掌の中に釣っておき、札捲りの時にはあたかも床絵を捲って打つように詐って、実は釣札を場に打つ技術である。

例えば、場札の中に松の二十物、坊主の二十物等が出ており、手札の中には松のガス物一枚、月のガス物一枚しかなく、これらの手札では、松の二十物または月の二十物のうち一枚しか取ることができない。次の番までにはいずれかの二十物は他人の手に渡るかも判らぬ場合には、まず手札から一枚のガス札を釣り込み、他のガス札で一枚の二十物を打って取り、次に床絵を捲るように装ってこれを捲らず、釣り札を床絵であるように装い場に出して打つから、二十物が二枚とも自己に帰する訳である。つまり釣り札を場に一旦行かせてまた手元に戻すから「**行って来い**」の名が出たのである。これを「**送り込み**」、「**空取り**」と称する技師もある。

⑥ **寄せ込み**　「**切り込み**」、「**つなぎ**」または「**ちよきる**」等ともいう。その方法は山札を作るために場札を寄せる際、まず左手の掌の下に大役の札敷を寄せ込む。カブならば一と九、馬鹿花ならば赤、青の短物三枚といったような札を寄せ込み、共犯者または自己に配布される札の順序を考えて適当に山札を作る。これを突く時もその順序を変えないようにする。その順序を変えない技術としては、寄せ込み札を山札の下層すなわち左手の掌に接着せしめて重ね、この部分はそのまま固定させ他の上層部分のみを右手で突く方法が一般に用いられる。突いてから場に出し被害者に切らせる。被害者はこれを二つに切って上層部を下層部に、下層部を上層部におき替える。おき替えられた札は後述の小手返しの方法で、元の順序に戻して札を配布する。ゆえに「**寄せ込み**」には「**小手返し**」の技術が併立的必要条件であるが、「**小手返し**」の技術が覚束ないものは、共犯者を張方にまわし、故意に切り口が残るような八百長的切り方をさせる。切り口に指を入れて山札を割って切り替え元の順序に戻す。寄せ込みは、花類全般にも応用されるが、花類のように場札と手札とに多数の撒札をする場合は、順序が複雑であるから寄せ込みに不適当であるだけでなく、必ずしも決勝

的効果を挙げ得るものと定まらぬので、赤、青、短三枚、四光四枚等の寄せ込み以外には応用されないようである。

次にカブの寄せ込みについて説明しよう。普通張札四枚撒のカブ賭博では、張方の人数にかかわらず山札の最上端より五枚目の札は胴親の台札として常に胴親の手許に帰し、張方が一人であって、（A）張方が一枚以上の打ち札を要求しない時は山札の最上端から十枚目の花は二枚目の札として胴親の手許に収まり、（B）もし張方が三枚までの札を要求した時は、胴親には山札の最上端から十一枚目の札が二枚目の札として収まる。ゆえに最初の五枚目および十枚目と十一枚目とにカブ目、搔目等を作る札、計三枚を按配しておけば、胴親は絶対に敗北しない。張方が二人であった場合には、張方の人数と、張札とを考慮し、山札の最上層の札から五枚目および十枚目以下、十三・四枚目までに適当な札を按配しておけば同様胴親は絶対に敗北しない。

北陸方面では、山札の最上層から五枚目に牡丹、最上層から十枚目以下に桜の札を按配し胴親が六と三の札を取り得るよう作り込む技術を「**大和**（ヤマト）**式切り込み**」と称している。右は胴親の利益のための寄せ込みであるが、胴親が張方にまわっている共犯者に有利な札を配る場合には、あらかじめ張方の張場を定めそこへ高目の札が配布されるように寄せ込むのである。胴親の搔目ができれば絶対勝ちであり、カブ目ができれば張方にアラシができない限り敗北することは無いのであるから、五枚目と十枚目の前後にいかなる札を配列するかについては深く懸念するにおよばない。換言すれば、張方への配り札は余り念頭におく必要は無いのである。昭和四年二月、山本某は金沢市料亭において被害者よりカブの寄せ込み詐欺によって数千円を騙取したのであるが、同人の用いた寄せ込みの手は、山札の最上端より第一枚目三、第二枚目八、第三枚目二、第四枚目四、第五枚目一、第六枚目一、第七枚目七、第八枚目五、第九枚目三、第十枚目九となっていた。すなわち最上端より第五枚目に一、第十枚目に九、合算して「九、一」となる順序であった。

⑦ **つなぎ**　花、カブに応用される。ある札一枚に「**反り**」を入れて目印となし、札を寄せる時その前後数枚に必要な札を重ねて連鎖を作る方法である。技術としてはむしろ素人芸であり、不正を発見されやすいが実際には多用されている。

⑧ **屏風**（**束ね替え**）　釣り札と場札を擦り替える技術で、（**イ**）胴親は右手または左手の掌にあらかじめ高目、搔目を作るに便宜な一ないし三の目の札一枚を釣り込みたる後、自己の親台として二枚の札を撒き終わり、これを釣り込みたる一方の手の中指および薬指とで横様に挟み、示指はその二枚の札を頭部に掛け手前に引き寄せつつ、拇指を利かせてその二枚の札の裏面を他の四本の指の腹に密接させる形に倒せば、その二枚の札は四本の指の上に絵を表にして横様に釣られた形となる（上部は第二回の撒札、下部は第一回の撒札）。次にこの二枚の数を見るように装い、右釣り込み札を右二枚の札に上に仰向けに重ねる。重ねる直前三枚の札が屏風の形となるので「屏風」の名ができたのである。次に上部から二枚を場に出せばその二枚は前からの釣り札一枚と、第一回の撒き札とで

ある。第二回の撒き札は掌中に残り、結局第二回の撒き札と釣り札との擦り替えが完了する。ゆえに、第一回の撒き札すなわち親の台札と、釣り札と合算し高目を作り得る札を寄せ込み、これを親に配布したる後、釣り札と第二回の撒き札を擦り替える時は思い通りの目を作ることができるのである。

(ロ) 右のごとく一枚釣りの屛風の方法では決定的勝利を得ることはできない。決定的勝利を得るためには、胴親はあらかじめ、カブ、搔目（**「四・一」「九・一」**）等の札二枚を左手の掌中に釣るに限る。この二枚と親台の二枚とを擦り替えるのである。その方法はだいたい前項の方法によるもので、最後に釣り札と親台の札とを重ねずに親台の札は四本の指の上に寝かせたまま釣り札を拇指、示指を使って送り出して場に出すのである。

⑨ 蹴込み（撥き込み）　カブに応用される技術で、釣り札と場札との擦り替えをする時に用いられる。張方はあらかじめ高目を作るのに便宜な札一枚を右手の掌中に釣りおき、配布された張り札（第一回に曝して撒かれた張方の札を張り札といい、四枚撒きは四枚、三枚撒きは三枚）の数を見て、釣り札の数と合算し高目の張り札に賭金をする。次に胴親は張方へ伏せたまま第二回の撒き札をする。そこで張方は「よし」と称して三枚目の撒き札を要求しない合図をし、右手を張り札の上に下し（第一図）右手の中指と薬指とで第二回の撒き札たる伏せ札を手前に撥き股の中に伏せ札を蹴込みたる後（第二図）、掌中の釣り札をいったん張り札の上に載せ（第三図）、釣り札と張り札計二枚を手に取

って釣り札は胴親によって撒かれた撒き札のように装うのである。

胴親がこの技術を行う時はあらかじめカブ、掻目等の札二枚を右手掌に釣り込みおき、親台の札二枚を右手に取り上げこれを釣り札と掌の中間に入れ、釣り札を場に打ち右手を手前に戻す反動をもって親台の札を股の中に投入するのである。

蹴込み図解

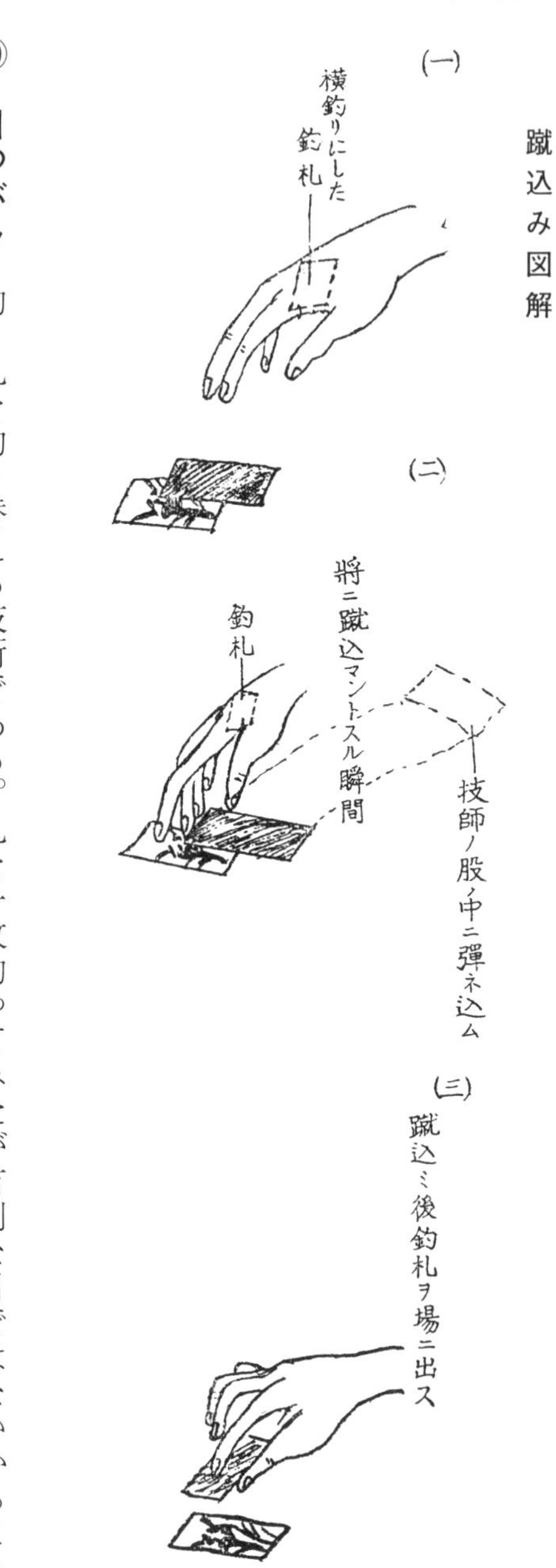

⑩　**目つぶし**　釣り札を釣り替える技術である。札を一枚釣ってみたが有利な目ではないからこれを棄て、山札を最上層の札（**床絵**）一枚と釣り替える時にこの技術を使う。その方法は、右手の拇指は山札の手前に、他の四本の指は山札の向こうにかけ、山札を横様に摑むような形に指を広げ、同時に釣り札は右四本の指と山札との中間に落とす（札の絵の方は指側に、裏の方は山札側になってい

る）。四本の指が壁になるから釣り札を落としたことは相手に判からない。次に拇指の爪を山札の最上層に入れ、同時に釣り札を倒して、その上に山札を載せ同時に掌を山札の上に接着させて、山札の最上層の一札を釣り込む。このようにしてその釣り札は山札の最下層に、山札の最上層の一枚の掌の中にという順序で、何回も何回も釣り替えができる訳である。

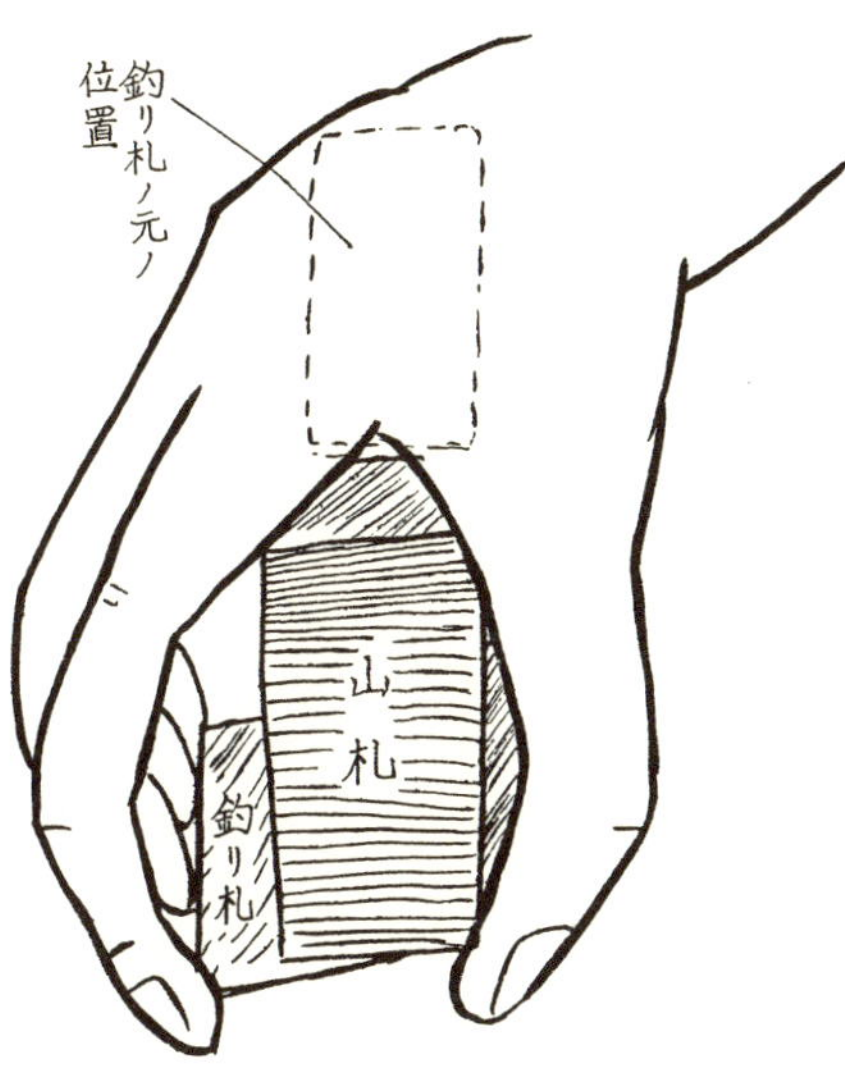

⑪　**床あげ**　馬鹿花、八八等に応用される技術である。「**ゲン上げ**」ともいう。山札の最下層の札を覗いてみて（これを「**おがみ**」という）、自己または共犯者にその最下層の札を配布するのが利益である時には、あたかも山札の上層の一枚を捲るように装い右手の拇指を手前に外の四本の指を向こ

う側に添えて山札を摑み最下層の一枚を残して、他の山札全部をわずかに前方に押し出す（第一図）。次に拇指の爪で最下層の札の手前の縁を押さえ、向こう縁を弾ね上らせ山札の上に載せ上げた後に（第二図）この一枚を場に打つのである。すなわち、床になっていた札を上部に上げるから「**床あげ**」の名称ができたのである。

他の方法は第一図のように最下層の札一枚を残し他の山札を前方に押出した後、右一枚を山札の横に立て（絵は手前）これを拇指で浮かせ、他の四本の指の腹に送り込むようにして山札の最上層に載せる。最下層の札を山札の横に立てた時に絵を覗くことができるから胴親がカブの打札をする時、この技術を用いる時は自由に張方の目数を知り得るのである。

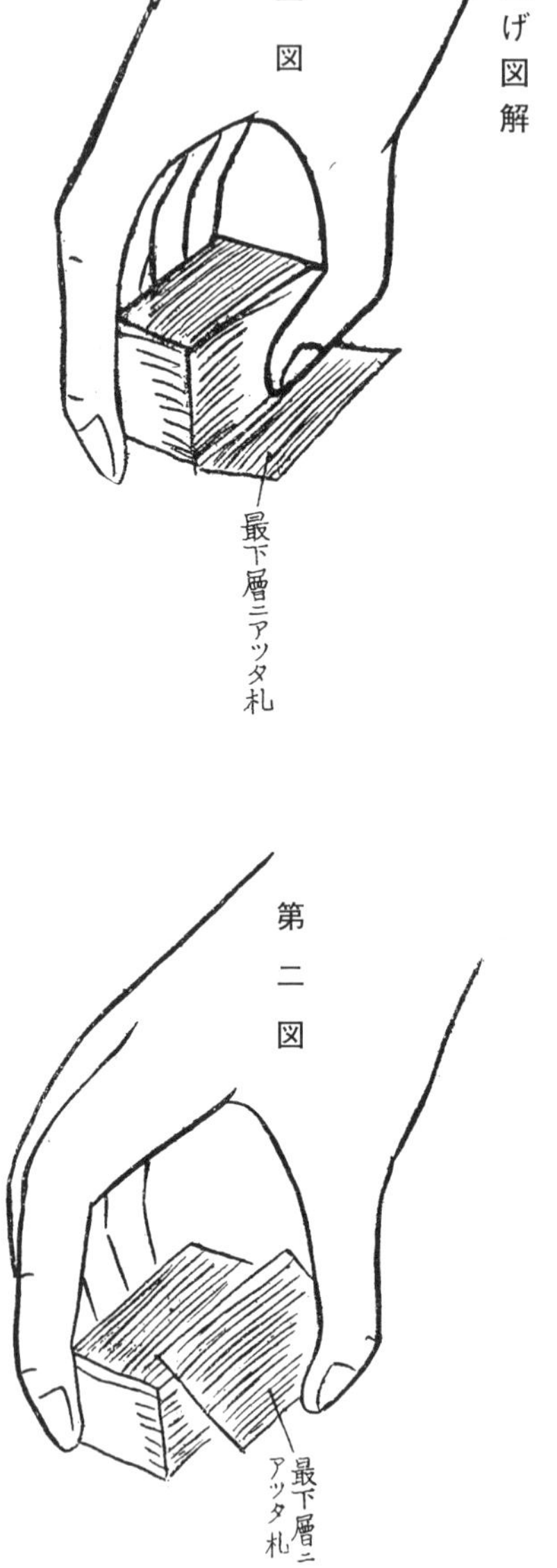

⑫ **小手返し**　試みに、山札を二つに切って上層部は下層部に、下層部は上層部におき変えた後、この山札を左手の掌の上に横に倒して載せると最初山札は二つに割れる。しかもその割れ口は、重ね合わせた部分である。なぜ重ね合わせた部分から割れるかというと、重ね合わせた際に空気が圧

小手返し図解

第一図

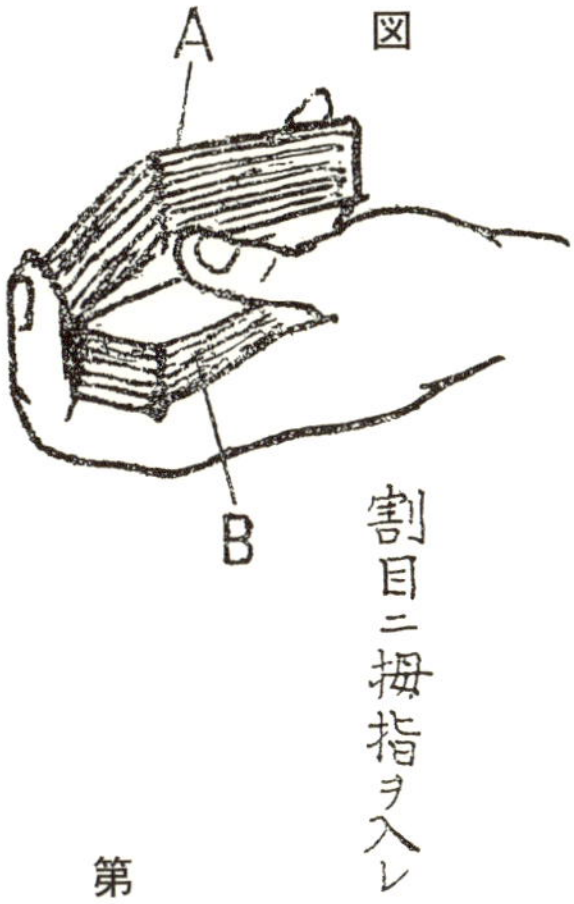

A
B
割目ニ拇指ヲ入レ

第二図

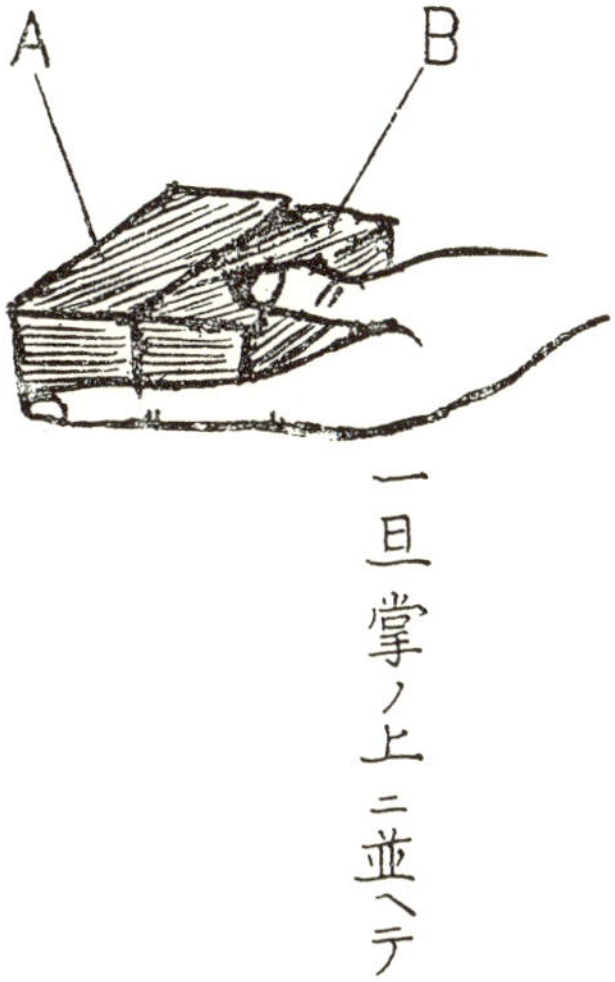

A
B
一旦掌ノ上ニ並ヘテ

第三図

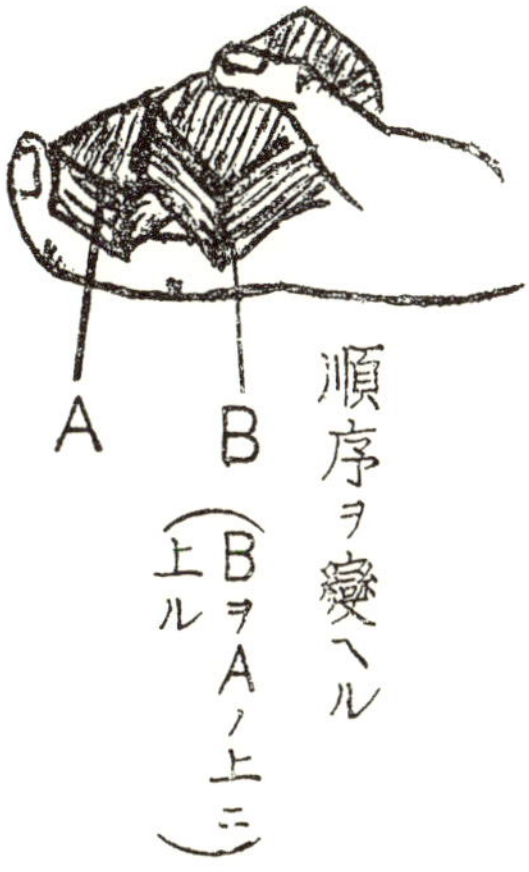

A
B
順序ヲ變ヘル
（BヲAノ上ニ上ル）

迫されその反撥力が起こったためである。これを「**風入り**」という。

この現象は、札が新しければ新しいほど顕著である。そのところで、右の割れ口に拇指を入れ（第一図）上層部の札は掌先きの指側に、下層部は手前に残して二個の小山札を並列し（第二図）左手の掌を反らせ、右手にて助けながら手前の下層部の札を持ち上げて、指側の上層部の札の上に載せる時は、切らぬ前の順序に戻るのである（第三図）。右の操作は山札を配らんとする直前、右手で山札を取って左手に載せる一瞬を利用して実行する。右「**風入り**」の方法による「**小手返し**」に習熟せざるものは、張方が山札を切って後積み合わせた時に生ずる喰い違いに着眼し、そのところに拇指または示指を挿入して前記方法で元に戻す。しかし張方が喰い違いを残さなかった場合には小手返しの実行は不可能に陥る欠点がある。

（三）　不正札

1、ガン

骨牌の裏面を見て表面の絵を判別するために、印を入れて目印とする。その目印を「ガン」または「ショウ」、「シルシ」等といい、これらの印入りの札を「ガン札」、「ショウ札」等と呼ぶ。こうして五以下の札に「ショウ」を入れた札を五以下の「ショウ札」と称す。目印は、

① 爪疵
② 角切り（カド）
③ 角出し（ツノ）
④ 針疵
⑤ 削ぎ
⑥ スジ、まはた毛入り
⑦ ヒカリ（押しガン）
⑧ 反り
⑨ ザラ
⑩ ボカシ
⑪ 鉛筆によるしるし
⑫ ザラおよびスベ
⑬ 厚薄加工

等、札自体を傷つけ、液体を附し、鉛筆にて印を附し、あるいは札にその他の加工をなし「ショウ」を入れるのである。「**爪疵**」は札に爪で目印を附するのであって、何人も勝負中容易にこの種目印を附し得て細工ができるから危険である。「**角切り**」は札の四つの角を鋏でわずかに切りて印とし、切断面には朱、墨等を塗る。「**角出し**」は札の四つの角から毛を出したものである。「**針疵**」は針で札を刺して穴を作り印となす。「**削ぎ**」は札の縁を三日月形に削ぎ取り印となしまたは針を当てて凹所を作って印とする。「**スジ**」は札の裏面にスジを作るのであるが、これは製造元で芯を作り裏紙を貼る際に細工するものである。「**毛入り**」は札の裏面と芯との間に糸を入れて膨らましたものである。「**ヒカリ**（**押しガン**）」は札の裏を円味を持った瀬戸物等で摩擦して光沢を出し印とする。「**反り**」は札を反らせて目印とする。「**ザラ**」は札の縁に糊等を塗り、手障りにより表の目を察知し得るように細工したものである。「**ボカシ**」はある種の液体を塗りその色彩により目印を附す。左に実例をもって説明する。

① **爪疵**　大正九年十一月福岡地方裁判所で判決を言い渡された福岡幸三郎ほか四十三名の一味が「**ヨシ**」賭博に際し用いた爪疵のガン札は、豆札の裏面に、一点札にはその右側上部に、二点札にはその左側上部に、三点札にはその中央部に、五点札にはその左側中央部に、六点札にはその中央部に各縦に爪疵を付したものであった。

② **角切り、**③**角出し**

(一)　昭和八年十一月本籍愛知県市川金三郎外数名が、岡崎市内で、追丁カブの方法に仮託し石川某より金員を騙取するに際し、左記のような不正札を使用した。すなわち、

一月（**松**）の札は四枚共右上および左下の両角を切る。
二月（**梅**）の札は四枚共右上または左下の上下に角を出す。
三月（**桜**）の札は四枚共そのままとす。
四月（**藤**）の札は四枚共そのままとす。
五月（**杜若**）の札は四枚共左上および右下の両角を切る。
六月（**牡丹**）の札は四枚共左上および右下の角を出す。
七月（**萩**）の札は四枚共左上および右下に各横に角を出す。

八月（**月**）の札は四枚共左上および右下に各上下の角を出す。
九月（**菊**）の札は四枚共左上および右下に各上下の角を出す。
十月（**楓**）の札は四枚共右上と左下に角を出す。

一月の札と五月の札はそれぞれ反対側の角を切り、二月の札と八月、九月の札とはそれぞれ反対側に上下に角を出し、六月、七月の札と十月の札とはそれぞれ反対側各側面に角を出し、三月と四月の各札は普通の札とした。数の少ない一月および二月札、二枚合うと零となる五月札や、一枚で零の十月札には、月毎に異なったガンを入れ、三月札と四月札、六月札と七月札、八月札と九月札の各二ヶ月ずつには同一のガンを施し、ガン札の混雑を避けた所に注意すべきである。

(二)　昭和二年名古屋区役所に起訴された鵜飼数太郎等一味が用いた不正札は、登録商標㊎福助人形印（同区裁判所検事局保管）で、花札四十八枚中、二月（**梅**）、六月（**牡丹**）、七月（**萩**）、八月（**月**）、九月（**菊**）、十月（**楓**）、十一月（**雨**）、十二月（**桐**）の八ヶ月の各四枚の札の角に角を作り、これを目印とし、角は花札の芯となっている台紙の角を切り残しこれに表紙および裏紙を張ったものので、角の長さは約二厘であるから、色目の敷物の上にこの札を乗せた時は、容易に角を認めることができない。

第一図のように、

第一図

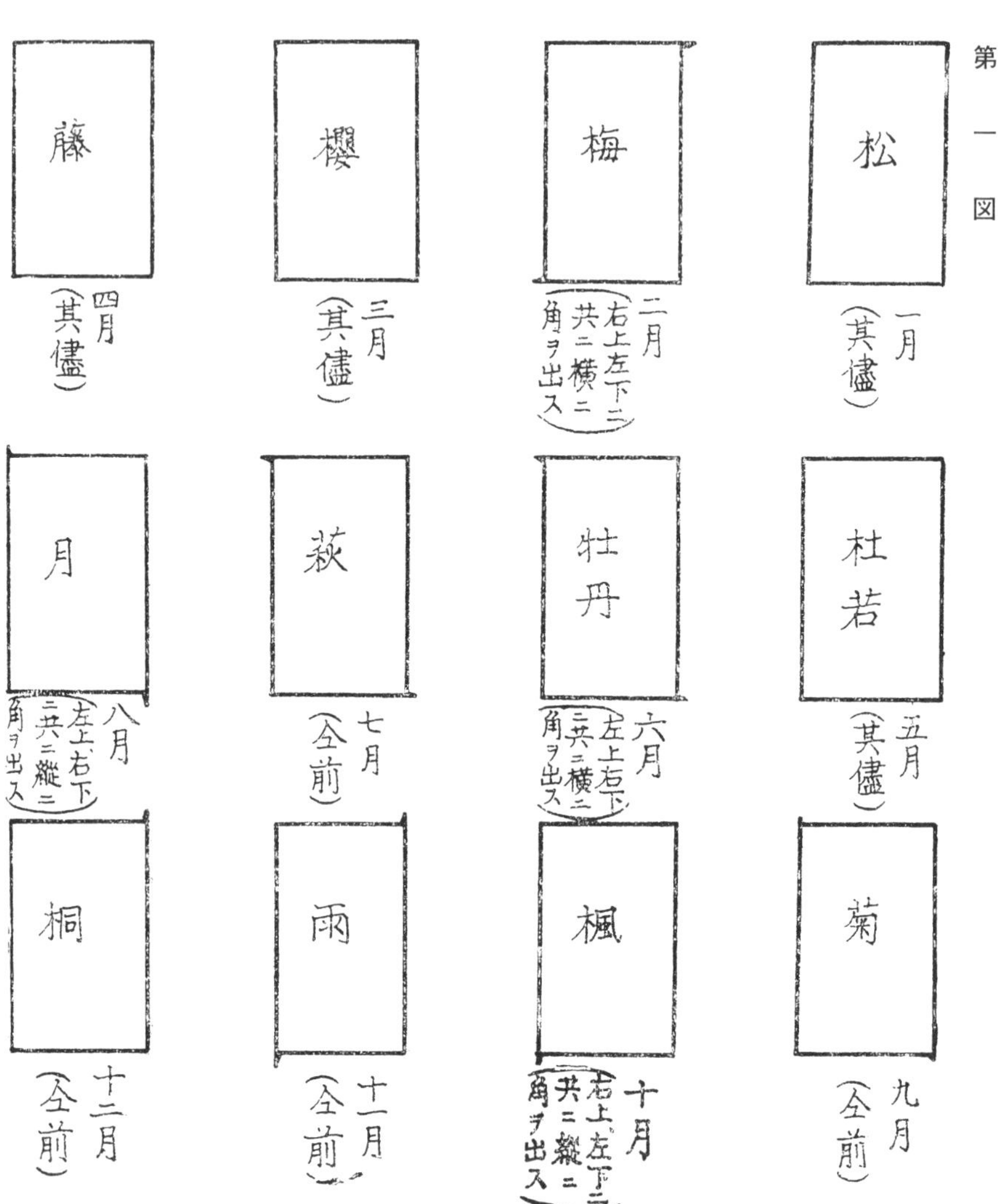
松
一月（其儘）
梅
二月（右上左下ニ共ニ横ニ角ヲ出ス）
櫻
三月（其儘）
藤
四月（其儘）
杜若
五月（其儘）
牡丹
六月（左上右下二共ニ横ニ角ヲ出ス）
萩
七月（仝前）
月
八月（左上右下二共ニ縦ニ角ヲ出ス）
菊
九月（仝前）
楓
十月（右上左下ニ共ニ縦ニ角ヲ出ス）
雨
十一月（仝前）
桐
十二月（仝前）

一月・三月・四月・五月の札には角を出さず普通の札

二月の札には、右上の角（カド）と左下の角（カド）に各横に角（ツノ）を出す。

六月・七月の札には、二月と反対に、左下の角（カド）と右下の角（カド）に各横に角（ツノ）を出す。

八月・九月の札には、左上の角（カド）と下右の角（カド）に各上下に角（ツノ）を出す。

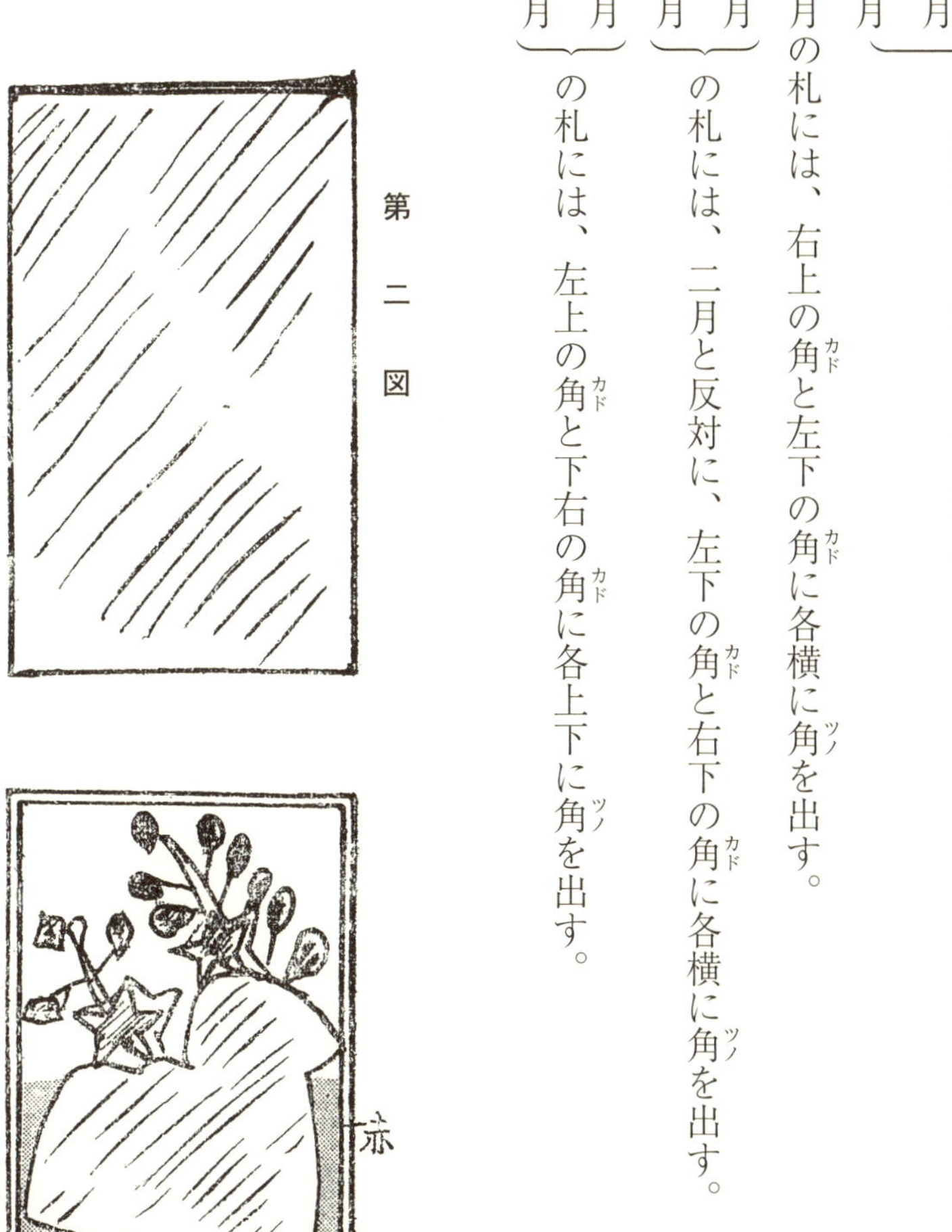

第二図

十月・十一月・十二月の札には、右上の角（カド）と左下の角（カド）に各上下に角（ツノ）を出す。

第二図は原型図である。

（三）先年名古屋市において検挙された犯人が使用した不正花札は、角札と耳切りの両方を用いたものであった。

一月・二月は普通札

三月・四月は左上と右下の角（カド）耳を切る

五月・六月は右と反対に、右上と左下の角（カド）耳を切る

七月は右上と右下に横に角（ツノ）を出す

八月・九月は左上と右下に縦に角（ツノ）を出す

十月・十二月は右と反対に、右上と左下に縦に角（ツノ）を出す

十二月　は普通の札

（四）　大正九年十一月、福岡地方裁判所で判決を言い渡された福岡幸三郎ほか四十三名等一味が「ヨシ」と称する賭博に用いた角札は、豆札の七、八点札全部の四ツ角の耳と尖らせ札を切る際これを指頭に引掛け抽出し得るようにしたものであった。また同人等が同様「ヨシ」賭博に使用した三ツ割札と称する不正豆札は、豆札中の一、二、三点札の右上耳および左下耳、四、五、六点札の左上耳および右下耳に各突起したる尖端を付し七、八、九、十点札はそのままとしたものであった。

×　　×　　×

これらの角を入れるには、製造元で入れる場合と技師が入れる場合があって、技師が入れる場合にはまず札の裏紙を削いで入れる。その削ぎ方には二通りある。

花札またはカブ札等の表側絵の方の縁に物差を当て小刀で裏紙を切り、針の先でこれを突いて剝がす。もう一つは、札を湯気で蒸して側面に貼ってある紙を剝ぎ取る。次に角を入れる。鯨の鬚を薄く切ったものを入れたり、魚釣用のテグスを入れたりする。その上を「アラビヤ」護謨や糊で塗り附けて、裏紙を貼り付け鏝をあてて原状に戻す。角は二厘以上に出さぬようにすれば肉眼で見分けることは困難で白布の上に晒してはじめて見分けがつくのである。

③　ヒカリ　蛤の貝殻、円味を持った瀬戸物、煙管の雁首等を絹布に包んだもので、札の裏側一定の場所を摩擦したのち鉄瓶等の湯気にかけて元に戻しさらに摩擦をする。これを数回繰り返すと相

当の光沢が出てくる。普通「押しガン」と称するのはこれである。特徴は光線に向かったり光線を背にした時は、ガンを認めることができないから犯人は必ず横に座わるのである。

本籍和歌山県山田秀吉は「ヒカリ」または「押しガン」による五以下のショウ札を使用し、カブ賭博に仮託して金員を騙取し和歌山区裁判所に起訴された。すなわち五の札で四枚、四の札で四枚、三の札で四枚、三の札で四枚、一の札で四枚合計二十枚の各札裏面にこの種のショウを入れたもので、次図のように、

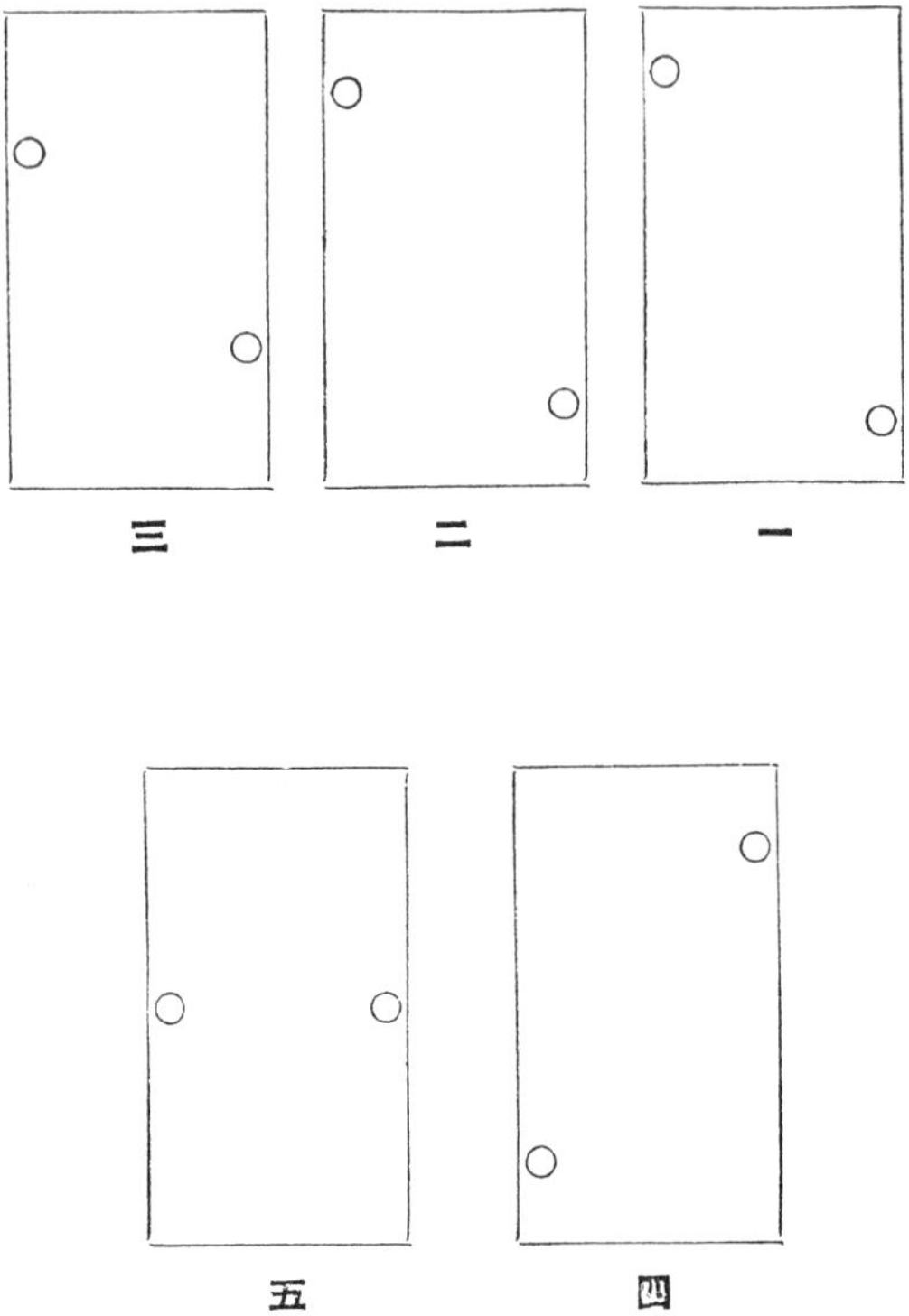

一　二　三

四　五

一の数には左上および右下に、
二の数の札には同様左上および右下に、
三の数の札には同様左上および右下に、
多少位置を変えて押しガンを附し、
四の数の札には右上および左下に、
五の数の札にはほとんど中央部に、
各押ガンを附した札を使用したのである。

④　**毛入（一）**　次図（第一図）は前記東京市浅草区蔵前大通下方屋事高橋愛三商店で現に発売しつつある「毛」入りの「ショウ」である。花札四十八枚の芯裏へ俗に「毛」と称する細き絹糸を附け込み、その上に裏紙を貼ったものである。光線を受けて透かせば「ガン」を見ることができるが、光線を背にすれば全く普通の札と見分けがつかないようになっている。ガンの入れ具合は、
一月（**松**）は、左肩と右下の隅に真横
二月（**梅**）は、一月のガンより少し中央に寄った所に真横
三月（**桜**）は、中央部に真横
四月（**藤**）は、左肩と右下の隅に斜
五月（**杜若**）は、四月のガンより少し中央に寄った所に斜

第一図

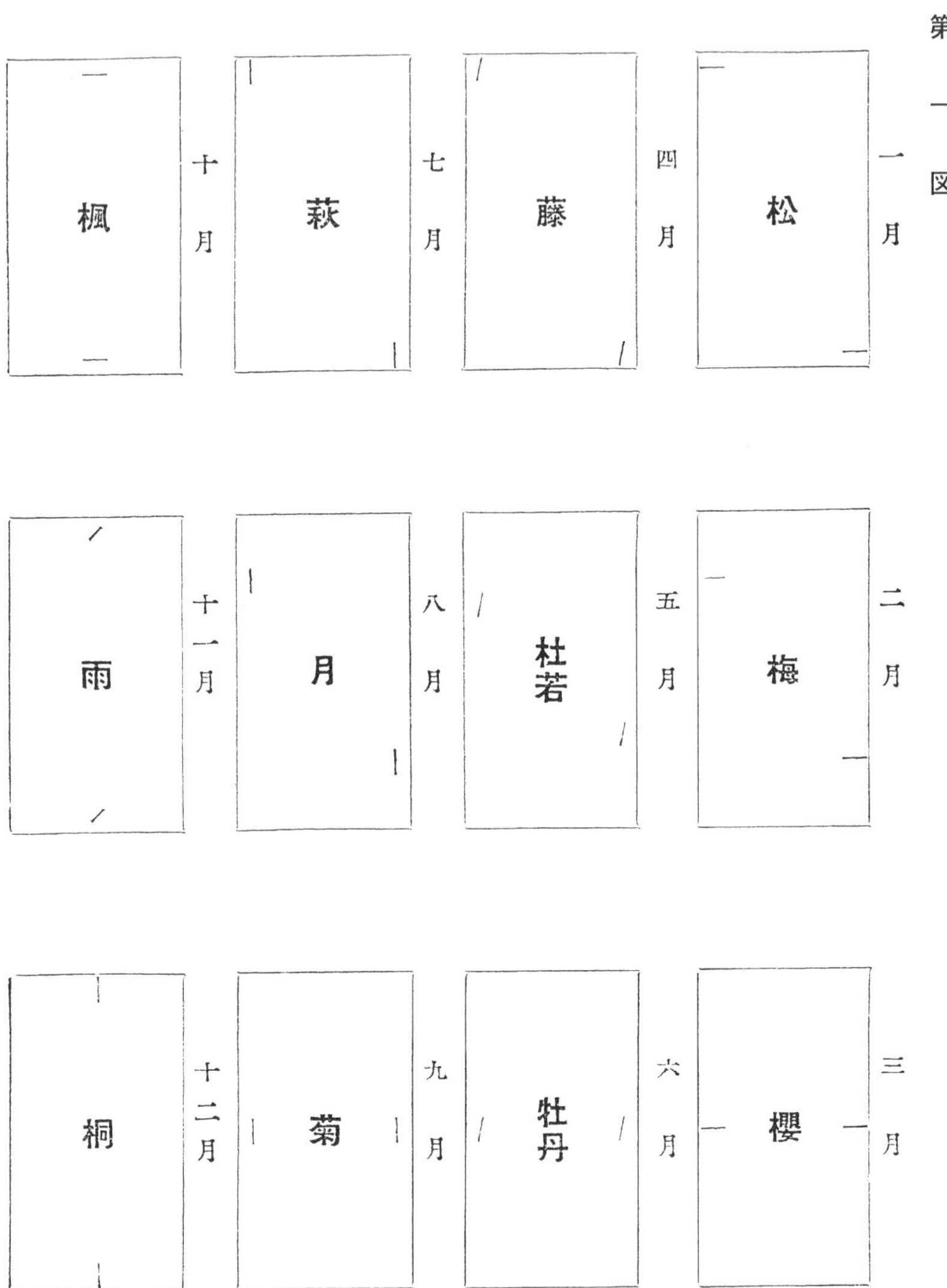

六月（**牡丹**）は、中央部に斜
七月（**萩**）は、左上と右下の隅に縦
八月（**月**）は、七月のガンより少し中央に寄った所に縦
九月（**菊**）は、中央部に縦
十月（**楓**）は、上と下の中央部に真横
十一月（**雨**）は、同様部分に斜
十二月（**桐**）は、同様部分に縦

にそれぞれ二個のガンを入れたものである。こうして右ガンは視力の強弱に応じて特別細毛、細毛、中毛、太毛と四種の絹糸を使用することになっており、右下方屋商店においては客の注文により四種のどれかを送付する。代金は花札赤黒二個入り一組二十円で「毛」だけでも分譲し、なお注文によって、右ガンの入れ方を変更しあるいは花札の「丹物」「十物」「五光」等にのみにガンを入れるよう便宜を計っている。

第二図は、これを示したもので、
丹ものは、右上と左下の隅に真横
十ものは、同所に斜
光ものは、同所に縦
に各二個のガンが入っている。

第二図

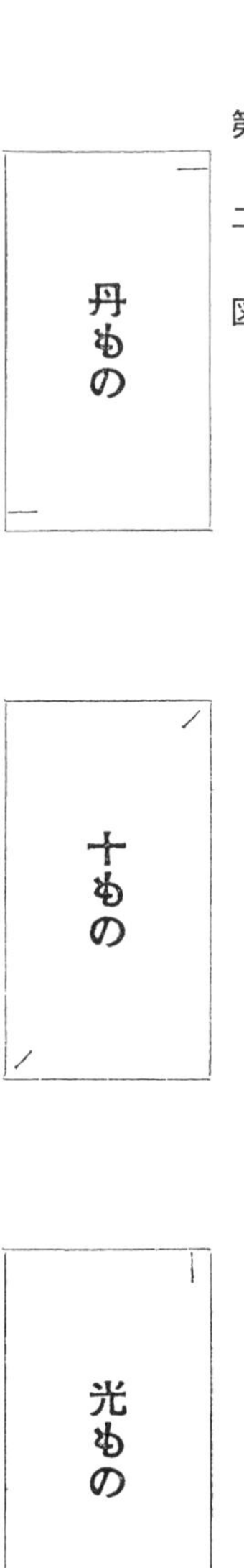

同店の案内書には次のように記載がある。

「最新案毛入ガンつき加工花の説明」

前略……弊店主が多年苦心研究の結果実験に依りて案出せし毛入加工「眼印付花札」は弊店独特の妙技を揮って花札の芯に毛を貼込み一月より九月迄毛の入れ所を違えて製す。三厘位の長さの細き毛を月毎に入れ所を違え其上より裏紙を貼りて製造したる品なれば如何なる名人でも何心なく見た丈けでは決して露見する等の憂い毛頭無き品なり。然し之を知れる人が其心得を以て少く透して見る時は、之は何月の札であるという事が完全に判明する故、此札を使用せば必勝保険附という珍品なり。

毛入（二）　前示甲府市柳町三丁目塩島商会こと塩島国重が現に発売しつつある毛入ガン附花札は、下方屋製造のものと同一細工であるが、ガンの入れ所が下方屋と相違している。

種類表	毛ガン見本、細毛一枚、中毛一枚、太毛〆三枚、定価一円五十銭	
	通常眼で晝間用に適す	少弱眼で昼間用に適す、極弱眼で昼間用に適す
	㈠ 細毛ガン入花	㈡ 細毛ガン入花　㈢ 太毛ガン入花
	厳健眼で夜間用に適す	通常眼で夜間用に適す　少弱眼で夜間用に適す
定価	原料優等品赤黒二個入｛毛入一箱	定価金二十円也
	右同先用｛花札一箱	定価金三円五十銭也
無類の健眼にて細毛入でも分り過ぎる時は、特に無類極少毛入と御指定あれ		
（註） 先用とは毛入と同型、同色の普通札である。		

次図はそのガン札を示したものである。

一月は、右上と左下に縦
二月は、同上　横
三月は、縦の中央部に縦
四月は、同上　横
五月は、左上と右下に縦
六月は、同上　横
七月は、五月のガンよりやや中央寄りに縦

八月は、六月のガンよりやや中央寄りに横

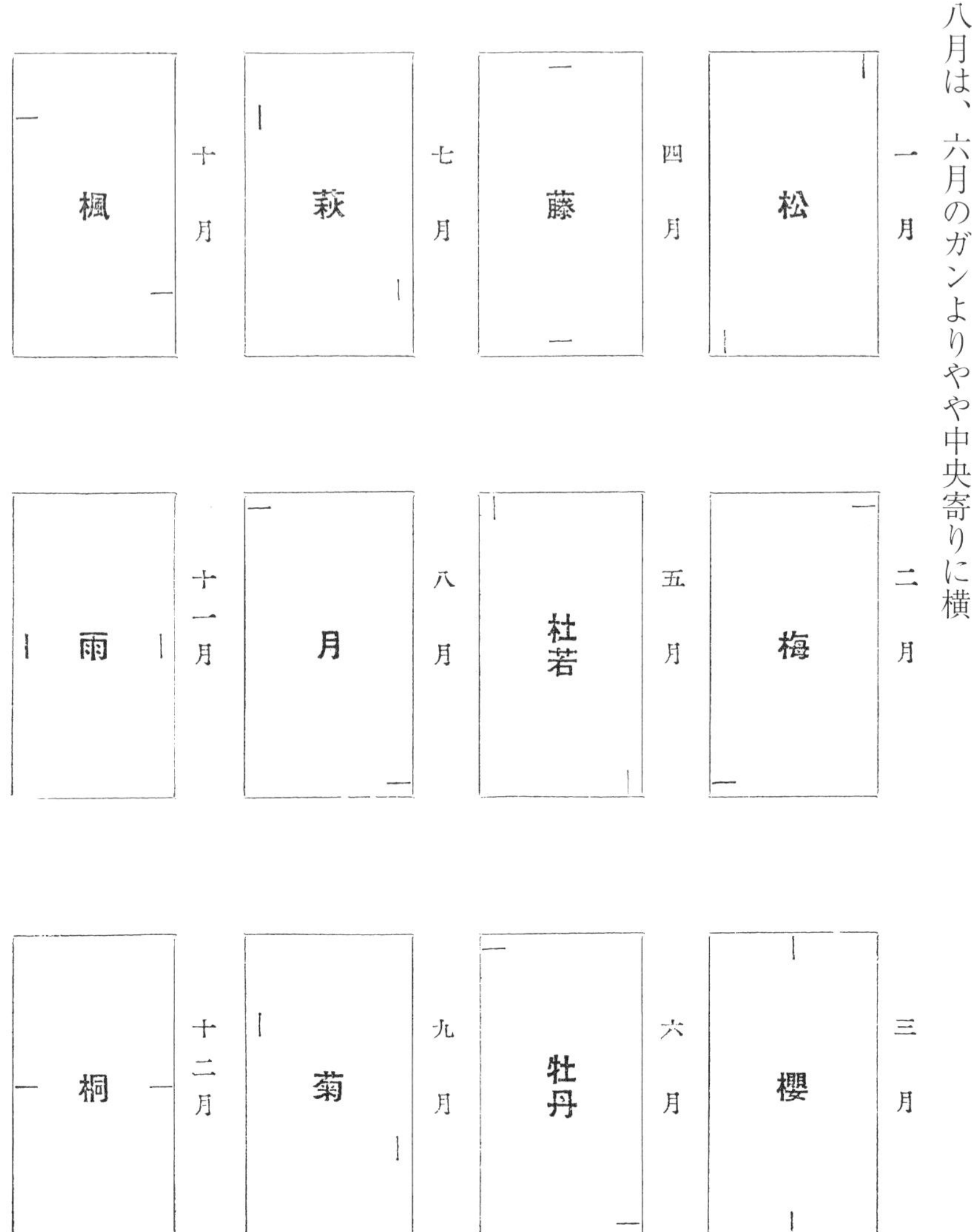

九月は、七月のガンよりズット中央寄りに縦
十月は、八月のガンよりズット中央寄りに横
十一月は、横の中央部に縦
十二月は、同上　　　　横
に各々長さ三厘余の絹糸を入れたものであるが、同店では、極上等品赤裏黒裏二個入一箱を代金十五円で売っている。

⑤ 削ぎ

(一) 札の横縁に針をもって細い凹み、すなわち削ぎを作る。次図はカブ札の一から九または花札の一月から九月までに、右のような削ぎを入れる順序および一の札に削ぎを入れた所を示したも

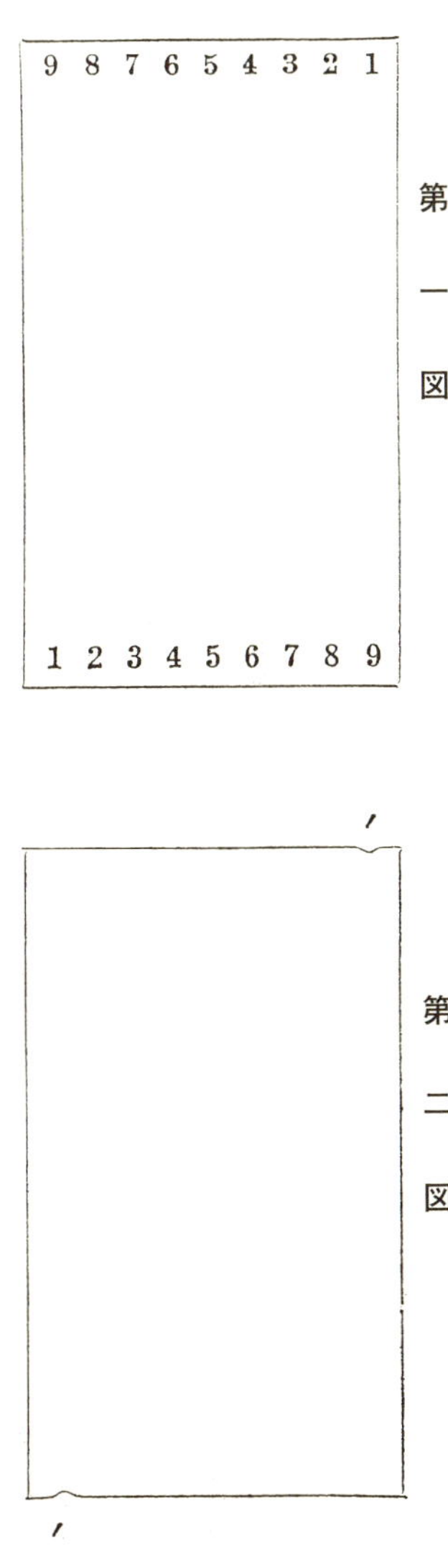

第一図
第二図

ので、第一図のように、一方は右肩の上から左肩の上に、他方は左下から右下に、札毎に一定の距離をおき削ぎを入れる。東京および名古屋地方で「向こうずり」と称する「ガン札」はこれである。

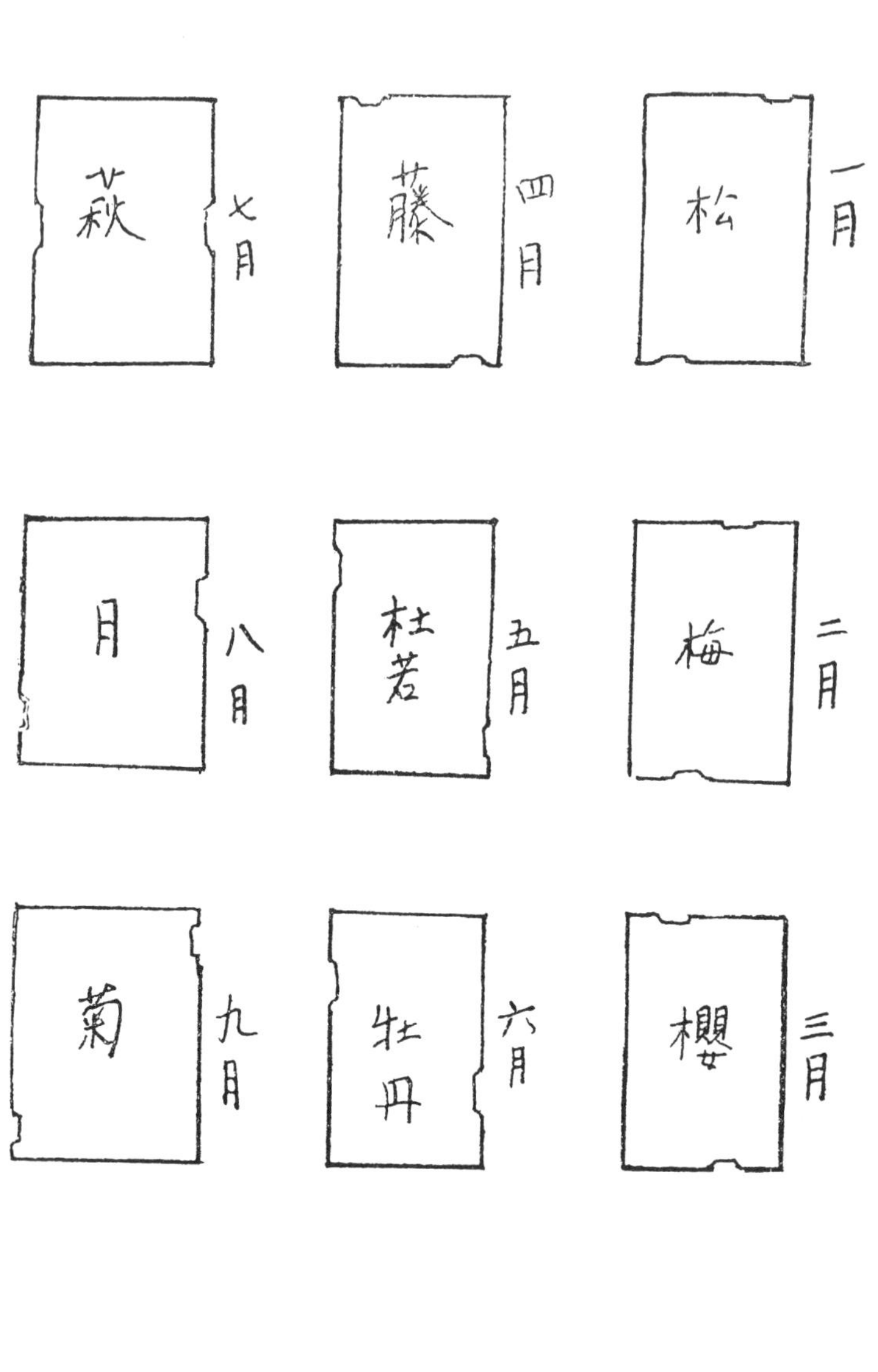

（二）次図は下方屋商店が現に発売している「ソギ」ガン札で、花札の芯を三日月形に削ぎ取り、その上より裏紙を貼って天然にできた疵のように製造されたもので、色目の敷物の上では容易にこのガンは判らない。白布の上でも「ガン」を知ったものでなければ直ちに発見することはできないようになっている。元来、花札の外部から「ガン」を入れたのでは、相手に見破られやすくかつ申し開きが立たないから、後から附けた疵ではない。製造元で自然にできたいわゆる「山キズ」だと弁解するためにはこのような細工の「ソギ」ガン札や前述の毛入ガン札等は好都合である。同商店ではこの「ガン」の入れ方にも三様に細工を変え、浅削は視力極めて強健なる者、中削は普通の者、深削は視力弱き者が用いるようになっている。同商店の案内書によれば、定価は次のようになっている。

種類表		
削ガン見本浅削一枚、中削一枚、深削一枚、〆三枚に付、定価一円五十銭也		
通常眼で昼間用に適す	㈠浅削ガン入花	極健眼で夜間用に適す
少弱眼で昼間用に適す	㈡中削りガン入花	通常眼で夜間用に適す
最弱眼で昼間用に適す	㈢深ソギガン入花	少弱眼で夜間用に適す

定価
原料優等品赤黒二個入（削ガン一箱　定価金二十円也
右同先用（花札一箱　定価金三円五十銭也

⑥ **反り**　反り札は絵の方へ反らせたり、裏の方へ反らせたり、あるいは縦に反らせたり横に反らせたり角（カド）のみを反らせたり種々である。反り札一枚ないし数枚を作って積札の中に入れておけばどこに反り札があるかは一見して判かる。だから場札を寄せる時に注意して反り札を入れておけば、反り札の上下数枚の札の続きを知ることができ、相当有利な場合がある。

(一)　大正十三年一月、札事師樽屋こと宮本権次郎が岡山県下において「カブ」に際し使用した「反り」のショウ札は、五の札のみを四枚とも反らせたもので、場に曝した張り札中四の札が現れる場合その目標を付した骨牌の配布を受ける順序となった時は、その四の札に賭金して勝利を得たのであった。

(二)　本籍京都市野村久吉はほか数名と共謀し、昭和七年四月、京都市においてカブ賭博に仮託し、ショウ入り札を使用し金員を騙取したが、同人等の使用した反り札は、

一の数より三の数までは右肩をわずかに折り曲げ

四の数より六の数までは左肩をわずかに折り曲げ

目印としたものであった。野村は反り札使用の不正行為を被害者に発見され自己の小指を切断してアルコール漬けとしてこれを被害者に献じて罪の赦しをこうた。

⑦ **ボカシ**　札の一定の場所に乾いても眼に見える液体を塗って目印とする。次図はカブ札または花札九枚にそれぞれ液体を塗る場所を示したもので、

一より五までは札の上下に
六より九までは札の両横に
塗るのである。
液体は、前記下方屋および塩島商店等で販売し下方屋の案内書には、
「ぼかしがん用クリームの効力および使用法」
ぼかしがん薬はチョコレート色のクリームなり、ゆえに花札へ塗るには最も便利である。色合は特に研究の上、赤裏にも黒裏にも二種の両色に兼用のできるように赤にも見えてまた黒にも見えるのがこのチョコレート色の特色である。薬品だけを見る時はチョコレート色のように見えても、札の裏に塗れば全く無色で透見すれば光沢が少しぼける薬である。本ピンは花札の赤裏に塗れば赤色、黒裏に塗れば黒色となり、すべて原色を変色せず同色のまま光沢が少しぼけるだけなので他人にはぼかしか否か少しも判からず、訳を知った人が見ても一寸見くらいでは判からないゆえ、他人に見破られる憂いはさらにない。訳を知った人が斜に透かして見ればよく判る薬品である。最も特色とする点は「ガン」の着け方がよく判るように、濃くでもあまり判らぬよう、薄くでも、また「ガン」を大きくでも小さくでも着け得ること自在である。「ガン」を小さく着けるには、小楊枝の先に薬品を付けて塗れば良い。ただ単に塗っただけでは判然と判りすぎるので、手か、紙か、布かで軽く拭き取れば稀薄となるから自分の眼にちょうど適当なるくらいまでに拭き取るとよい。
このぼかし「ガン」はいかほどよく判るように大きく付けても正面の真上から見下したり、また

眼の近辺に近寄せて視ただけでは決して見えないから安心して使用ができる。このぼかし「ガン」の視方は、札を下においたままズット離れて斜に透かして視れば「ガン」が完全に見える。これが本品の特色である。また百番以上使用するうちには、目印すなわち「ガン」が段々薄くなり、ついには全く消え去るから後で札を改める人があっても「ガン」札だという証拠は残らない。云々。

塩島商店の案内書にもこれと同趣旨の口書が載せられている。定価は下方屋では一瓶並製十五円、上製二十円、特製三十円、別製五十円。塩島商店では一瓶並製十円、上製十五円、特製二十円である。

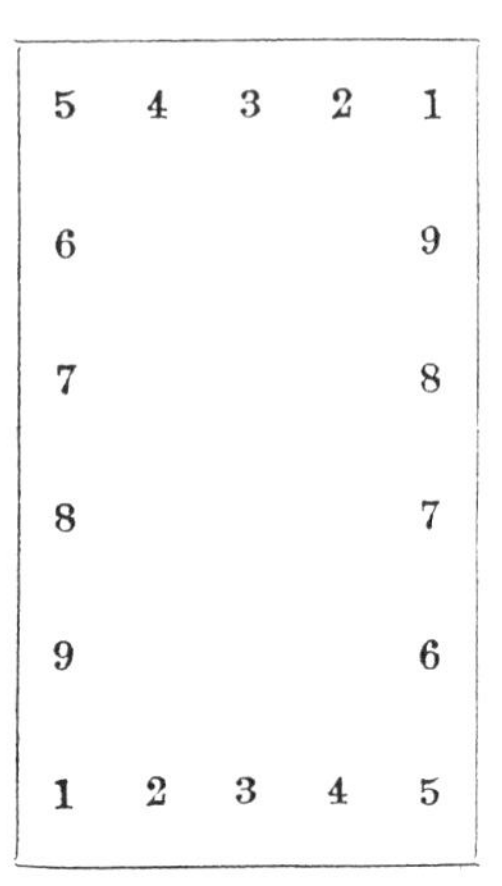

ボカシガンの種

普通詐欺賭博師の用うるぼかしの種は、

一、コルクを焼きたる灰の粉

二、鬢付け油

三、眼薬「精気水」（乾燥剤）

四、ベニガラ

等四種の原料を適当に混合して練り合わせ、火に焙り「クリーム」様のものとしたるものである。この原料で着けたガンの特徴は、光線を背にして座して見るか、または斜に透かして見なければガンを認めることができない。光線に向かって座し札を見た場合は、ほとんどこれを認めることができない。右ガンは、揮発油で拭き取れば容易に消すことができる。前記下方屋等発売のクリームも

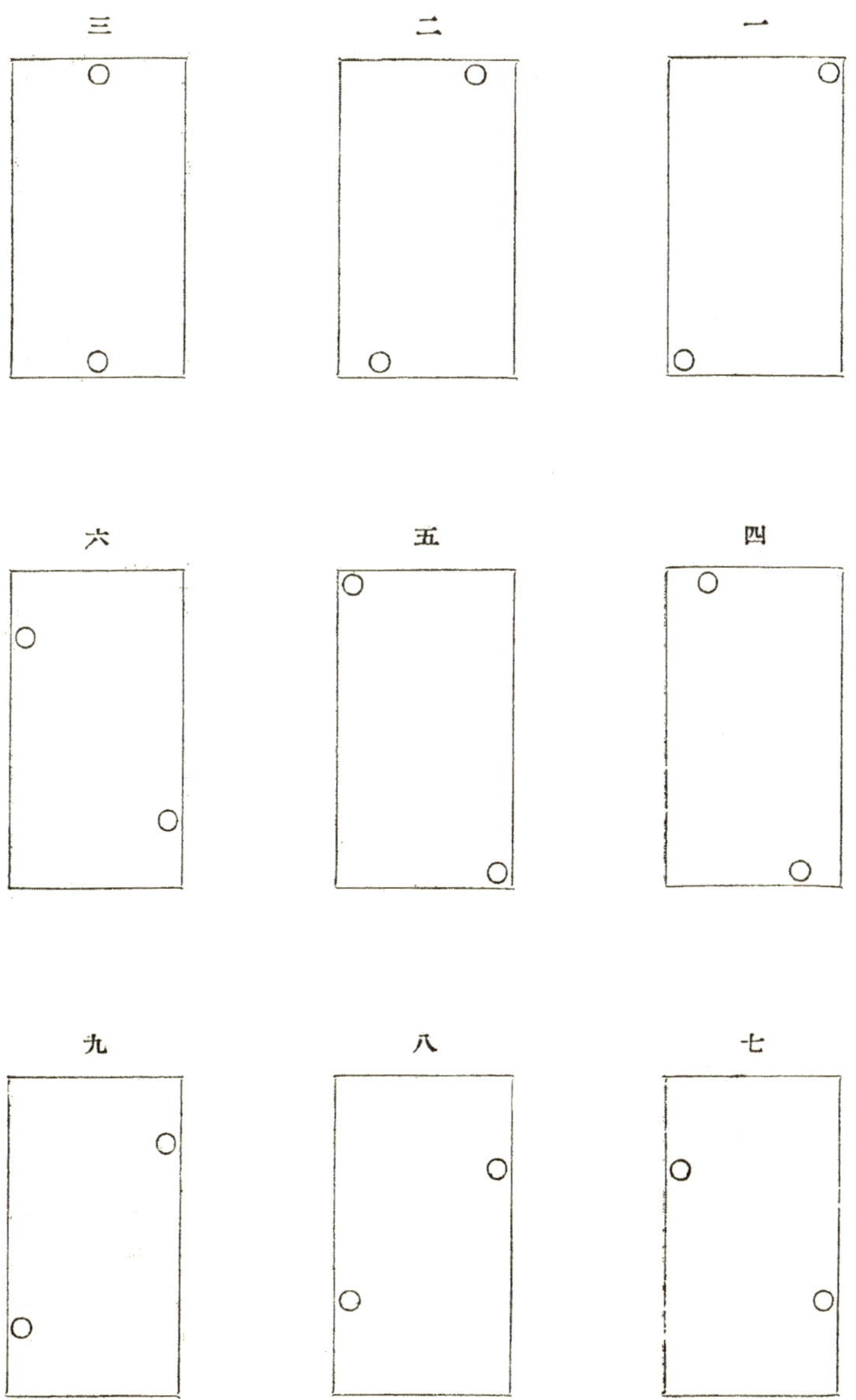
三
二
一
六
五
四
九
八
七

前記原料が主である。

⑧　**ザラおよびスベ**　花札およびカブ札の芯となっている石膏版に凸凹を作りその上から裏紙を貼ったものはザラ札で、石膏版を滑らかにしてその上から裏紙を貼ったものはスベ札である。一枚の札の一部は平面に、他の部は凸凹面としてガン札を作ることもある。前記下方屋で発売しているザラおよびスベ札は一組定価十二円で、先用花札（ザラおよびスベ札と同型、同色、同厚味の普通札）は二円五十銭である。

⑨　**厚薄加工札**　花札およびカブ札の芯となっている台紙および石膏を厚くしたり薄くしたりして二様のベカ札を作ることができる。これも下方屋で販売している。代金は前示ザラおよびスベ札と同価であるが、このほうの専用花札は三円五十銭になっている。

2、ベカ札

「ベカ札」または「化け札」は、札の表面が幾通りにも変化したり、一枚の札に裏表が無かったりする正札である。これには、

①　**屏風札**　骨牌の表面の縦または横の中央より左右または上下に骨牌の半分の広さの紙が折り返

るよう装置してあるもの。

②**両面**　骨牌に表裏なく両面とも同一数または異なる数を現したもの。

③**ガリ札**（**引ベカ**）　これは、札の表側の絵と芯の中間に鉄または真鍮の薄板に適当な絵または字を書いたものを挿入し、右薄板に取り付けてある引手または糸を曳いて薄板を動かし、札の数を自由に変化し得るよう装置したもの。

④**菅糸付**　骨牌の表面に菅糸（現今では多く絹糸）を通じ、これに絵をつけ、絵を動かして数を変化するもの。

などの種別がある。

①**屛風札**　次図はチョボ一の張札等に用いられる屛風札である（司法省刑事局保管）。一面には四の字、他面には三の字を書いた紙を厚紙に貼り付け、これを折り返して三または四の数を自由に表し得るよう細工したもので、例えば張方が札を使って三と張った所、賽の目は四と出た時は直ちに四の札に変えて勝つようにする。同様のベカ札はカブ札、テンショ札および花札にもある。

②**両面**　次図に示すものは札の両面共に絵を表した俗に「カブ札」の両面札で、「カブ」および「ホンビキ」の際に使用される（司法省刑事局保管）。

カブ賭博では、

一、（ビン）四枚
二、（ニゾウ）四枚
三、（サンズン）四枚

六、（ロクホウ）四枚
七、（ヒチケン）四枚
八、（オイチョウ）四枚

第一図　(一)中央の紙を立てたる状況

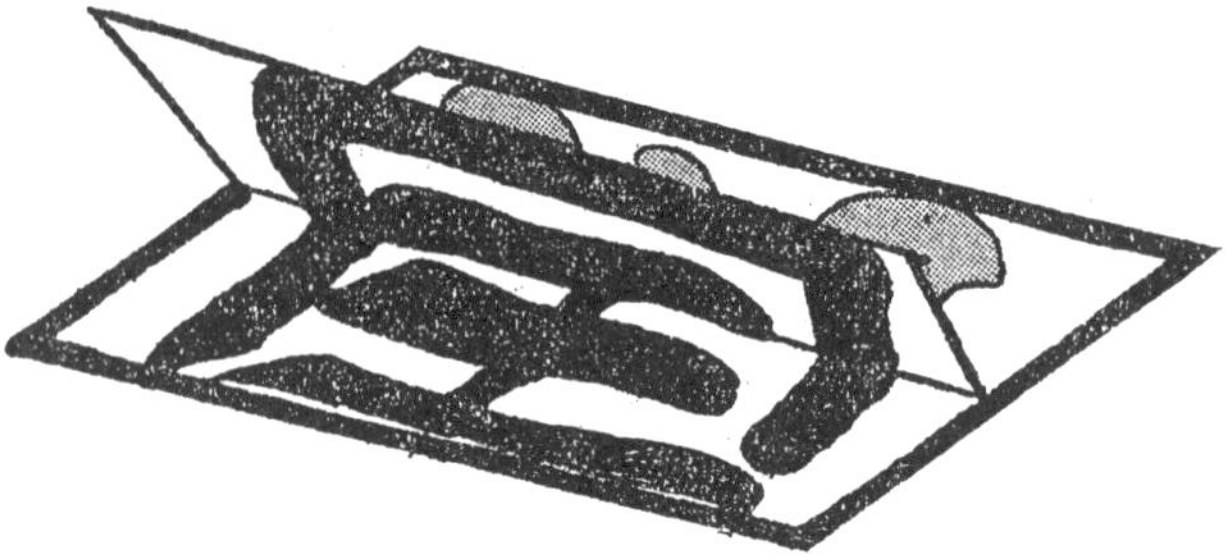

第二図　(二)中央の紙を左側に倒し三を表はす

第三図　(三)台紙と上絵を取放す

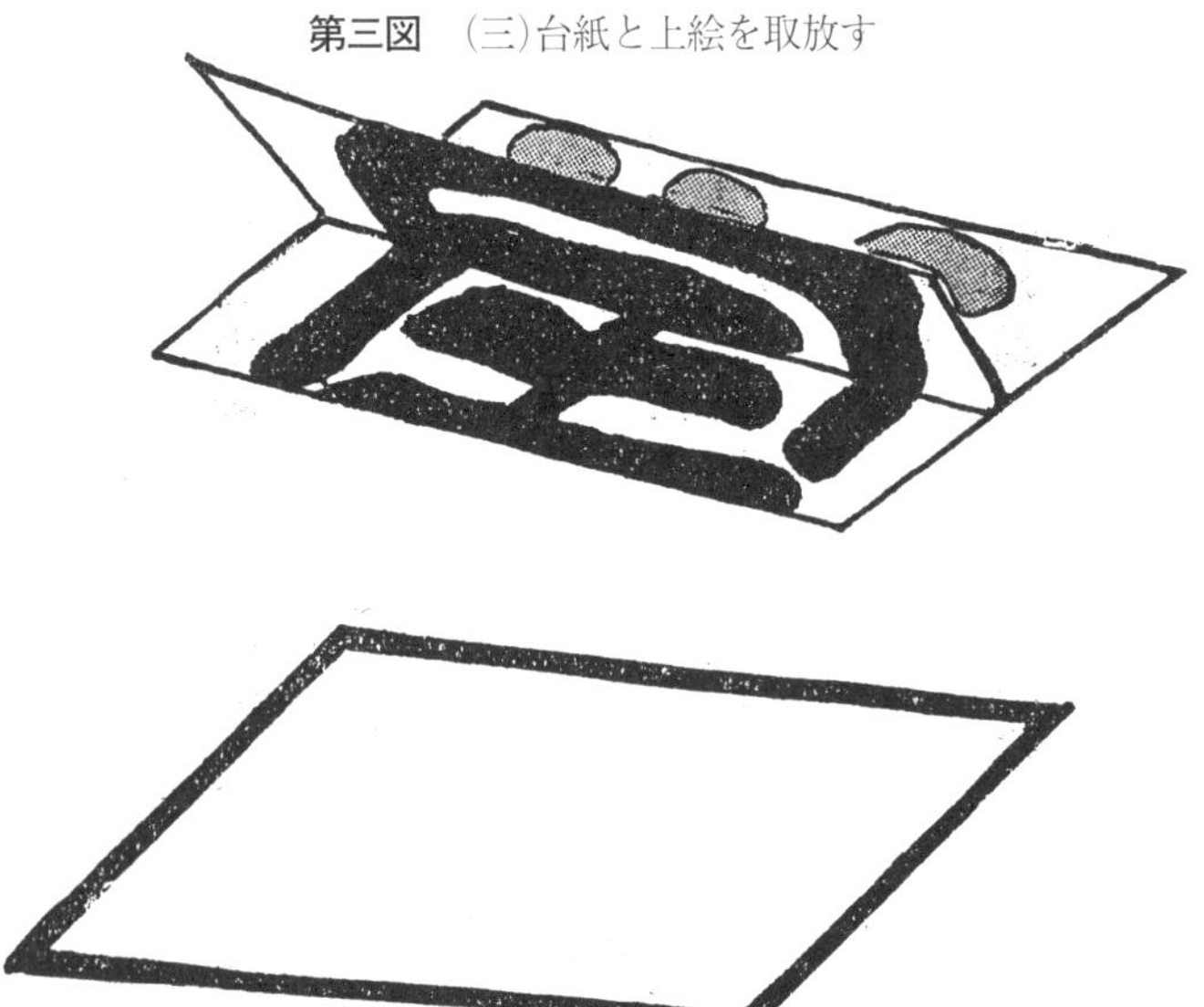

第一図
第二図
赤
赤
赤
赤
赤
一面八四
一面八一
一面八六
一面八二
任天堂

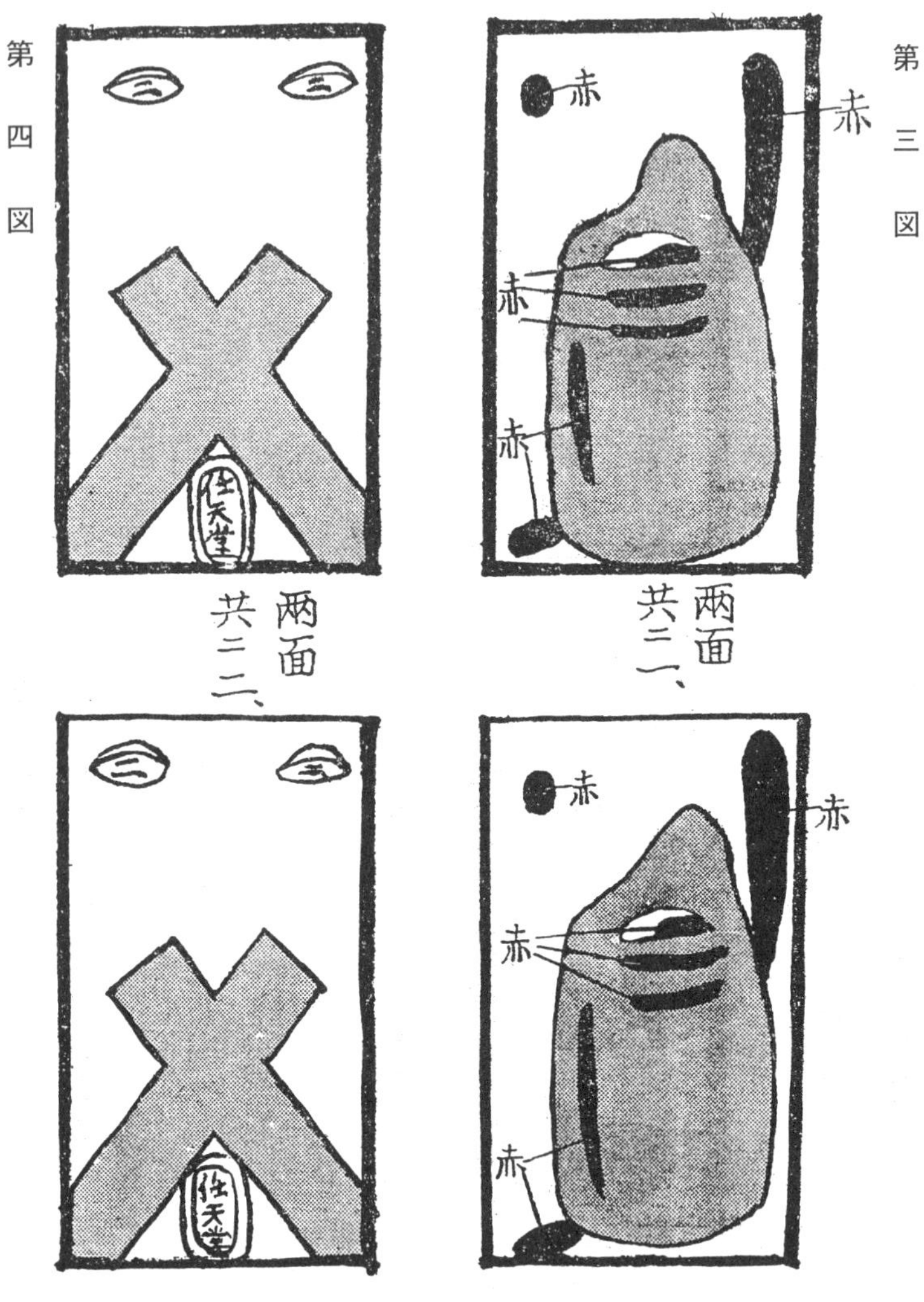

第三図

第四図

四、（シスン）四枚　　**九**、（カブ）四枚
五、（ゴケ）四枚　　**十**、（グウック）四枚

合計四十枚を使用し、ホンビキ賭博においては、前示札の中、一ないし六までの札を張札として使用し、別に六枚の「ひき札」および「目安札」を使用する。

第一図は、一面は四、一面は一
第二図は、一面は六、一面は二
第三図は、両面とも一
第四図は、両面とも二

の面となっている所を示したものである。例えばカブの場合、第一図および第二図のように「ベカ

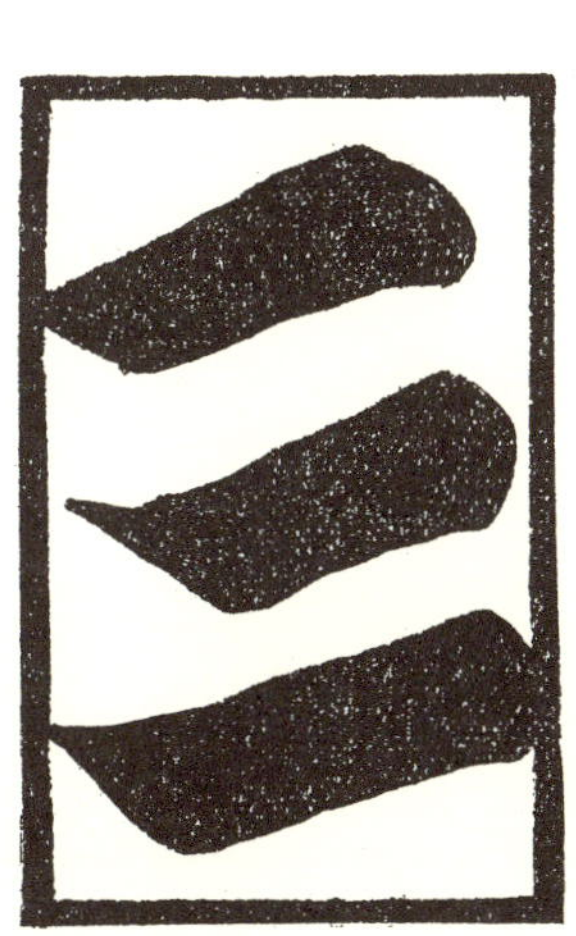

一面は一　他面は三

札」二枚を掌に釣っていれば、場の伏せ札とべカ札を擦り替え適宜高目を作ることができる。すなわち一枚釣りで二枚釣りの効果を挙げる訳である。

図はチョボ一の張札等に使用されるべカ札である（司法省刑事局保管、チョボ一と詐欺の項参照）。

③　ガリ札

（一）　次図に示すのは「テンショ札」の「ガリ札」である（司法省刑事局保管）。

一枚の札で、

ガス八　（第一図）

ガス九　（第二図）

ガス七　（第三図）

と三通りの絵が表れるように細工したもので、極めて薄い真鍮の板（縦一寸幅五分、第六図参照）に一、三、二の印を三段に書き分けた紙（縦一寸、幅一寸一分、第五図参照）を貼り付けたもの、いわゆる中絵を第四図のような模様があって中央は幅二分位に切り抜いた台の中に入れる。真鍮板の右側面下方には、目に見えないような細い鍵手（A）がついているから、これを下方に曳けば中絵の二、三、一が順次切口に表れ、裏の絵とあわさって、

第一図のごときガス八

第二図のごときガス九

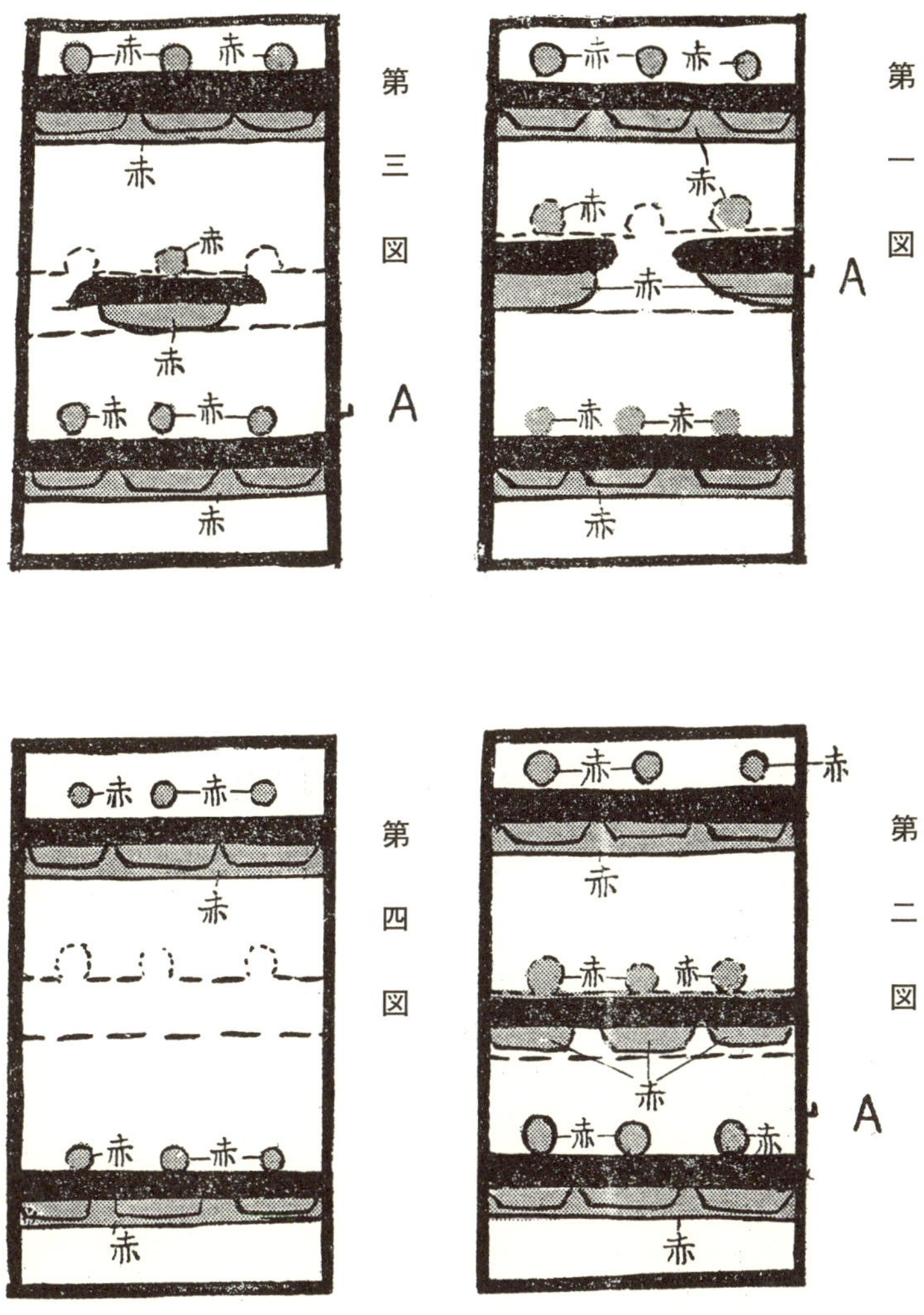

第一図

第二図

第三図

第四図

第五図

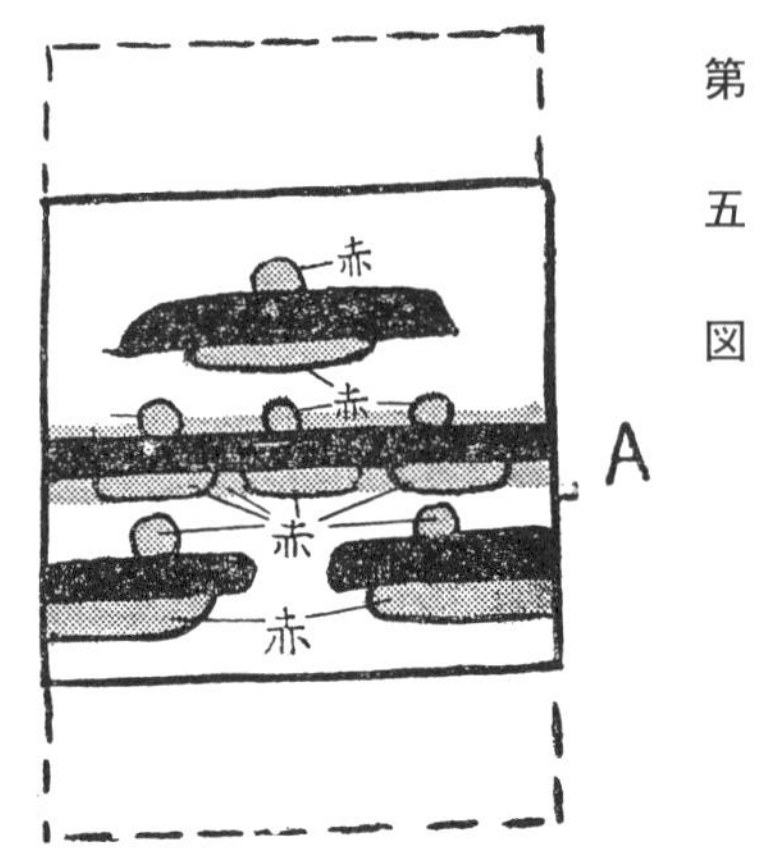

第六図

第七図

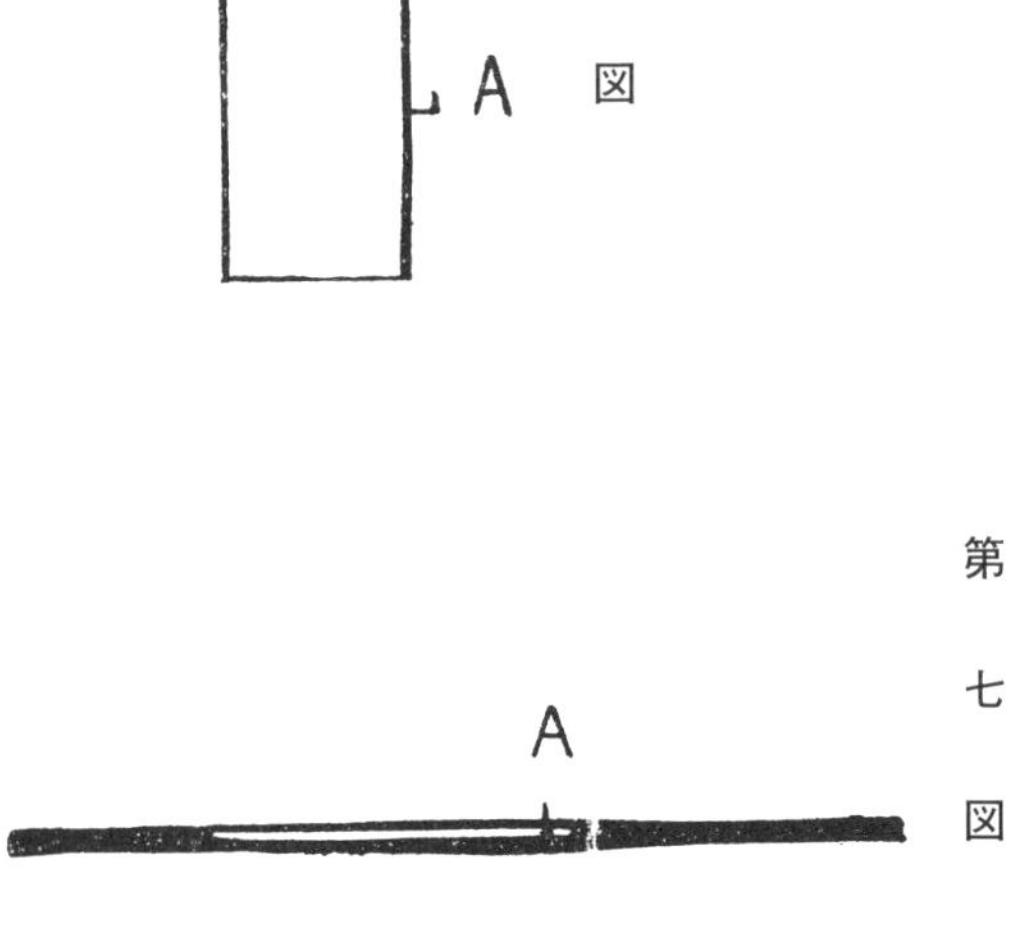

第三図のごときガス七

となり、またこれを上方に戻せば中絵の一、三、二が順次切口に表れ、ガス七、ガス九、ガス八となり、釘の加減で三通りの月数の札を自由に作ることができる。第七図は右側より見た側面図を示したものである。表面には紙の切り口があるから、長く客の目に曝せば発見される危険はあるが、裏面には何等の細工はなくただ釘の尖端がわずかに出ているだけであるから、「カブ」、「ハンカン」等の場合伏せ札に使用して犯人に配布し、あるいは技師は掌中にこれを釣って不必要な場札と擦り替え、有利な目数を出すことができるのである。

(二)　次図は「カブ」または「ホンビキ」と称する賭博に使用する「カブ札」の「ガリ札」である(司法省刑事局保管)。

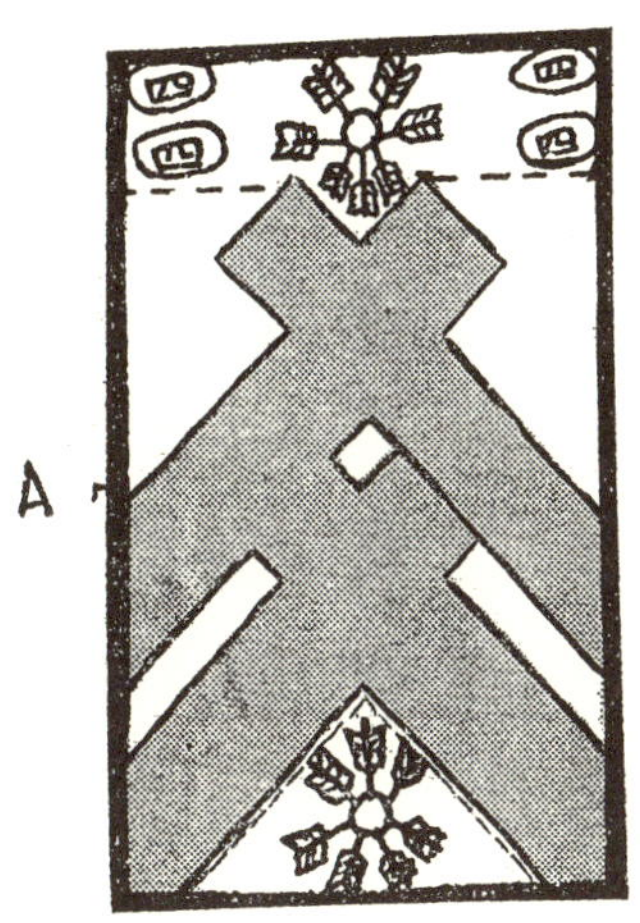

本引及カブ札　第一図(四)

第二図(五)

第三図(中絵を抜きたるもの)

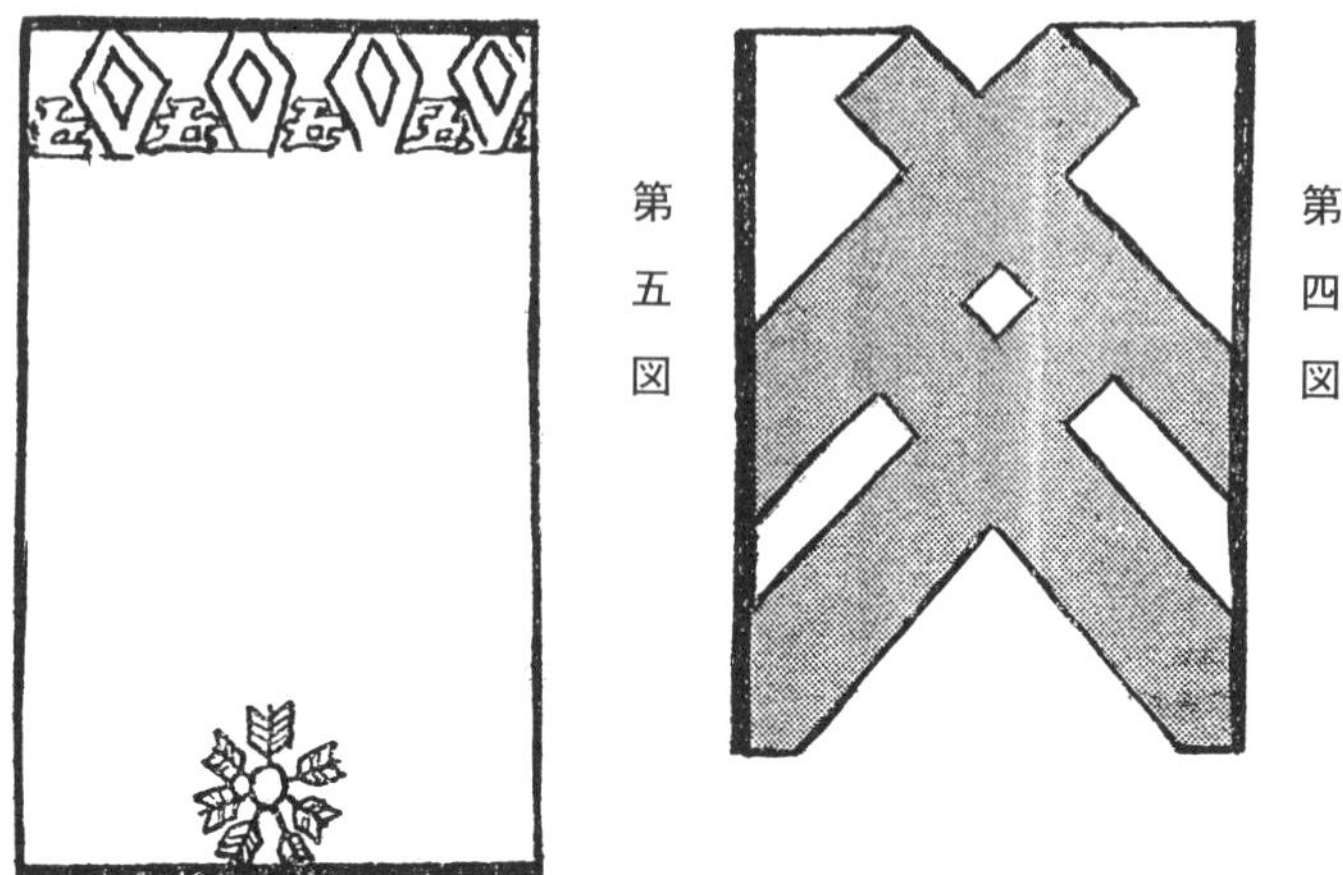

第四図

第五図

抜絵上及絵下

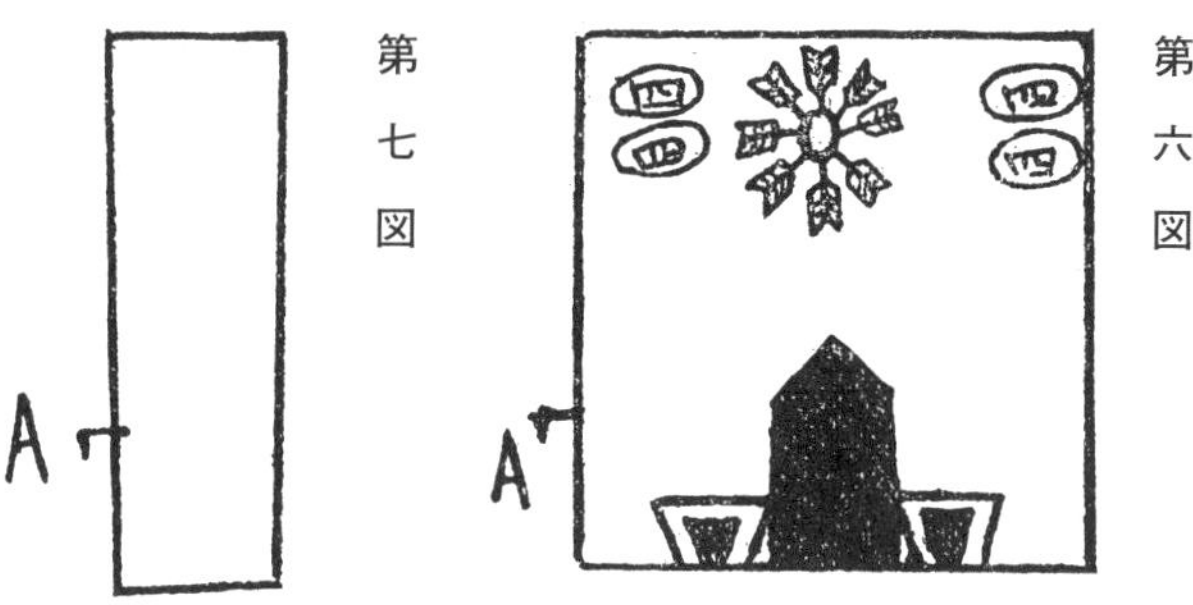

第六図

第七図

表紙と裏紙との中央に一枚の紙を入れ、左側面の鍵手を引きこれを上下に動かして四または五の数を表すようにしたものである。第一図は、上に動かして四の札、第二図は下に動かして五の札を表したもので、（A）は鍵手である。第四図は表紙でこれを第五図の台紙に嵌め込み第三図のようにし、その中に第六図のような中絵（縦横一寸一分）を挿入したもので、中絵の芯は極めて薄い真鍮板で、その板の側面に小さい鍵手（A）があるから、これを曳いて中絵を上下に動かすのである。この札を使用する場合は前同様である。

(三)　次図はカブ札の「ガリ札」である（司法省刑事局保管）。

第一図の八の頭と、九の尻とを縦横一寸平方の紙に画いた絵を薄い金属の板に貼付して、これを第二図の中に入れる。第二図は、第三図の表皮と第四図の台紙からなっているから、第一図の絵は両者の中間に入るのである。この中絵を指頭で押して下に動かすことにより、九または八となるのである。すなわち第五図は中絵を下に動かして九、第六図は中絵を上に動かして八と変わった状況を示したものである。

④　菅糸付　次図も「テンショ札」の「菅糸付」である（司法省刑事局保管）。

図のごとき八月のガス八の「テンショ札」中央に画かれた二個の円の片端から片端に、一本の絹糸を強く張りその糸には札の円と同形、同模様の紙製の一個の円（A）を貼り付け、円は糸を伝って左右に動くようにできているから、第一図のように片端に円を寄すればガス八となり、第二図の

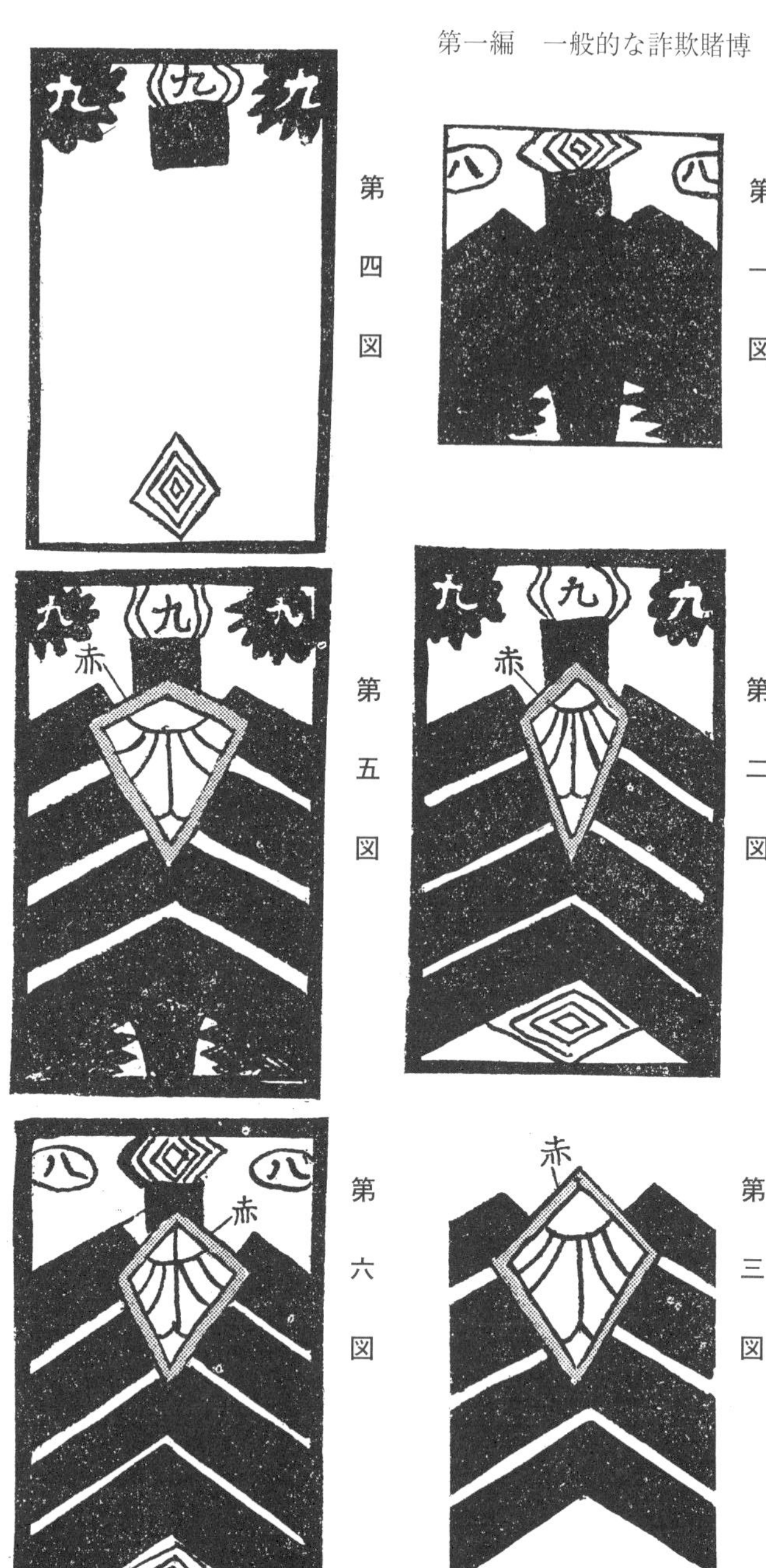

第一図　第二図　第三図　第四図　第五図　第六図

ように中央に円を移せば、九月のガス九の札と化け、八月、九月と二月に使い分けることができる。

第三図は円の移動状態を拡大したものである。

次図も「テンショ札」の「萱糸付」である。前同様の細工でできている。三個連結の円が縦に張

第一図

A

第二図

A

第三図

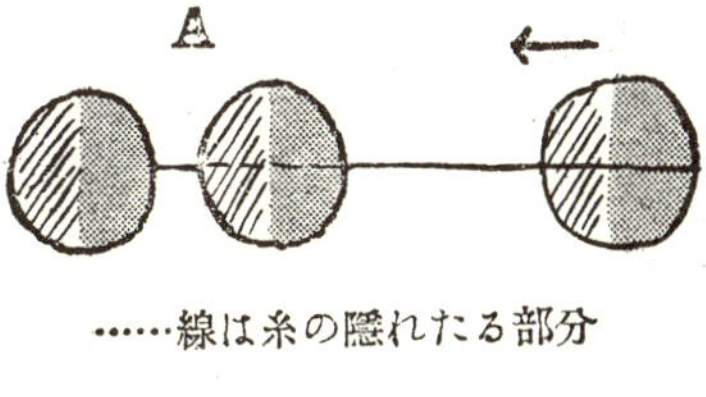

A

……線は糸の隠れたる部分

られた糸を伝って上下に動き、七月のガス七ともなり、九月のガス九ともなるようにできている（司法省刑事局保管）。

第一図は、三個連結の円が札の下方に寄せられた状況を示し、第二図はこれを中央に移した場合を示したもの、第三図は糸および円のみを拡大して示したものである。

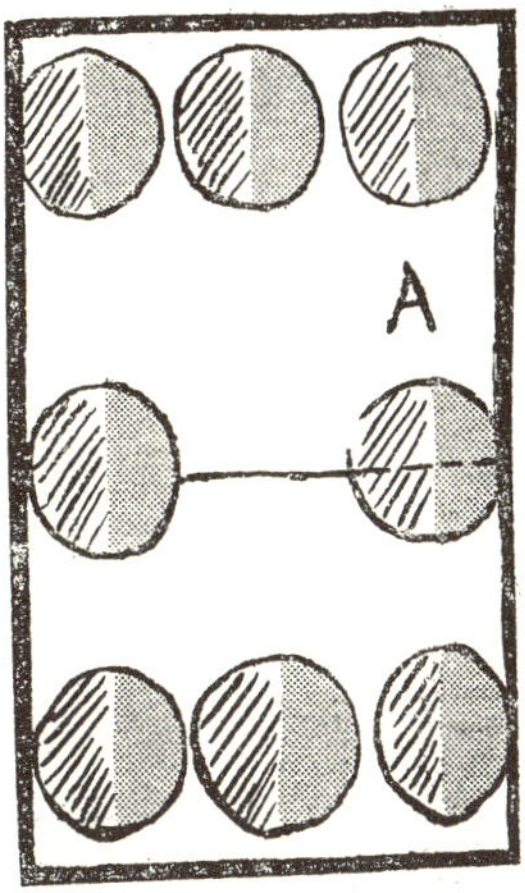

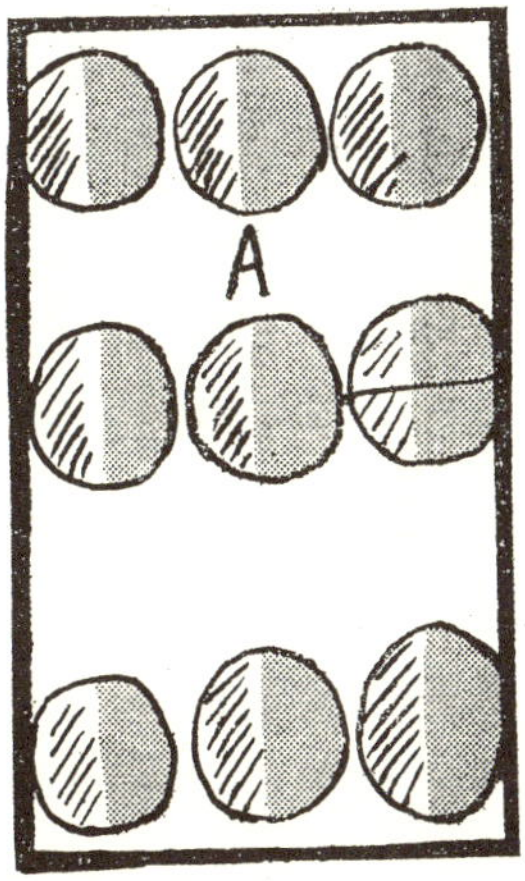

⑤　トランプカードの「ショウ札」　トランプは江戸時代の初期に渡来したといわれ、鋤、金剛石、心臓、山櫨子の四種各十三枚、一点より十点まで兵卒、女王、王に至るくらいの差があり別にジョ

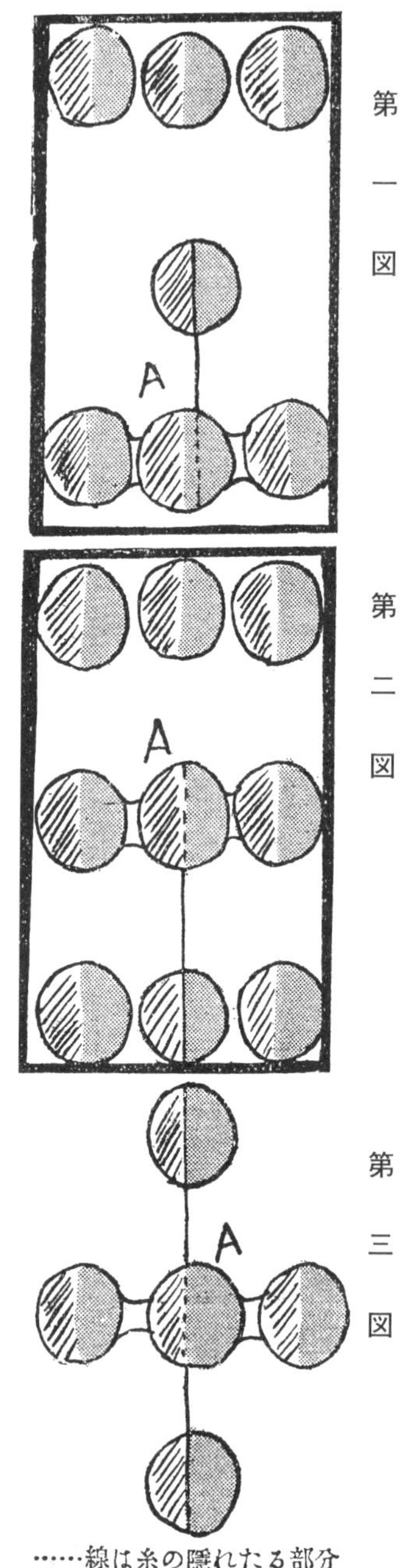

……線は糸の隠れたる部分

ーカーが一枚ある。そのショウ札の一例として次に掲記するものは、カードの裏面の模様に印を附したものである。

第一図は点線で模様を画いたカードの裏面を示したもので、図中指で示した丸形だけが五十三枚全部違っていて、その違い方で表の種別、点数を知るのである。A、B、二枚の札について指さしのある円形を細かに調べるとその円形を構成している小点の欠けている箇所がA、B共に違っている。こうしてこのように違った円形が、一枚の札の上下二ヶ所につけられている。

第二図でａのように円形を構成している小点が、一ヶ所も欠けていないのはジョーカーである。ｂ部は種別を示したもので、ｂ1のように円形の中間を構成している点の上部が欠けているものはダイヤ種を示し、ｂ2のように向かって右の欠けているのはクラブ種を示し、ｂ3のように下の欠

第　一　図　詐術用カードの裏

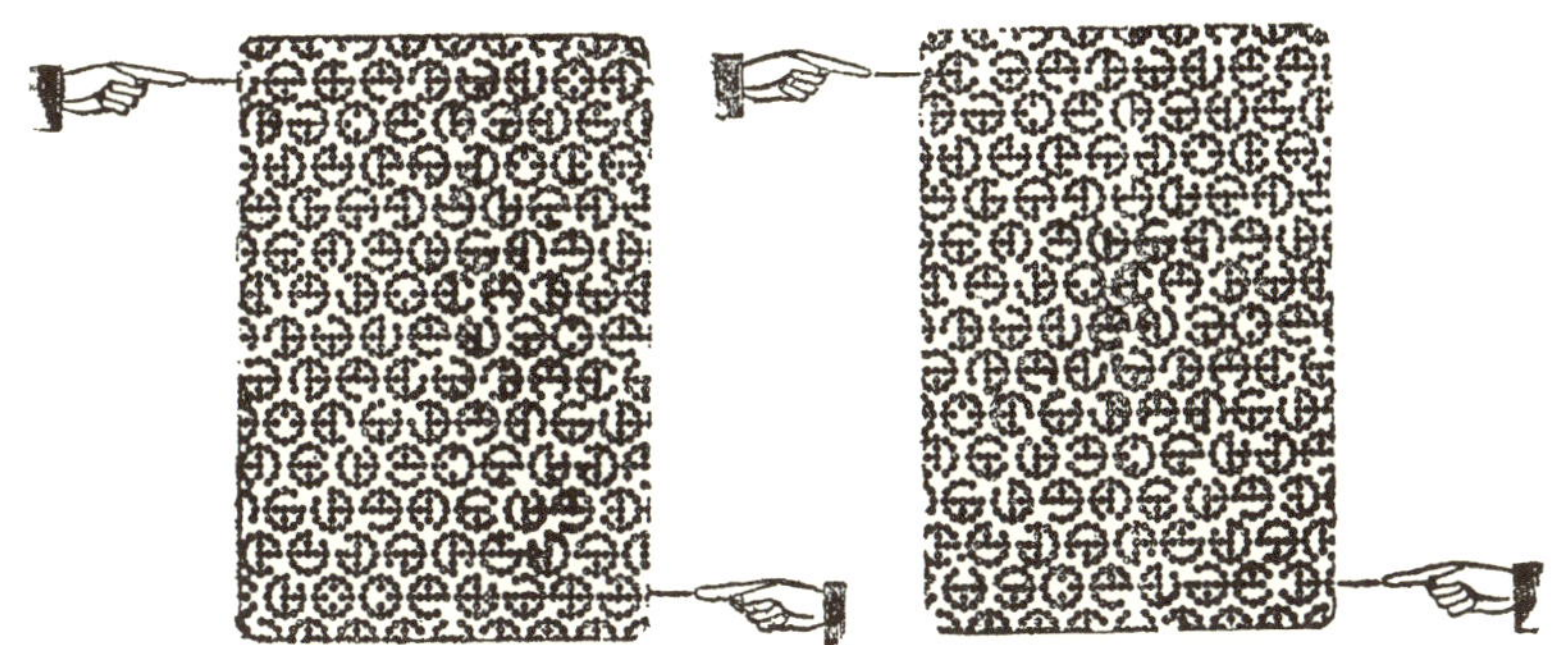

第　二　図

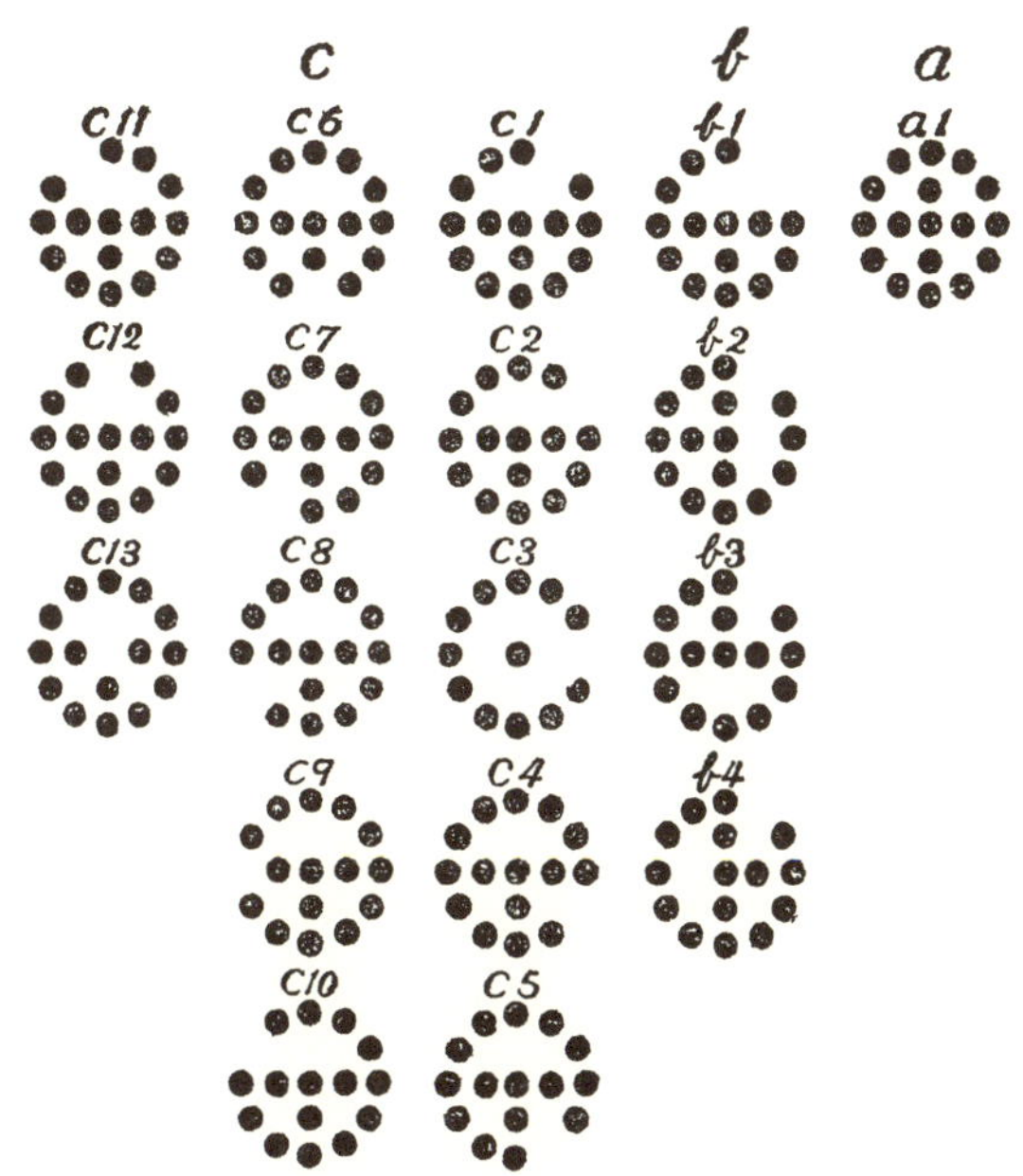

第三図　裏から見て表のわかる詐術用カード

第四図　第三図の部分を示す

けているのはハート種を示し、ｂ４のように向かって左の欠けているのはスペードを示している。ｃ部ではその中間を構成している小点の上部だけが欠けているから全部ダイヤ種を示したもので、その外廓を構成している点の欠けた位地によって点数および絵札を知るのである。

ｃ１は１を、ｃ２は２、ｃ３は３を……ｃ11はジャックを、ｃ12はクイン、ｃ13はキングを示す。これだけは中心と点が欠けている。前述のようにこのような円形が札の上下二ヶ所についているから勝負中相手の持札の向かって左の角の円形を見れば、その札の種別、点数を知ることができるのである。

第三図はカードの裏面を示したものである。

第四図は小天女の顔、羽根、脚等の各所を影にしてその点数を示している。例えば上段向かって左から二番目は左羽根が影となりキングを示し、同段向かって右から二番目は胸部が影となり10を示し、中段向かって右から二番目は脚の上部が影になり６を示している。下段右の端は影の所がなく２を示している。

第三章　抱き落とし（鹿追）

「鹿追」は東部においては「**抱き落とし**」、「**抱き**」、「**ヘンタ**」、「**鹿追**」または「**サワ**」等と称し、関西以西においては「**鹿追**」、「**コスリ**」、「**見て呉れ**」、「**ハヤイノ**」、「**乗りこかし**」等と称する。

「**抱き落とし**」とは客を犯人一味に抱き込みたるのち、これを陥穽に落とし入れて金員を詐取するところからきた名称で「**乗りこかし**」と語源を一にす。

「**ヘンタ**」とは「**変化**」の意味で、尋常五分の賭博によらず、詐術を用い不正賽や不正札等を使用するところから出た名称である。

「**サワ**」は詐話で、明治年間に警視庁で作られた犯罪用語である。かの「**土砂流し**」と称する詐欺手口名称も同庁で作られた犯罪用語で、土砂はドサすなわち幣束の意で、初めはドサ流しと称していたのがいつの間にか「**土砂**」という当て字を書くようになった。

「**鹿追**」とは、犯罪の手段、方法が鹿猟に似ているからその名称が生まれたのである。すなわち鹿猟にあっては、まずその目的物を知るために鹿の足跡、およびその糞もしくは噛み切りたる木芽等に注意し、その所在通路を確めたのち猟犬を放ち列卒を指揮して山に入らせ、猟者はそれぞれ立場にあって待撃する。また秋の交尾期には雌鹿の音を出す鹿笛を吹いて、雄鹿を誘致するのであるが、それと、「**ケ出シ**」、「**尾引**」、「**忠兵衛**」、「**尽大**」等の役が被害者の人物、性行、資産等を調査研究しこれを犯所に誘い出し、詐術を尽くして所持金を騙取する詐欺行為とがとても似ているのである。

「**コスリ**」とは擦る、すなわち不正技術の意味である。以下便宜上「**抱き落とし**」の名称をこれらの代表的名称として使用する。

「**抱き落とし**」には、客誘致の手段より観て、あらかじめ長日月間に、被害者の人物、性行、資産等を調査し、のちに客を犯所に誘致する場合と、偶然出会したる被害者を犯所に誘致する場合の二種がある。前者は「**ソヤ**」と称し、役者は「**タチ**」と称す。あらかじめ客を調査しておけば成功率は高いが調査をする者は客と同一地域に住居する者であるから、自然発覚の手蔓となって検挙を早くすることになる。偶然出会した客を求めれば失敗率は大であるが、韜晦するのには好都合である。詐欺師の中には、客の調査が終わらなければ着手しない者あり、偶然出会した客を擱む者もあり、その手口習癖は多く一定している。技術者たち（「**技師**」、「**忠兵衛**」）は他の一味に買われて行く場合が少なくないから、両様の舞台に活躍する訳である。

「**抱き落とし**」は、被害者たる客を犯人の一味に抱き込み、これに詐術を教示し資産家を装う他の犯人と賭博をさせる。その際、詐欺術を利用して必勝の疑いがないかのように客に誤信させた上、客に教示した詐術とは別の詐術を施し客を敗北させる。客は自己の技術が拙劣なため、または不運なため偶然に敗北したように信じ、その賭金を騙し取られる。

その特色の第一は、賭博を応用して欺罔の手段とするところにある。世間で行われている賭博の種類は何十種にものぼるが、これら全部が詐欺賭博に応用されるのではなく、資産家を装う犯人より仮想的に金品を騙取し得る詐術と、被害者を欺罔し金員を騙取し得る詐術とを併用し得るものでなければならない。しかし理想的にこれらの二個の詐術を併用し得る賭博は少ないから、自然抱き落としだけに専用される賭博が案出された。すなわち、のちに説明する「**握りカッパ**」等がそれである。

その特色の第二は、客を犯人の一味に抱き込み、これと策謀連絡しあたかも資産家を装う犯人から金員を騙取し得るように客を欺罔し、客に資産家より金員を騙取する手段を執らせるところにある。よくすれば被害者の注意力、判断力を犯罪遂行のために奪い、一面道徳的自責と予期しない幸運期待との錯綜する異状興奮状態に導き、犯人等が欺罔手段を施すための絶好の機会を作ることができると共に、仮に被害者が犯人等の詐術を感知するとしても法的知識に乏しいために、自己もまた犯人を欺罔せんとした罪禍のため共に処罰を免れないものと考えたり、少なくとも賭博罪の訴追は外れまいと杞憂し、あるいは世間への体面を気にしたりして、結局隠忍するので犯跡隠蔽上有利である。

第三は、被害者が施用する詐術を逆用して被害者を敗北の地位におき、被害者をあたかも自己の技術拙劣なため、または不運なため偶然敗北したように誤信させるところにある。

第四は、このように欺罔の経路が曲折複雑であるから、とうてい一人の力によっては遂行不可能であるので数人の共犯者を必要とする点である。

（一）犯罪遂行の順序

一、被害者（以下「客」と称す）の調査

人物と資産の両方面から調査し被害者となるべき「客」は、

（一） 賭博を好み山勘的素質を有す。
（二） 強欲で背徳性を有す。
（三） 附和雷同し煽動に乗りやすく、意思薄弱である。
（四） 法律等の知識が不十分で、明敏な働きに乏しい。
（五） 諦めが早い。
（六） 相当の現金を所持するのみならず、短時間で現金を捻出し得るだけの資産を有す。

等の諸条件を具備しているものでなければならない。

おそらく賭博に仮託して詭道を弄し戦勝を得るべきことをもって客を誘引するのであって、もとより志士、仁人の関与しないことであるから、まず賭博を好み、投機的仕事に興味を持つ山勘的素質の者が第一の適格条件である。しかし、いわゆる博徒親分、博徒、徒世博奕、半稼師等のように、

ある種の矜恃を持った連中は除外されるべきである。いかに山勘的素質の者といえども、詭道を弄してまでも勝ちを得るのは好まない者もあるから、第二に強欲で道徳的操守観念の乏しい者でなければならない。ゆえに朴訥な田舎者は不向きとされている。

次に、忠兵衛、番頭、尾引等数人が総合して煽動するが、その群集心理に抱き込まれ容易に麻痺状態に達し、正常確実なる思考力を失いやすい者であることが第三に必要である。

忠兵衛が客に示す詐術は一件巧妙なようでも必ず反面に抜け道があって、明敏な頭脳の所有者ならば、直ちに察知されないとも限らないのである。ゆえに頭脳的鍛練に欠け、愚鈍な者であることが第四の条件である。

第五には、犯跡隠蔽上被害に気付いてもこれに執着せず、復讐心も起こさず、諦めの早い者であることが必要である。なぜ早く届け出なかったかと聞かれた客が、「大金を取られても落としたと思えば何でもない」、「家族が死んだと思えば諦めが付くと思って届け出なかった」という者がある。

第六には、相当の現金を所持し、かつ短時間で現金を調達し得る資産状態でなければならない。犯人の残忍性と貪欲性は一回の勝負をもって満足せず、第二回、第三回と、詐術を変え場所を変え飽くまで奸智を尽くし、血を皮を肉を一塊の骨片までも余す所なく食い取るまで止まぬので、一回の勝負で資金が続かないような客は問題ではない。銀行の預金、貸金から現金を作り、友人親戚から借金して現金を作り得る者でなければならない。

以上の諸条件を完全に具備した人ならば申し分ないが、第六の条件以外は一つ、二つの条件が欠陥していても、犯人等の努力次第では目的を達することができる。ただし婦人は諦めが悪く必ず風波を立てるから絶対禁物とされている。面白いことには相当の身分の者が、悪事の意見をするつもりで深みに入り被害にかかる例が少なくない。

前示の人物調査は「**尾引**」の担任で、さらに年齢、閲歴、職業、取引関係、習癖、味、嗜好、交友、親戚関係、金融関係も調査し、ボロを出さぬ工夫をする。しかし、いわゆる「**タチ**」と称し偶然客を拾う場合は、このような詳密な調査はできないから、「**尾引**」は数時間客と談話する間に前示諸条件に適合する人物かどうかを大体判断する。これらの調査を彼等は「**洗い**」または「**枕を買う**」と称す。

二、客の誘引

「**尾引**」が客の調査を終わると仲間に通知し「**忠兵衛**」、「**尽大**」、「**カゲ**」、「**番頭**」等の役割を定め、犯行の日時、場所（「**敷**」）、欺罔の手段、引上の場所、金員の分配率、分配場所、逃走経路、隠れ場所、次の仕事、隠語、暗号等を詳細に協議する。偶然客を拾う場合にはあらかじめ右諸事項を決定した後に、「**尾引**」が客を誘引し他の役者は「**尾引**」の活動を遠巻きにして見物している。計画的に客を誘引する場合は、「**尾引**」が右の調査を終わったあと一定の場所（「**敷**」）に誘引する。その方法は種々である。実例によれば、

(一)　商談による方法

(イ)　被害者が瓦商の場合、「**尾引**」は瓦売買の周旋を口実として、瓦買受人を装う「**尽大**」に引

き合わす。

(ロ)　被害者が洋服商の場合、「**尾引**」は材木商人の番頭で、作業服の大量注文をするかのように装って材木商を装う「**尽大**」に引き合わす。

(ハ)　被害者が土地周旋業の場合、「**尾引**」は土地買受人の番頭となり、土地買受人を装った「**尽大**」に引き合わす。

(ニ)　被害者が土地買入の場合、「**尾引**」は土地所有者の番頭となり、土地所有者を装った「**尽大**」に引き合わす。

(二)　にせ喧嘩による方法。

被害者方の附近で「**尾引**」、「**忠兵衛**」はにせ喧嘩をして、仲裁に入った被害者を仲直りの酒宴に託して誘引する。

(三)　教示を乞うもののように装う方法。

米国より大金を所持帰国した被害者に対し、財産家の息子を装う「**尽大**」に、渡米事情を教示してくれるよう懇頼して誘引する。

等で、ほとんど大多数は商談の方法で誘引するのである。偶然客を拾う場合では休憩、食事、勝負等に託して料理屋、旅館に誘引する。

三、客を抱く

「**忠兵衛**」は「**客**」の前でいわゆる「**手見せ**」と称し、札事師は札の扱い、賽師は賽の手さばき、

第　一　図

巻きドサ（岩重警部「裏から見たインチキ賭博」より引用す）

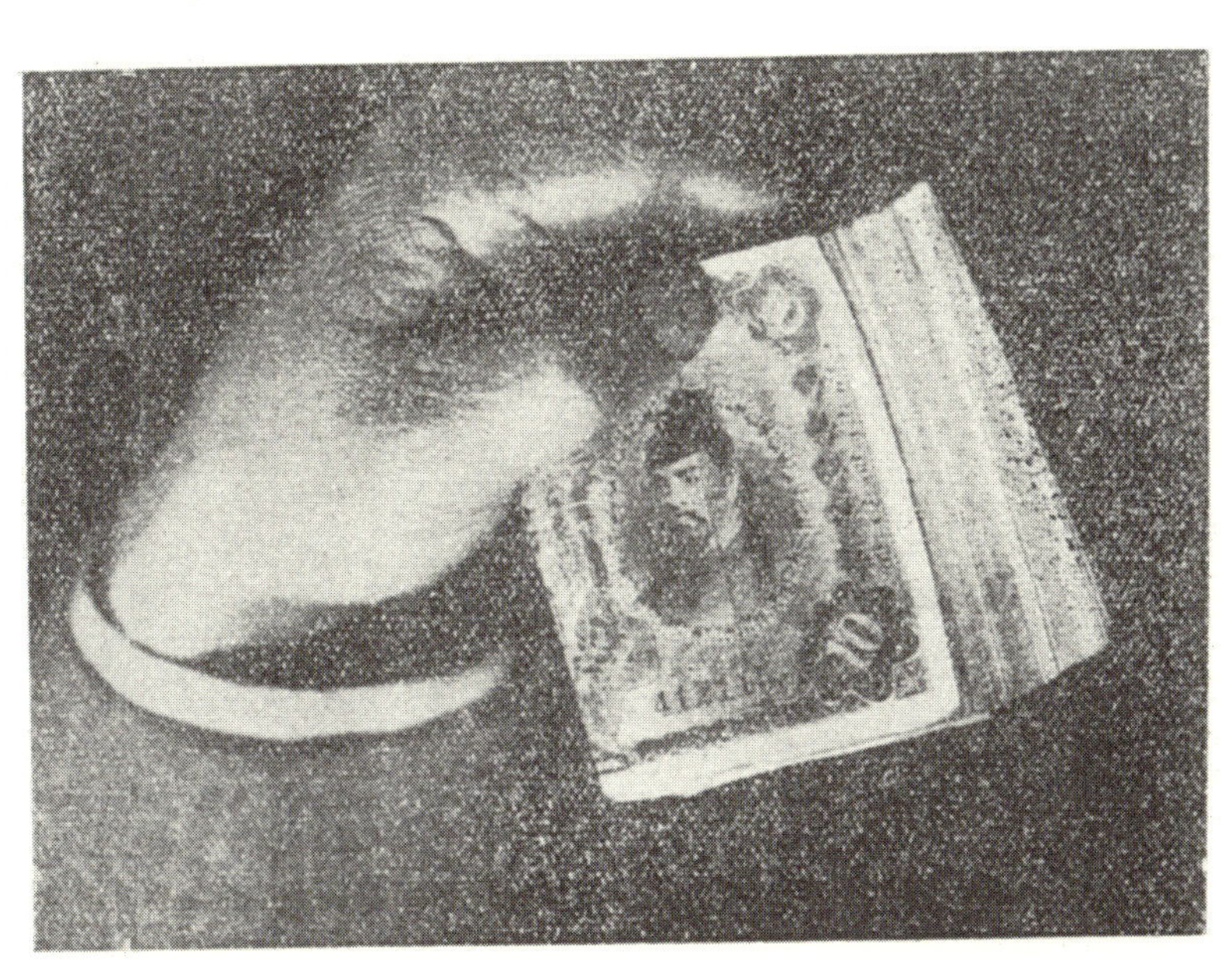

握りカッパでは独特の技術を示し、あるいは「**尽大**」と馴れ合いの勝負をして「**尽大**」を敗北させ、「**客**」に「**尽大**」は愚鈍で賭事に暗くて「**忠兵衛**」の妙技は信じられるものであると思わせる。さらに、「**忠兵衛**」、「**番頭**」は「**客**」に対し、

（イ）「**尽大**」は世事に疎き財産家で賭事を好むが、愚鈍な性格のため詐術を看破し得ないこと。

（ロ）「**尽大**」を瞞着する詐術内容を演出して見せ、これを「**客**」に教えて習熟させ、詐術は「**忠兵衛**」または「**客**」が担任し、相互に協力して「**尽大**」の所持金を騙取すること。

等を力説し、「**忠兵衛**」が胴となる時は「**客**」の胴前金を預かり「**客**」、「**忠兵衛**」、「**番頭**」は一団となり「**尽大**」に対

第　二　図

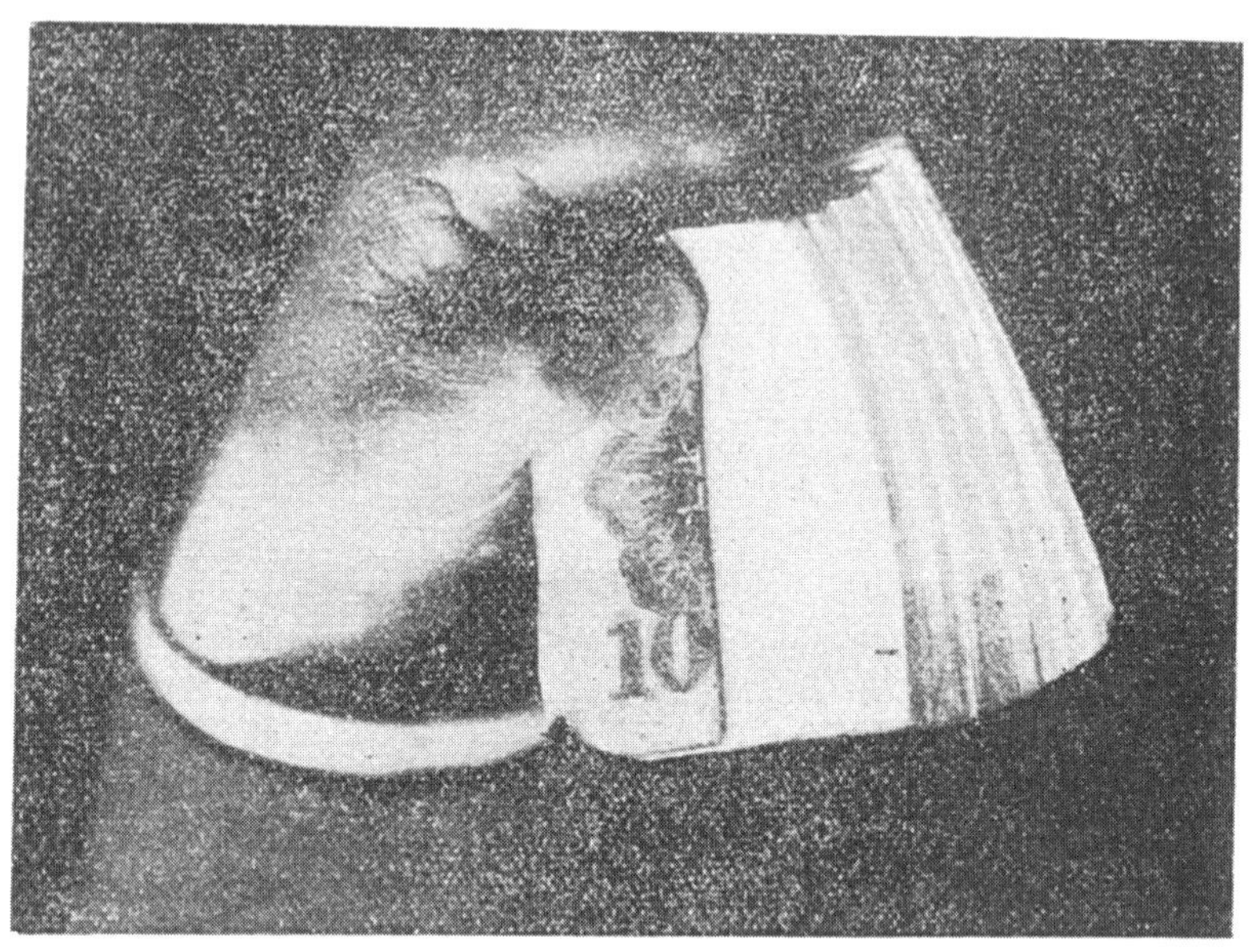

第　三　図

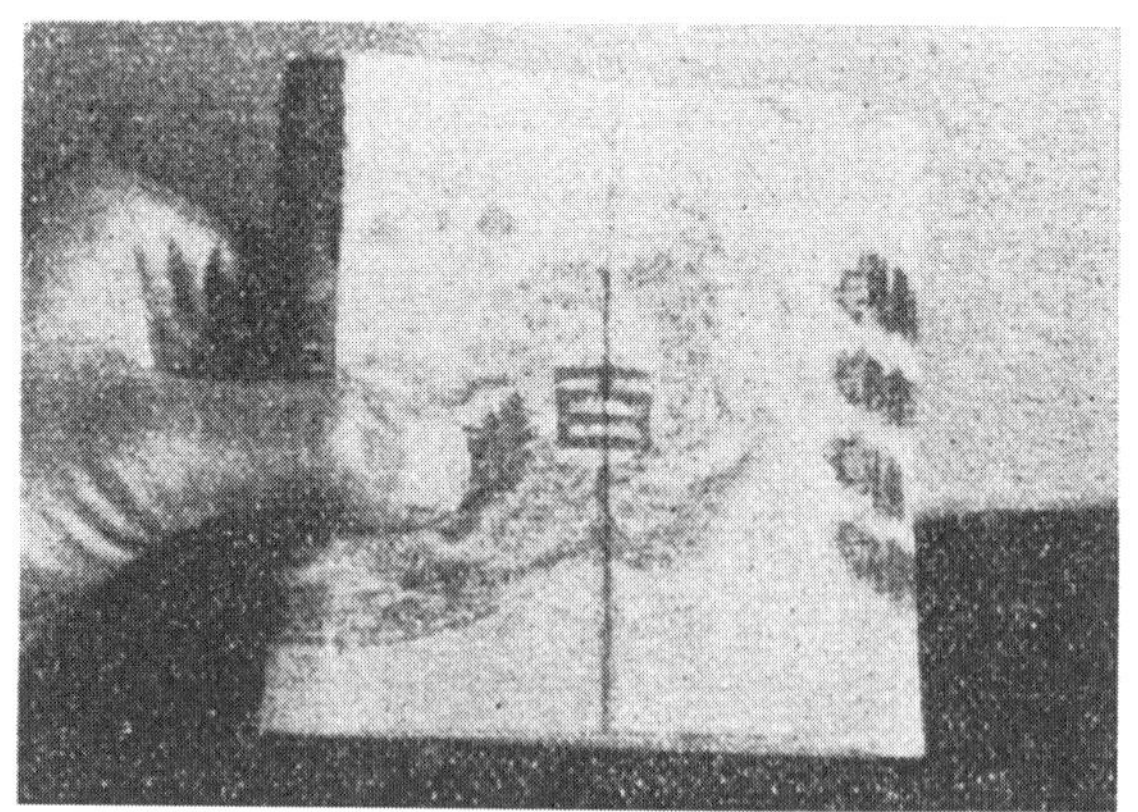

抗するもののように欺き、「**忠兵衛**」、「**番頭**」もそれぞれ若干の所持金を賭金として提供し、「**尽大**」との勝負に移る。「**忠兵衛**」、「**番頭**」が「**客**」を抱く機会を作るために「**尽大**」は便所に行ったり（「**便幕**」とも言う）、電話（「**電幕**」とも言う）等する。「**尽大**」は俗に「**ドサ**」と称する偽紙幣束を準備して、これを客に示しその欲心を挑発するが、「**ドサ**」は一名「**太鼓**」、「**ナゲタ**」とも言い、十円札、百円札と同形の新聞や半紙数十枚を重ねたものの表裏に十円札または百円札各一枚ずつを貼り付けたものである。あるいは単に新聞紙、半紙等を紙幣と同型に切断した束を錦紗羽二重等の袱紗に包み大金を仮装する。紙の上に一枚の紙幣を巻き二つ折りにしたザイを「**巻ドサ**」と言う。

第一～三図は「**巻きドサ**」の一例である。

四、客を落とす

「**客**」を抱くための詐術の裏には必ず「**客**」を落とす詐術が隠されている。例えば、

（イ）「**握りカッパ**」のように数の計算を織り込んだ賭博方法を応用する時は、密かに一個の数を増減する。

（ロ） 賽を使用する賭博に仮託し、不正賽を使用することで「**客**」を抱く場合は、同形、同質、同色の別個の不正賽を使用する。

こうして客の裏をかき自然に「**尽大**」が勝利を得たように欺いて、「**客**」の所持金を賭金名下に騙取する。

五、客を叱る

「**客**」が予期せぬ敗北のために茫然自失している時、「**忠兵衛**」は客を別室に呼び、敗北の原因は「**客**」の技術が拙劣であったためとか、内通のやり方が悪かったとか称して難詰し「**忠兵衛**」、「**番頭**」等の所持金まで「**尽大**」に取られたら旅費に困るから今一度勝負を仕直してくれと哀訴し、客に真に自己の技術拙劣かつ内通方法が悪かったため偶然にも敗北を招いたように思わせると、ついに「**客**」は「**忠兵衛**」、「**番頭**」に謝罪し再度の勝負を決心するに至る。

こうして「**忠兵衛**」、「**番頭**」は「**客**」に対し現金を調達させて、三度目の勝負に移る。「**客**」が前回の方法を拒む場合は別の手段を取る。例えば、前回は「**チョボ一**」であれば今度は「**握りカッパ**」に変える。二度目の勝負で「**客**」を落とし込み、さらに三度目の勝負に移る。このように「**客**」の邪欲焦慮、失望、自棄的心意を利用し、だんだんと一切の資財を犯人の手に移すのであるが、この第一回、第二回の勝負を指して彼等は「一の釜」「二の釜」という。勝負の場を「しか場」という。

六、引き揚げ

「**客**」の資金が枯渇し融通の途も絶え、後の勝負は無益とわかった時は、「揚げ」と称し引き揚げの準備に着手する。ある場所で「**客**」と落ち合うかのように欺いて「客」だけを同所に行かせて、犯人等は所在を逃避する。多くは「**客**」をその住居地附近に戻すため、勝負場を住居地附近に選定する。引き揚げの際、犯人の間または犯人と客の間に打ち交わす電報は「揚げ電報」、取り交わす手紙は「揚げ手紙」という。

七、仕上げ

犯人等の引き揚げ決行前に「**客**」が詐欺賭博を察知し、憤慨して告訴の手続きをも採り兼ねない場合（これを「踊る」と称す）、これをなだめて騙取金を返還、あるいは情を明かして「**客**」を共謀者に抱き込み第二、第三の被害者に対する詐欺賭博団の一味とする場合を「**仕上げ**」という。「**客**」を慰撫することを「**垂を入れる**」と言う。

八、騙取金分配

騙取金は「**尽大**」が一時保管した後「**尾引**」、「**忠兵衛**」、「**番頭**」その他会合して分配する。これを「**玉分け**」という。その率は必ずしも一定しないが、昭和十年春、警視庁に検挙された佐々木コト尾見薫等一味の分配率は、

第一に諸費用を差し引き。

第二に「**尾引**」が「**天一**」（差引残額の一割）を取る。

第三、犯行現場に登場したものは表役者と称し、一本すなわち残額の一割、登場しない者は半本すなわち残額の五分の割合。

で分配しその差引残額は平等に分配する。

すなわち、

一、騙取金総額　金五千円の場合

一、金二十円　第一回犯行場である東京市牛込区神楽坂待合の勘定

一、金十円　　自動車代
一、金五十円　第一回犯行の際「尽大」敗戦名義の下に「客」に渡した勝負金
一、金二十円　第二回犯行場である前示待合の勘定
一、金百円　　諸準備費用
　計金二百円也
差引金四千八百円也
一、金四百八十円「天一」、「尾引」
差引金四千三百二十円也
一、金二百十六円「ケ出シ」
一、金二百十六円
　　金四百三十二円「尾引」兼「番頭」
一、金四百三十二円「忠兵衛」（「技師」）
一、金四百三十二円「尽大」
差引金二千五百九十二円也
一、金六百四十八円「ケ出シ」
一、金六百四十八円「尾引」兼「番頭」
一、金六百四十八円「忠兵衛」（「技師」）
一、金六百四十八円「尽大」

各人の所得は

一、金八百六十四円　「**ケ出シ**」

一、金千七百七十六円　「**尾引**」兼「**番頭**」

一、金千八十円　「**忠兵衛**」（「**技師**」）

一、金千八十円　「**尽大**」

となっている。

昭和九年十一月、愛媛県下で検挙された藤本永二ほか数十名の一味の分配率は、

第一に諸費用を差し引き、

第二に役割が「**尽大**」、「**忠兵衛**」の二人だけの時「**尽大**」は残額の四割、「**忠兵衛**」は六割。役割が「**尽大**」、「**忠兵衛**」、「**ウワ**」の三人の時は「**尽大**」は三割、「**忠兵衛**」は五割、「**ウワ**」は二割。

となっている。

昭和十年春、東京で検挙された上杉貢ほか数名の分配率は、

第一に諸費用を差し引き。

第二に現場の者の賞与として騙取金の天二（二割）を取り、これは現場の者に平等に分配し。

第三に「**尾引**」、「**忠兵衛**」は残金の四分宛を取り「**尽大**」は二分を取る。

第四に残金は頭割。

となっている。また上杉貢が大引時代の分配率は、

第一に諸費用を差し引き。

第二に騙取金の天一（一割）を「**大引**」が取る。

第三に被害者の示談金の積金として「**大引**」が残額の三分を取る。

第四に残額の天一を現場の賞与として取り、これは現場の者に平等に分配する。

第五に前項第三、第四の順序で分配する。

このようにして分配率をあらかじめ約定し、個人の巧拙に応じて報酬の差別を付けない。したがって、紛争も起こらないし「**尽大**」が持ち逃げすることも少ない。

（二）役　割

一、客を調査し誘引する役（「**尾引**」）

計画的に「**客**」を誘引する場合には、「**客**」となるべき者の人物、資産等を調査し、借金、商談等に仮託してこれを一定の場所に誘引し、「**忠兵衛**」、「**尽大**」等に紹介する。偶然「**客**」を誘引する場合には、公園、停車場、神社、仏閣、名所、旧蹟等の土地不案内の者が群集する場所に張り込み、「**客**」を物色し時候の挨拶、商談、出身地、旅行の目当て等を話しながらその人物、経験、財産、所持金、土地関係等を判断し、被害者としての適格性がある場合は、額を撫でる「**テン**」の合

図をして「忠兵衛」に通知する（これを「差し金」という）。このような役を関東方面では「尾引」、関西以西では「紐」、「外交」等と称する。単に「客」の人物、資産を調査するに止まり「客」の誘引にはあたらない者を関東方面では「ケ出シ」という。

二、客を抱く役（「忠兵衛」）

「尾引」の活動によって「客」が見付かったら自己等の一味に加え、資産家を装った犯人（「尽大」）と不正技術を応用した詐欺賭博の方法で勝負させる。「尽大」から金員を騙取する行為に失敗させて、さらに「客」を叱って再度の勝負を決行させて、二回三回と回を追い「客」の所持金を捲き上げる方策を決行する。札または賽等の不正技術に習熟し、これを現場で演出する等の役を関東方面では「忠兵衛」、「技師」（「技士」）と称し、関西以西では「根付」、「仕事師」、「紹介人」、「周旋人」、「アオリ」、「先生」、「件師」と称する。

三、資産家の役（「尽大」）

資産家役の者は巨額の現金を有する財産家で賭事を好むが性遅鈍技で下手なため、連敗して勝目がないにもかかわらずこれを察知せず、さらに大金を賭して賭事をするもののように装う。また偽紙幣束を示して客の欲心を挑発する。「忠兵衛」の紹介により客と勝負をして故意に敗戦し、最後の一戦で「忠兵衛」と打ち合わせた方法により詐術を施して勝利する。このように客の賭金を騙取する役を関東方面では「尽大」、「旦那」、関西以西では「前」、「花」、「花形」、「太郎」等と言う。

四、警戒をなす役（「カゲ」）

賭場を仮装する犯行場所すなわち「**敷**」の警戒に任じ、もし被害者が欺罔手段を覚知し紛争を生じた時は、刑事、俠客または博徒の首領等を装って仲裁に入る、いわゆる「**ゴロ作**」をなす役を「**カゲ**」、「**ウワ**」または「**影法師**」と称する。

五、「尽大」の附添役（「**番頭**」）

「**尽大**」の附添役は「**尽大**」の番頭格を装い、「**尽大**」の性行、経歴、所持金等を客に説明し「**尽大**」を欺罔して金員を騙取するのは容易だから、「**忠兵衛**」と「**客**」とが協力して「**尽大**」にあたり、その所持金を騙取すべく「**客**」および「**忠兵衛**」に話し込み、勝負の際は同席して「**客**」の味方を装う。このような役を「**番頭**」という。もちろん「**番頭**」と「**忠兵衛**」とは未知の間柄を装う。関西以西においては「**出入人**」、「**附添**」とも言う。

こうして実際上は、「**カゲ**」「**番頭**」の役割はこれを設けず「**忠兵衛**」は「**尾引**」を兼ね、「**忠兵**

	関東、東海方面	関西以西
客を調査し誘引する役	ケ出シ。尾引	紐。綴り
客を抱く役	忠兵衛。技師	根付。仕事師。紹介人。周旋人。アオリ。先生。件師。合力
資産家の役	尽大。旦那	前。花。花形。太郎。木偶
警戒役	カゲ。ウワ	カゲ。ウワ。影法師
尽大の附添役	番頭	番頭。出入人。附添人
客	客。ケ	太郎。賽物

衛」、「**尽大**」二人の組み合わせで客に対抗する場合が多い。各役割に対する各種の名称を説明すれば表の通りである。

六、首領（「**大引**」）

「**抱き落とし**」の犯人間には一定の首領すなわち親分の下に組織的に団結しているものと、一定の親分の下に組織的に団結していない個々の者が共謀するものとの二つがある（前者を「**大鹿**」後者を「**小鹿**」という）。前者の首領すなわち親分を「**大引**」という。

目下（昭和十年九月）市ヶ谷刑務所入所中の本籍東京市荒川区日暮里町大字金杉七四〇番地材木商上杉貢（明治十三年生）は東海地方および関東にその名を知られた「**大引**」であった。その配下として今なお有名な者は塚本由之助、樋口竹次郎、同武重、同末次郎等いわゆる樋口三兄弟、上杉貢内縁の妻ふく、西村寅吉等である。また同市に本籍を有する床周事小榑(グレ)周次郎、熊沢富十郎等も「**大引**」として有名である。

「**大引**」は団体の首領として配下の役付け、犯行の場所、方法、引き揚げ場所等を決定する。例えば遠隔地にいる配下から「**ノリ金**（旅費）無し、**リキ**（金）送れ」と**ガム**（請求）、場合には旅費を貸与し、その他経費を支出する。平時においても配下の生活を援助し、配下が検挙された時は弁護人を依頼し、被害者と示談し、その一方で証拠湮滅の方法を講じる。こうして「**大引**」は自ら実行行為を担任することなく、多く配下に犯行を行わせる。稀に警戒役または仲裁役を勤め、一定の住居を構える。

しかるに「**大引**」は常に当局者より行動を注視されるだけではなく、配下の犯行が発覚した時は最初に検挙され、かつ科刑も比較的重いので大正十年前後を最後とし「**大引**」は全く影を潜め、その団体は四分五裂し、いわゆる群雄割拠時代に移った。昔の「**大引**」もわずかな数人の同志と共に「**尾引**」、「**忠兵衛**」、「**尽大**」等の役割で現場に顔を出し、時には臨時傭兵を加えて犯行におよぶ場合も少なくない。

第四章　抱き落とし（鹿追）の実例

（一）　握りカッパ

「カッパ」は河童であるという。河童はその頭に皿を冠する怪異空想的な伝説の動物である。握りカッパとは胴親が数十個の碁石、豆等を握って場に出し、その上に器物の蓋、皿等を被せ張方に賭金させるので、握りカッパの名称が生まれたということである。

その種別は、

（一）　碁石握り（二カッパ）
（二）　豆握り
（三）　銭丁半
（四）　三カッパ（三ヅキ）
（五）　四カッパ（四ヅキ）

等に分けることができる。

握りカッパに類似したものは、次の五種である。

一、燐寸の軸

二、豆袋

三、箸拳

四、文銭ネタ割

五、ボタンネタ割

以上は詐欺賭博に応用するために作られた賭博である。

① **碁石握り**（「二カッパ」「二ヅキ」）附「**豆握り**」および「**銭丁半**」、「**握りカッパ**」の代表的な方法である。別名「**見合相場**」、「**短期見合相場**」、「**座敷相場**」、「**一、二、芸妓舞妓**」、「**目切カッパ**」等と称す。他の「**三カッパ**」、「**四カッパ**」等も碁石を握って勝負するが、特に「二カッパ」を「碁石握り」と称す。

一、賭博の方法

賭具は白または黒の碁石である。胴親は碁器の中からその数を数えることなく不定数の碁石を右手または左手に握って場に出し、その上から碁器の蓋一枚を被せ張方に丁または半に賭金させた後、蓋を取り除き、張方が丁に張った時は二個、半に張った時は一個を各目安として張方の前に置き残数を二個ずつ控除し、最後に残った数が仮に二個であれば、丁に張った張方の勝ち、一個であれば、張方の負けとなる。張方が勝った場合には賭金の二倍ないし四倍を胴親から取り、負けた時は賭金を没収される。目安としてあらかじめ碁石を場に置く場合がある。半の張場には一個、丁の張場には二個を置き、張方が丁または半に張った後、胴親は握った碁石を開き賭金しない方の碁石をこれに加え、前項同様の方法で二個ずつ控除して勝負を決する。

また目安としてあらかじめ箸を使用する場合がある。すなわち賭場の一隅は丁の張場とし目安として箸二本を置き、これと反対の隅を半の張場とし目安として箸一本を置く。この場合は握って出した碁石の数から目安として一個または二個を控除する必要がないから、はじめから二個ずつ数えて最後の端数の奇、偶数を決める。

張場に座布団、碁盤等を用いる場合がある。碁盤を用いる場合を「碁盤鹿」という。

石の上を碁器の蓋の代わりにハンカチ等の布で覆う場合がある。手に碁石を握ったままその在中の碁石に賭金することもある。胴親が連続して胴をとる場合は、一勝負後の碁石は一旦全部これを碁器の中に移した後、新しく握り場に出さなければならない。これは一勝負後にはその石の奇偶数が判っているからである。

二、欺罔方法

（一）客を抱く方法

イ、目安を使用しない場合

目安を使用しない場合、仮に胴親が場に出す碁石が奇数であったとする。そして張方が丁ニに張ったとすれば、まず目安として二個を控除するから残数は奇数となり、張方が敗ける。反対に張方が半一に張ったとすれば、同様に目安として一個を控除するから残数は偶数となり張方は敗ける。だから胴親は奇数の碁石を握れば必勝するのである。しかし数百個の碁石の中から一瞬にして十数個ないし数十個の奇数の石を握り出すことは絶対不可能であるからここで不正手段を用いる。一回の勝負が済めばその石の総数は不明でも奇数か偶数かは判かるから、胴親は勝負後の碁石を碁器の中に収める際に、これを手に握り奇数の時はそのままとし、偶数の時は碁器の中に一個を落として奇数として、これを握ったまま碁器の中に手を差し入れてかきまわし、あたかも新たに碁器の中から不定数の碁石を握り出したように装って場に出せば常に奇数の碁石を場に出すことができて胴親は必勝する。「**忠兵衛**」はこの不正手段を「**客**」に打ち明けて胴をとらせ「尽大」を張方にまわして「**尽大**」の賭金を騙取せんことを勧める。

ロ、目安を使用する場合

1　碁石を目安とする場合

前述のように碁石を目安として置く場合には、前項と反対に、胴親は偶数を握り出せば必勝するから「**忠兵衛**」は胴親の「**客**」に偶数を握り出させる。

2　箸を目安とする場合

この場合には握り出した碁石を二つずつ控除していくので、胴親が奇数または偶数の碁石を握っているからといって必勝するとは限らない。胴親が奇数の碁石を握っていても張方が半（**奇**）に張ってきた場合には胴親は敗けとなる。反対に胴親が偶数の碁石を握っていても、張方が丁（**偶**）に張ってきた場合には胴親の敗けとなる。胴親が奇数を握って勝つ場合は、張方が丁に張った場合であり、偶数を握って勝つ場合は張方が半に張った場合である。

それゆえ胴親が必勝するには張方に「**サクラ**」が座って胴親の味方となり、張方である「**尽大**」の先手を打ち、胴親必勝の張場に賭金し「**尽大**」を必ず敗ける張場所に賭金させる。すなわち胴親側の「**忠兵衛**」、「**番頭**」がいて張方の立場に立ち、胴親は一回勝負終了後、場に出た碁石全部をそのまま握り込み、あたかも新たに不定数の石を握ったかのようにして場に出す。「**忠兵衛**」、「**番頭**」等は「**尽大**」の先手を打ち、「**客**」が握り込んだ石の数からどの目に張れば、胴親が必勝するかを判断して先手を打ってその目に賭金する。「**尽大**」は他の目に賭金せざるを得ないから必ず敗ける。「**忠兵衛**」は、このような理を説明して客に胴をとらせる。

（二）　客を落とす方法

客を落とすには、「**客**」が場に出す碁石の数を密かに一個増減する。その方法は、

（イ）「**忠兵衛**」は手の指の間に一個の石を挟み、胴親（**客**）が場の碁石を振り込む直前にその

中へ加える。

（ロ）「忠兵衛」は胴親（客）が場の碁石を握り込む直前にその中から一個を抜き取る。

（ハ）場の碁石の上に碁器の蓋をする場合は「忠兵衛」が蓋をする役になり、蓋の内側に拇指を添え外側に示指を添えて蓋を挟み、拇指と蓋との間に碁石一個を隠し蓋をしながら碁石を落とす。

等碁石の増減方法は三通りであるが、「忠兵衛」は密かに石を増減すると同時に「客」の座席の横に碁石一個を落として「客」が碁石を場に出す際、誤って手中より取り落としたのだと言うのである。

詐術を行う場合の座席は次図のように一定している。すなわち「尽大」と「客」は必ず相対して座り、「客」の左側に「忠兵衛」が座り、これと相対して「番頭」が座る。「番頭」がいない時は、「番頭」席を詰めて三人が鼎座する。

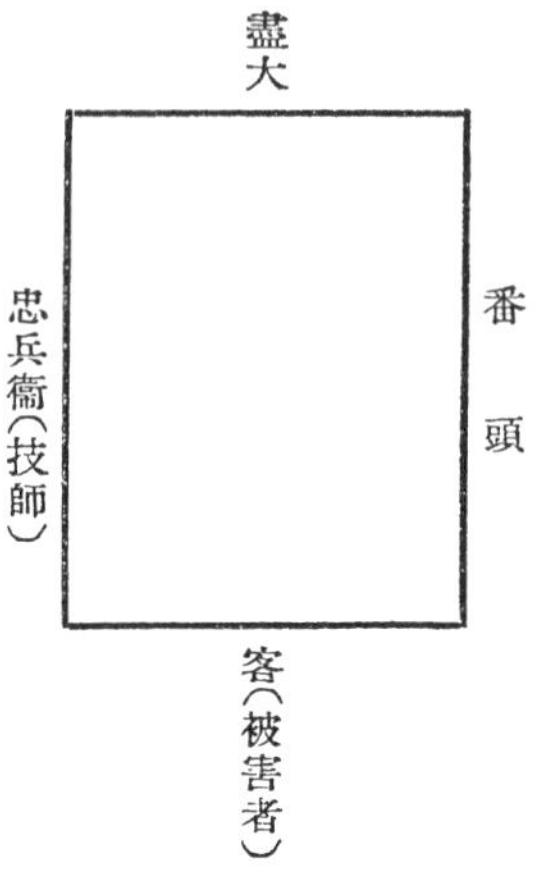

盡大
番頭
忠兵衛（技師）
客（被害者）

普通に行われる勝負の順序は最初に「**尽大**」が胴親となり、第一回ないし第三回戦まで続け、次に右に廻り「**忠兵衛**」が胴親となり、第四回戦より第六回戦まで続け、次に「**客**」が胴親となり第七回戦より第九回戦まで続ける。「**番頭**」がいれば「**番頭**」が最後の第十回戦から十二回戦まで続けるが、第九回戦で「**客**」は惨敗するから「**番頭**」は胴親とならずに済む。すなわち、

1　「**尽大**」最初に胴を取り一、二、三回戦の胴親

2　「**技師**」次に胴を取り四、五、六回戦の胴親

3　「**客**」次に胴を取り七、八、九回戦の胴親

4　「**番頭**」無し

という順序になる。

目安に箸を使用した場合の詐術を図解すれば左の通りである。

第一図は第八回戦で「**客**」（胴親）が碁石を握って出し、上から碁器の蓋を被せ、「**尽大**」および「**忠兵衛**」と「**番頭**」に賭金させた状況を示したもので、向かって左方は半の張場所、向かって右は丁の張場所である。〇印は金銭代用の碁石の張場を示す。

第二図は第八回戦で賭金終了後、「**忠兵衛**」が碁器の蓋を取り除き別に用意した箸をもって二個ずつ控除しつつある状況を示したもので、総数は二十個であるから丁に張った者が勝つ。

第三図は第八回の勝負終了後「**忠兵衛**」（**技師**）が密かに右手内側の指の付根に一個の碁石を釣り隠し、胴親（**客**）のため碁石を寄せるように装って巧みに釣り石を落とし、総数を二十一個とした

岩重警部著（裏から見たインチキ賭博より引用す）

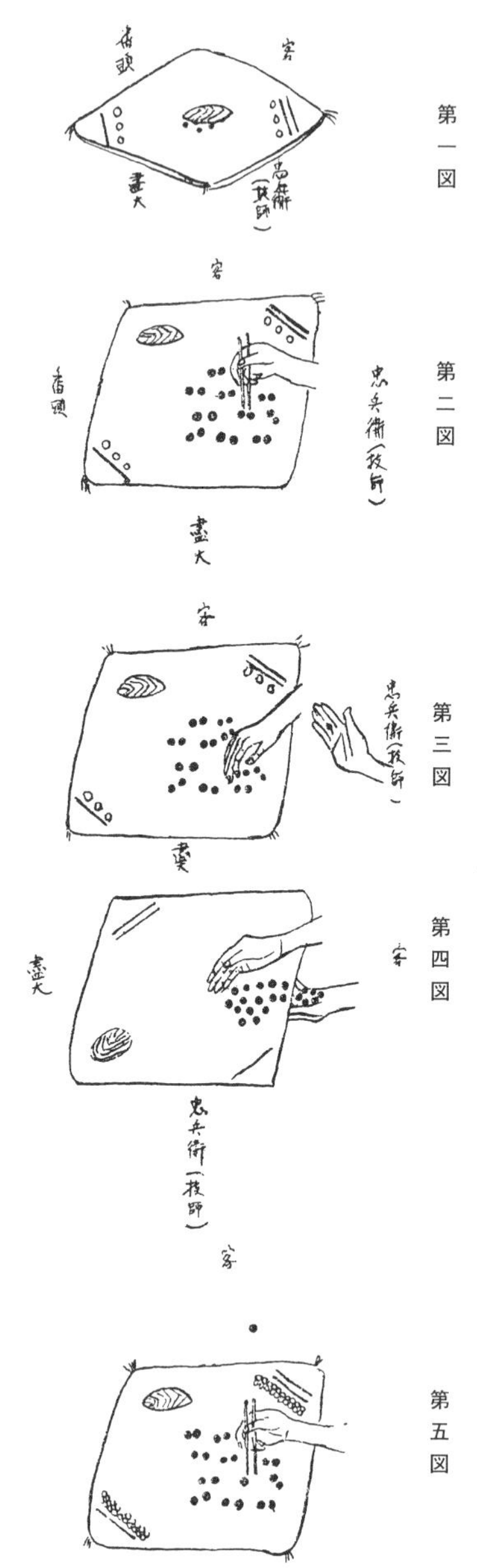

第一図　第二図　第三図　第四図　第五図

状況を示している。

第四図は一個増加されたのを知らない「**客**」が、二十一個の碁石を二十個と誤信しつつ左手に寄せている状況を示す。

第五図は「**忠兵衛**」、「**番頭**」はいずれも丁の張場に賭金し、「**尽大**」が半の張場に賭金した後、胴親も丁に賭金し碁器の蓋を取り除き、「**忠兵衛**」が二個ずつ控除したところ端数は一個となり、丁に張った者は、敗戦となり「**尽大**」が勝利した状況を示す。客席の碁石一箇は「客」が握り損なって落としたように装うため「**忠兵衛**」が密かに落としたものである。

豆握り

碁石を豆とかえただけの賭博方法。欺罔方法は前項と同様である。

銭丁半

碁石を補助貨とかえただけで、他は全部碁石握りと同様である。

② **三カッパ**　「**三突**」、「**三点**」、「**三突カッパ**」ともいう。賭博の方法ならびに欺罔方法に二通りある。

其一

一、賭博の方法

胴親と張方二人の勝負で胴は一回ずつのまわり胴で、賭具は通常碁石であるが、そのほか豆、一銭銅貨等を使用する。

胴親は不定数の碁石を握って場に出し、張方は一個の碁石を置いて目安とした場所、二個を置いて目安とした場所、および三個を置いて目安とした場所等三ヶ所の中、任意の二ヶ所に賭金をする。残る一目が空目となる。しかるのち握った手を開いて碁石を場に出し、その総数に右の空目となっている目安の碁石を加え、これより三個控除していって最後に残る数が張方の賭金と合致した場合には張方の勝ち、そうでない時は胴親の勝ちとする。こうして一勝負後、目安の碁石以外は全部碁器の中に移したあと胴親は新たに不定数の碁石を握り出さねばならない。

二、欺罔方法

（一）　客を抱く方法

胴親が握って場に出す碁石の総数が二十一、二十四等三の数で割り切れる数（三の倍数）であった時は、胴親が必勝する。例えば、張方が三の目と二の目とに張ったとすれば、一の目が空いているから一個の碁石を三の倍数の中に加えて三で割れば端数は一個となる。同様に張方が一の目と二の目とに張ったとすれば、三の目が空いているから、三個の碁石を三の倍数の碁石の中に加えて三で割れば端数は三個となる。

そのところで「**忠兵衛**」はこの理を「**客**」に説明し、**客**が胴親となった時は、三の数で割り切れる碁石を摑んで場に出すようにすれば「**尽大**」の所持金を巻き上げることができるから、一勝負後碁石を集める時、密かに三の倍数を握り碁器の中に手を差し入れても手を開かず、そのまま場に出すようにせよと勧め客に胴を取らせる。

（二）　客を落とす方法

碁石握りの場合同様「**忠兵衛**」が一個の碁石を減らす。しかし注意すべきは前の二カッパの場合、「**客**」は数の奇偶数のみを念頭におき総数は計算しないから「**忠兵衛**」が一個を増し、あるいは減じても自由であった。しかし「**三ヅキ**」では客が総数を計算して三の倍数を握り込むので、一個を増加すればたちまち詐術を看破される。だから「**忠兵衛**」は総数から一個を減じ、そのかわり客の席に一個を置き、客が握り損って一個を落としたように欺す。

減ずる機会は、客が胴親となり石を握り込む際、客を手伝い碁石を寄せ込み遣すように装い、その中から一個の碁石を抜き取ってこれを隠匿する。

このようにすれば「**客**」は握り損って一個の石を席に落としたために、三の倍数ではない数を場に出し敗北したものと誤信する。

【実例】（昭和七年六月十四日今市区裁判所起訴）被告人須谷連三、高橋米吉ハ昭和七年六月十日島根県簸川郡今市町岩成源蔵ヨリ金員ヲ騙取セムコトヲ共謀シ先ツ被告人高橋カ岩成方ニテ、同人ニ対シ俗ニ「サンヅキ」ト称スル賭博即チ親カ手ニ握リタル碁石中ヨリ三個宛控除シタル残リノ数カ一、二、三ノ何レナルカヲ云ヒ当ツル賭博ノ一種ニシテ更ニ之ヲ複雑化シ別ニ碁石ヲ一個置キタル座、二個置キタル座、三個置キタル座ヲ設ケ子ハ親ニ先立チテ任意ノ二座ニ賭金シ親ハ残リノ一座宛控除シ行キ最後ニ残ル数ト同数ノ座ニ賭金シタルモノヲ勝トシテ金銭ヲ授受スル親子各一人間ノ賭博ニ於テ親カ二十一、二十四等三ニテ割リ切ルル数ヲ擲ム時ハ必ス勝ヲ得ヘキ旨ヲ以テ其必勝法ヲ教ヘ同時ニ須谷連三カ大金ヲ所持スルヲ以テ同人ト賭博ヲ行ヒ前記必勝法ニヨリ所持金ヲ捲キ上ケンコトヲ勧告シ他方須谷連三ハ右雑誌ノ破片ヲ積ミ重ネタル上ニ十円紙幣一、二枚ヲ置キタルモノヲ布包ト為シ大金ヲ所持スル如ク装ヒテ携帯シ岩成ヲシテ信用セシメ同人方ニ於テ同人ノ挑ミニ応シ被告人須谷ニ於テ子トナリテ岩成ト前記ノ賭博ヲ為シ其ノ間被告人高橋ニ於テ岩成ノ握ル碁石中ノ一個ヲ竊ニ隠匿シ因ツテ岩成ヲ大敗セシメ同人ヨリ金百十円ヲ賭金名下ニ被告人須谷ノ手ニ騙取シタリ。

其二

一、賭博の方法

勝負の当事者は胴親一人と張方二人で、賭具は前項と同様、通常碁石または豆である。胴親は不定数の碁石を握って場に出し、張方は一、二、三の目安中、任意の一ヶ所に賭金をする。賭金が済めば胴親は手を開いて碁石を出し、その総数から三個ずつ控除し残りの端数、一ないし三が張方の目の数と合致するや否やにより勝負を決し、端数と合致する目に張った張方は勝ち、合致しない目に張った張方は敗けである。

前項の方法と異なる所は、空目の碁石を計算に加入しない点である。

二、欺罔方法

（一）客を抱く方法

「**忠兵衛**」が胴親となった時は「**客**」が張方に、「**客**」が胴親になった時は「**忠兵衛**」が張方に廻り、胴親は張方に握り込んだ碁石の端数を合図し、張方に必勝の場所に賭金させれば、「**尽大**」は他の目すなわち必敗の場所に賭金するから客側の張方は常に勝ち「**尽大**」は敗ける。「**忠兵衛**」はこの理を客に説き、その合図の方法として、例えば次のようなことを内約する。

端数が一の場合は片手を膝の上に置く

二の場合は両手を膝の上に置く

三の場合は両手を膝の横に置く
右の合図は「**尽大**」の目にも留ることが必要であるから、膝の上に手を置いたり下げたりして合図する。

（二）　客を落とす方法

前項同様「**忠兵衛**」は客が胴親となって碁石を握り込む際、密かに一個を減じ同時に「**客**」の席に一個を落とし「**客**」が過って手中から一個を落としたために、三の倍数でない数を握り出してしまったように欺くのである。

一方「**尽大**」は終始、密かに「**忠兵衛**」と「**客**」との内通を見ているので、最後の一戦の合図を見逃す訳はなく、「**忠兵衛**」が一個を減じたため端数は何個に変化したかを判断し、適中すべき目に多額の賭金をなし「**忠兵衛**」の胴金を取ってしまう。

③　**四カッパ**（**パナー**）

一、賭博の方法
胴親と張方一人との勝負で、賭具は碁石や豆等である。

目安として、場に一個ないし四個の碁石を四ヶ所に置き、胴親は不定数の碁石を握って場に出し、張方に右張目の中三ヶ所に賭金させる。賭金が終われば、胴親は手を開いて碁石を出し空目の碁石を混入し、その総数から四個ずつ控除して最後の端数一ないし四が、張方の目の数と合致するかどうかで勝敗を決する。もし合致すれば張方の勝ち、合致しなければ張方の敗けである。

二、欺罔方法

「**三ヅキ**」のその一と同様であるから簡略に記述する。「**忠兵衛**」は「**客**」に四で割り切れる数（四の倍数）、例えば二十四、二十八等の数を握り込めば、胴親は必勝すると称して「**客**」に胴親をさせて「**尽大**」は張方となって勝負をする。その中「**忠兵衛**」は「**客**」の碁石から密かに一個を減らし、別に「**客**」の席に一個の碁石を置き、あたかも客が不用意に握り落としたように装い、「**客**」に四の数で割り切れない数を握らせて敗戦させる。

（二）　握りカッパに類似した詐欺賭博

①　**燐寸**（マッチ）**の軸**（**箱鹿と称す**）

一、賭博の方法

燐寸の軸を数十本入れた燐寸の箱数個を賭具とし、胴元と張方に分かれ、胴元は任意の一箱を選び張方に箱の中の軸が半（奇数）か丁（偶数）かに金銭を賭けさせる。賭金が終われば胴親は箱を開き、在中の軸を場に出し、その中から張方の張目たる奇偶に応じ、あるいは一本あるいは二本を張方の目安として張方の前に出し、次に残数の軸を二本ずつ数え、最後に残った軸が一本

（半）であるか二本（丁）であるか、すなわち張方の張目と同一なるかどうかで勝敗を決する。張方が勝った場合は賭金の二倍もしくは三倍を貰うことができる。

二、欺罔方法

（一）　客を抱く方法

「**尽大**」は張方となり「**客**」に胴親をとらせる。「**忠兵衛**」と「**客**」が共同して「**尽大**」に当たり、燐寸の箱の中には「**尽大**」に内密に、いずれも奇数の燐寸の軸を入れておく。もし「**尽大**」が半（奇数）に賭ければ箱の中の一本を目安として「**尽大**」の前に置き、残数を数えれば最後に残る本数は二本となる。すなわち丁であるから「**尽大**」が敗け、もし「**尽大**」が丁（偶数）に賭ければ箱の中の二本を目安として「**尽大**」の前に置き、残数を数えれば最後に残る本数は一本となり、すなわち半であるから「**尽大**」は敗ける。要所は奇数の燐寸の軸を入れておき目安の軸を引き去る点にある。これさえ実行すれば「**尽大**」は連敗し、胴親は必勝すると「**忠兵衛**」が「**客**」に説く。

（二）　客を落とす方法

客を落とすには「**ニカッパ**」の場合と同様に奇数を偶数に変える。はじめの数回は奇数入りの箱を使って勝負させ、最後に故意に偶数入りの箱を準備し、これを密かに「**客**」に渡して勝負させる。もし全部奇数入の箱を準備した時は、「**忠兵衛**」が密かに偶数入の箱に変える。それには軸一本を抜いたり加えたりすればよい。燐寸箱の中の軸が偶数だとすると「**尽大**」が丁に張った場合は二本を目安に抜くから、残数は丁となって「**尽大**」の勝ち、「**尽大**」が半に張った場合は一本を目安に抜くから残数は半となって「**尽大**」の勝ちとなる。

あるいは「**忠兵衛**」は奇数入りの燐寸箱の軸一本を動かしても離れないよう故意に箱の底に押し込み、一見底紙と見誤るよう仕かけ、燐寸の軸を場に出してもこの一本だけは箱の中に残り、場には偶数の軸しか出ないようにすることもある。このようにして場の軸の本数は偶数となるから、碁石握りの場合同様「**客**」が敗北する。

②　豆袋附「落花生袋」

一、賭博の方法

燐寸の軸の場合と同様、数十個不定数の豆を入れて密封した豆袋を賭具とし、胴元と張方とに分かれ、胴元は一個の豆袋を場に出し張方に内部の個数が奇数か偶数かに賭金させる。賭金が終われば胴元は豆袋を破って中の豆を取り出し、張方の奇偶に応じて一個あるいは二個を張方の目安として張方の方に出し、そののち残数の豆を二個ずつ数えて、最後の端数が一の半か二の丁かを調べ、もし一なら半に張った張方の勝ち、二なら半に張った張方の敗けと決定する。張方が勝てば、胴親から二倍もしくは四倍の金を受け取ることができる。

二、欺罔方法

（一）　客を抱く方法

「**尽大**」を張方にして「**客**」に胴親を執らせ、「**忠兵衛**」は「**客**」に対し、「豆袋の中には**尽大**には内密に奇数ばかりの豆を入れる、もし**尽大**が丁に張れば、その奇数の豆から二個だけを**尽大**の目安として取り除くから残数は奇数になる。尽大が半に張れば、同様一個を取り除くから残数は偶数になる。いずれにしても、胴元たる客が勝ちを占める」と説き、「**客**」の面前で奇数入りの豆袋を作ってこれを勝負に使用することにする。

（二）　客を落とす方法

二つの方法がある。その一は最初数回の勝負には、客と約束の奇数だけが入った豆袋を使用して「**客**」に勝利させ、最後の一戦であらかじめ準備した偶数入りの豆袋を密かに場に擦り替えて出す。「**客**」は奇数入りの豆袋だと思っているので、その中から「**尽大**」の目安の数だけを差し引き二個ずつ残数を数えていくと、前とは正反対に「**客**」の敗けとなる。

その二は、奇数入りの豆袋を「**忠兵衛**」または「**客**」が開き、二個ずつ数えていく間に「**忠兵衛**」が密かに手に隠していた豆一個を加えて、豆の残数を偶数にする。「**忠兵衛**」が豆を隠す時機は概ね前回の勝負後、豆を片付ける際である。

【実例】（昭和九年七月二十三日下関区裁判所起訴）、被告人西村久吉ハ、昭和八年九月下旬、河村小三郎ヨリ豆ノ丁半ナル詐欺賭博方法ニヨリ金員ヲ騙取セムコトヲ企テ、同人ニ対シ豆ハ封筒ニ二十一個宛入レ半ト為シ置カハ必勝疑ナキ旨申向ケテ同人ヲシテ賭博資金名義ノ下ニ現金五十円ヲ準備セシメタル上門司市内某旅館ニ誘致シ資産家ニ仮装セル榊原ヲ列席セシメテ被告人西村ト同様ノ必勝方法ナルモノヲ教示シ封筒六、七通ニ豆ヲ入ルルニ当リ河村ノ不識ノ間ニ一袋ハ豆一個ヲ加減シテ丁ト為シ置キ最初数回ハ、右半ト為セル豆入封筒ヲ手交シテ殊更河村ニ勝利ヲ得シメテ前回同様誤信セシメタル上最後ニ右丁ト為セル豆入封筒ヲ河村ニ手交シテ、河村ヲシテ右資金及勝得金全部ヲ賭セシメタル上、榊原ノ勝利ニ帰セシメ河村ヨリ現金五十円ヲ騙取シタリ。

落花生袋

賭博の方法ならびに欺罔方法は、豆袋の場合と全く同一で豆と落花生とが異なっただけである。

③　箸拳

一、賭博方法

四国、九州等の南国地方で行われる箸拳賭博は、胴親と張方の二人で勝負を争うもので、賭具は一本の箸を三等分にした長さ二寸五分位のもの合計六本で、これを双方が三個ずつ持ち、双方とも任意の数を右手に握り込んで場に伏せ、張方が任意の数に賭金する。次に双方とも手を開きその数を計算し、右張方の目と合致するかどうかを調べ、もし合致していれば張方が勝ちで賭金を取り、合致していない時は張方が敗けで賭金は取られる。一人の賭者が手に握り込む箸の数は一本または三本であるが、空手を出しても差し支えない。勝負に出さない箸は左手に握って隠しておく。

二、欺罔方法

（一）　客を抱く方法

「**尽大**」は胴親となり「**忠兵衛**」が張方となって「**忠兵衛**」と「**客**」と内応して「**尽大**」に対抗する。「**客**」は「**尽大**」の側に座し、「**尽大**」の箸数を見てこれを密かに「**忠兵衛**」に合図する。その合図によって「**忠兵衛**」は自己の箸数を合算した数に賭金するから、断じて失敗はない。このような方法で「**忠兵衛**」が「**客**」を抱く。

（二）　客を落とす方法

「**尽大**」は握り込む箸数を「**客**」に見えるようにして場に伏せる。「**客**」は頭に手をやったり、頬を撫でたり、指を曲げたりと、前もって「**忠兵衛**」と打ち合わせた通りの方法で「**忠兵衛**」に合図をする。「**忠兵衛**」はその合図を受けて賭金するから「**忠兵衛**」の勝ちになる。最後の一戦となって、「**尽大**」は右手の中に一本の箸を隠しておき他の箸と共に握り込んで場に伏せて出す。「**客**」は一本隠されているのに気付かないから、隠された本数を除外した本数を「**忠兵衛**」に合図する。すると「**忠兵衛**」は実際の本数と異なった張目に張ることとなり、「**忠兵衛**」は敗けて賭金は「**尽大**」に没取されるに至る。

昭和三、四年ごろ、高知県の浜田亀次ほか四名はこの方法を用い、十余名の被害者から五千余円を騙取した。

④ **ネタ割**　「**ネタ割**」は碁石握り等の次の「カマ」に用いられる詐欺賭博である。

一、文銭ネタ割

（一）文銭ネタ割の方法

文銭ネタ割は「ボタン」ネタ割と同様に詐欺賭博のために設けられた賭博方法で、一般の賭博としては用いられない。特に近頃一文銭はあまり見かけないから、今後この方法で詐欺賭博が行われることは稀であろう。最近の事例では、昭和七年五月、大阪市北区信保町の呉服屋が上杉貢ほか三名のためにこの方法で被害を受け、上杉等は岐阜地方裁判所で処分を受けた。

賭博方法は、文銭十個ないし二十個位の穴の中に一本の糸を通したもの一連を賭具とし、これを胴親が持ち、その中から任意の箇数を右手に握り、その上から風呂敷、ハンカチの布類を被せて場に出し、張方に丁または半に賭金させた後、胴親は握った文銭を出し、まず張方の目安として張目の数だけ取り除き、残りを二個ずつ控除し、最後の端数が二（丁）であるか一（半）であるかを調べ、もし二であった場合は丁に張った張方の勝ち、一であったら丁に張った張方の敗けとするのである。

二、欺罔方法

（一）客を抱く方法

碁石握り等の場合と同様「**忠兵衛**」は「**客**」に対し、「胴親必勝の方法は、奇数の文銭を握って場に出すところにある。すなわち張方が丁に張った場合は、張目としてまず二を控除するから残数は奇数となって張方の敗けとなり、張方が半に張った場合は、張目としてまず一を控除するから残数は偶数となって張方の敗けとなる」と説明し、「**忠兵衛**」が胴親となり「**客**」から胴金を預り「**尽大**」を張方に廻して勝負する。

なお、細則として勝負中、万が一文銭が二つに割れた時は、一枚の文銭は二個に計算すると約束しておく。

（二）　客を落とす方法

文銭は糸で通してその両端は結んであるから、碁石握りのように一個の文銭を増減することはできない。そこで「**忠兵衛**」（**胴親**）は前もって割れかかった文銭を密かに他の文銭の中に混入して糸を通し、置き場に奇数の文銭を出す時にはこの割れかかった文銭を共に出す。その出す際に「親爺サア来い」等と掛声をかけ、文銭を強く場に打って割れかかった文銭を二つに割る。二つに割れるから奇数の文銭は偶数となり、胴親必勝の数となり「**尽大**」が勝つことになる。

三、ボタンネタ割

文銭ネタ割の文銭に「ボタン」を代用し賭具としたもので、「ボタン」は割れやすい陶器製または硝子製等を用いる。

賭博の方法、欺罔方法等は文銭ネタ割と同一である。

第五章　街頭の詐欺賭博

現今行われる街頭の詐欺賭博は「**ハッタリ**」、「**オッチョコチョイ**」（または「**ヒーヒー**」）、「**菓子割**」等である。「ハッタリ」の中には「**揉み籤**（もみくじ）」および「**赤黒**」を含む。「**揉み籤**」は一名「**モミ**」、「**オッチョコ**」、「㊀」等と称し、「**赤黒**」は一名「**竹**」（チク）と称す。いずれも真打が街頭で「サア張ッタリ張ッタリ」と称して客を呼ぶので「ハッタリ」の名が出たともいい、あるいは「威嚇」の意を「**ハッタリ**」と称するのでこの名が起こったともいう。天明寛政の頃、江戸で辻宝引の一種を「サゴザイ」といった。川柳は「サゴザイは長屋でいつち稼ぐ奴」といっているが、その名称は「サア御座イ」と叫んで客を呼び集めた所から起こった。「ハッタリ」の名称も客を集める時の定まった呼び声から出たと見るのが正当であろう。

（一）　揉み籤（「モミ」）「**テンバツクリ**」

一、閲覧した記録の約二割は揉み籤による詐欺賭博事件であった。ことほどこの種の犯罪が多いのかあるいは検挙の成績がよいのか、「**赤黒**」、「**菓子割**」等の詐欺賭博が次第に衰頽の傾向であるにかかわらず、独り「**揉み籤**」のみは街頭の妖魔として執拗なる発展性を持続しているのはいかなる理由であろうか。街道の片脇、寺社祭礼、群集往来の場所で小綺麗な服装をした香具師はいわゆる啖呵を切る。

「御客さんちょっと見て下さい。このところに一の字を書いた紙籤があります。書いてないのもあります。ごっちゃにして入れておきますから御客さんで見当を付けて抽(ひ)いて下さい。上手下手はありません、だが慌ててはいけません。張り間違い、見間違いは誰にでもあります。ゆっくり落付いて抽いて下さい。しかしただ抽いたのでは面白くない。一の字が当たると御客さんに四倍の金を払う、一円で四円、五円で二十円、十円で四十円、判かりましたか。私、今さっき通った人に五十円損した。敗けた勝ったは時の運です、懐中に五百円ばかりあります、これで勝負します。度胸のある人はどんどん張って下さい。一の字に当たった方はいくらでも金を持って行って下さい。一回練習して試しなさい。この紙には一の字が書いてあります。宜しいか、指先で丸めて紙籤の中に落とす。判かりますか、なんでも無いでしょう、誰か抽いて下さい」。

空箱の中には数十個同形の紙玉が入っていて今しも香具師の指先から一個の紙玉がその上に落下し、香具師はその周囲にピンセットで付近の紙玉を寄せ集めたが、注意すれば落下した紙籤の位置は見違うことはない。

「俺に一度やらせてくれ」

一人の見物人は香具師から「ピンセット」を借りて落とされた一個の紙玉を摘んで開くと、方一寸余の紙片の中央に鮮かに一の字が現れた。それは先ほど香具師が丸めた籤に違いはなかった。瞬間、群集の誰にも心の動揺が見られた。彼等は、

「紙籤が落下した瞬間から拾い上げるまで他の紙玉と混同せぬように凝視する、それが骨だ」

と確信したのである。

「今度は一円張ろう」

先ほどの見物人は五十銭銀貨二個を香具師の前に置いた。香具師は前と同じように一の字を書いた紙片を丸めて数十個の紙玉の上に落とすと、その見物人は「ピンセット」でこれを拾い上げて開いて香具師に示す。それにはまた鮮かに一の字が書いてあった。香具師は五円札を見物人に渡して五十銭銀貨二個は手許に取った。

「サア負け序（ついで）でだ誰でもやって下さい」

すると違った見物人の一人が出て、一円張り二円張りしたがそのつど白紙ばかりの空籤が出て数分間で財布はハタかれた。最初の見物人は「サクラ」（「骨トーハ」ともいう）で、二度目の見物人は被害者であったのだ。香具師は真打（「**オッチョコ師**」「**モミ師**」ともいう）で二度目の見物人は被害者であったのだ。「サクラ」は普通二、三人、真打は一人、これに番立（バンタチ）と称する警戒係を加えると一行五人内外が一組である。時には数十人が一団となり数組を編成している場合もあり、数名のみで一組を組織して各地を遍歴する場合もある。

番立は誰にでも勤まるが、サクラは機転が利いて度胸があって真打に調子を合わせねばならないから相当の熟練が必要であり、真打は技術を心得ておかねばならないし最も危険状態に曝されるから一座の重鎮におかれている。鹿追の大引に相当するような親分がいれば、親分は詐取金の「天五厘」（テンゴリン）すなわち五厘の天引を取り次に雑用を引去り残金は真打、サクラ、番立等の順序で分配するが、その率は必ずしも一様ではない。紙籤の数は二、三十個から百数十個で一箇の箱の中には一の字入りの籤は約一割くらいを入れ、丸め方ヒネリ方により目印あるいは「ガン」を付して他の空籤と見分けが付くようにしてあるのと、全て空籤のみを籤箱に入れたのと二通りある。紙片は方一寸内外の日本紙で一と書いたものを当たり籤、白紙を空籤としたものや、一と書いたものを当たり籤二、三、四、五等と書いたものを空籤としたものとの二種がある。

また効能薄弱な六神丸、朝鮮人参等を二円三円等の代金にて売却し、景品として紙玉抽籤の権利を与えると称し、巧に客の欲心を釣り薬物自体には何等価値を認めない客を、数倍の割戻金を目的として数十金を提供させてしまう場合もある。また賭金の四倍を支払うと称する場合もあり、二倍三倍を支払うと称する場合もある。当たらない客には何も与えない場合や金色の指輪、万年筆等を与える場合もある。金色の指輪、万年筆等はこれを商うように官憲を欺罔する方法として籤箱の側に置き、危険を感じた場合は籤箱は「サクラ」に渡して隠匿し、あたかもこれら物品の大道商人であるように早変わりをするのである。

二、詐術はほとんど全国的に同一で、真打が「サクラ」と勝負をなす時は当たり籤を落としてサクラに拾わせ（これを「ブウ」と称す）、客と勝負をする時は、前もって空籤の紙玉一箇を示指と中指の中間に密かに挟みおき、一の字入りの揉み籤を取り上げこれを揉みながら指間にて摺り替える。落とす時はあたかも当たり籤を落とすかのように装って空籤を落とし（これを「ガス」という。鮮人は訛って「ガセ」という）、客を欺罔しこれを拾わせる手段を採る。もう一つの方法は初めに当たり籤を摘みこれを客の面前で両手の指先で丸めて紙粒にして右手親指と示指の先で摘み、一旦そのまま右手を開いて紙粒を落とす。さらにこれを拾い上げる際に右手拇指、示指、中指を使い密かに空籤一個も共に摘み上げて当たり籤を揉むかのように装い空籤と摺り替え、当たり籤を落とすように装い空籤を落とし同時に当たり籤も客の気付かないよう他の場所に落とす。次に両手を拡げて客に見せ、不正がないことを示し客に空籤を当たり籤と誤信させて拾わせる方法である。

三、「テンバックリ」と称する特殊の「揉み」の方法を、昭和七年五月、大阪府今宮署に検挙されたハッタリ詐欺賭博団について説明しよう。

㈠　検挙までの経過

大阪市西区靱北通りの一呉服商人は昭和七年三月ある日の早朝、商用の現金六百六十円を懐中して同市東区唐物町御堂筋西側を通り掛かると、十数人の者が群れているので立ち止まった。一人の男が石油箱のような物を置きその上に小さいネタ箱をすえ、その中に仁丹大の紙玉五、六十箇を入れ、群集の目の前で紙玉をピンセットで拾い上げ、これをさらにネタ箱に落とし、それを群集に拾わせ、もし紙に㊀印が付いていれば三倍の金を払い戻すという方法で通常「モミ」と称せられる詐欺賭博をしているのを見た。そこで右商人は一円張るつもりでその男に十円札を渡し相手の男が落とした籤を㊀印の紙玉だと信じて拾って見ると、空籤であったので右商人は敗けた。九円の釣銭を請求すると群集の中の一人が、

「釣銭の九円を張ってみよ、三倍の二十七円になるに相違ない」

といって盛んに勧めるのでまた賭ける気になり、落ちた紙玉を拾うと手を出した瞬間、群集中にドッとざわめきが起こり、ネタ箱を引っくり返して数人の者は四方に逃げ出した。右商人が我に帰った時には片手に持っていた蟇口在中の百円札六枚と十円札五枚は全部奪われ、空の蟇口のみが砂に塗(まみ)れて落ちていた。商人はすぐ後を追っかけようとすると、一人の男が現れて右商人の胸倉を取り、

「生意気なことをするな、追っかけても駄目だ」

といってその場に押し倒してしまった。

右は捜査報告書の大要である。所轄の今宮警察署では犯人と覚しき者数名を連行して、取り調べをしたが頑強に否認しているうちに、一味の金正春なる者が同房者に託して密書を監外の共犯者に渡し内通しようとしたことが発覚して自白の動機となり一切が明白になった。

(二)　一味

一味は大阪市西成区粉浜町本町三丁目太田某（当時五十二、三歳）なる香具師を首領とし乾児約百名に上るいわゆる「ハッタリ」の一団で竹馬こと吉田菊松がその参謀格であり、内部においてはモミの社と竹の社に分かれ、モミの社では揉み籤の方法による詐欺賭博をなし、竹の社では赤黒の方

法による詐欺賭博をなした。それぞれ数名をもって一組とし、モミの社においては、

A　ドウロク……真打すなわち胴元

B　骨…………サクラ

骨
- 一番骨　すなわち
  - ダリコツ（一名）……………客を装ってドウロクの前に立って客を集める役
- 二番骨　すなわち
  - フリバン（又はフリバンの骨）（一名）……勝負を見にきた紳士を装い前ウワと連絡して金持ちの客を物色しこれに勝負を勧めかつ客の所持金に注意する
- 三番骨　すなわち
  - カチバンの骨（一名）…………二番骨に相槌を打ち二番骨と共に客に勝負を勧める
  - 追ヒタク　（二名）…………ヤレヤレと客を唆かす

C　ウワ……見　張

二種に分かれ

前ウワ（一名）…………ドウロクの付近にいて警戒をする役

ウワ則ちバンカン（数名）…………付近の辻に立って警戒をする役

D　強力…………………ドウロクが客から取り上げた金を受け取って逃げる役

等の役割を定め、同市天王寺公園、飛田筋、千日前、松島方面等通行頻繁の土地を選び早朝その筋の警戒が薄い時刻を見計い犯行を重ねてきたが、同年三月からは場所を東区唐物町御堂筋に移した。

詐取した金の分配は、首領太田がテンゴリンすなわち五厘の天引を取る。その残金のうち、真打、骨、追タクに多少色付をしたものを引去り平等頭割にする。彼等は多く「テンバックリ」を常套手段とした。

㈢「テンバックリ」の方法

客が多額の金を所持していることが判った場合は、テンバックリと称する特殊の手段をもって一挙にその所持金を騙取する。すなわち二番骨は客の側にいてその金入れを覗く役であるから勝負ごとに客の金入れに注意し、客の所持金が多額であれば額に手を当ててこれを撫であるいは叩いて真打に「ローツー」（合図）をする。これはテンテンすなわち有頂天の暗号で、もし所持金が少ない時には顎を撫でて「ヒゲ」すなわちシケ（駄目）だとの暗号をする。

二番骨からローツーを受けた真打は、㊀印の紙玉一個を空箱内の数十個の紙玉内に落とし何気ない態を装って一番骨と雑談したりよそを向いたりしているうちに一番骨は真打が落とした紙玉一個を客に取らせて開かせ㊀印を見せて安心させ、二番骨がその紙片を見せてくれといって客から受け取りあらかじめ用意しておいた横に長く四と書いた同形の紙片と摺り替え、これをあたかも客から預った紙片を返すように渡し客に対し、

「㊀が当たったから賭金を出しなさい、幾等でもたくさん出せばそれだけ儲かる。その金はただ見せさえすれば良いのです、どうせ手許に戻るものです」

といって金を出させ、真打はようやく一番骨との雑談が終わった風で客の方を向き、

「賭けるのであれば勝負はするけれども、どうやら紙玉の印を見られたような気がするから賭金の三倍を出すことはできない、当たりであれば賭金だけ出す」

といって自己の懐を叩き、

「この通り金はあるからいくらでも張りなさい」

と勧めると客は、今度こそは間違いなく㊀印だ、損金を取り戻しかつ儲けよう、と欲を出して多額の金を賭けることになる。賭金を二番骨が預って金高を調べ、ネタ箱の台の上に置き真打が客の紙片を開かせるとすでに二番骨が摺り替えているから四の印が出る。この時、真打と二番骨等は一と四の見誤りだと強弁して客を欺き金を騙取する。もし客が一と四の見誤りではない、たしかに前の籤は㊀であったが摺り替えられたのだから今の賭金を返せといって追迫した場合は、強力が右賭金を取って逃走し同時に真打や一番骨以下の一味は客に暴力を加えてその追撃を抑止して四散する。

本件記録の上では当初、客は九円を賭し二度目に紙玉を拾おうとする瞬間、蟇口在中の六百五十円を奪われたと主張し、犯人等はあくまで「テンバックリ」の方法で詐取したのだと主張したが、結局係官は「テンバックリ」の方法による詐欺と認め詐欺罪として処分した。

これと似た事件がある。

㈠　昭和七年京都区裁判所、大阪の香具師親分天亀の乾児酒井本次郎ほか二名に対する詐欺被告事件。

㈡　同年横浜区裁判所宮内信太郎ほか二名に対する詐欺被告事件。

がそれである。

このような犯人間には往々にして勝負に物言いを付ける、あるいは客がまだ張らないうちに先立ち勝負ありと称し、財布の金を強奪して逃走するような凶暴性の一団があるから、恐喝、詐欺、窃盗のいずれの罪に該当するかどうか証拠上深く考慮すべき場合も生ずる。

（二）赤黒（竹）

赤黒は「真打」、「サクラ」、「バンタチ」等の各役割を定めた一団によって行われる詐欺賭博であることは「揉み籤」、「オッチョコチョイ」等と変わりは無い。

裏面を赤と黒とに塗り、あるいは赤と黒の印を付した長さ四寸くらい巾約一寸内外の竹篦各一枚ずつと赤と黒の印を付けた布とが道具である。「真打」は二枚の竹篦のうち赤または黒の色のついた方一枚だけ場に伏せ、客にその竹篦の表面が赤か黒かに賭金させた後これを開き、客が当てた時は真打は二倍または四倍の金を支払い、当てなかった時は賭金を没収することを約束する。詐術は真打が担任し、まずサクラに対する時は二本の竹篦の表面の色をサクラおよび見物人に見せ、ゆっくりと右手に握りこれを捻らずに重ねたままで上部の竹篦を場に置く。サクラおよび見物人は一見して場の竹篦が赤だか黒だかは識別が付くからサクラの賭けは適中する。客に対する時はゆっくり重ねるところまでは同じであるが、竹を伏せる直前に手首を下方に向け回転させせながら一捻りする。

すなわち右手の拇指と示指とで握った竹篦二本は普通、約六十度内外の角度をもって開いているが、これを一捻りすれば拇指に接している方の竹篦（上部の竹篦）は示指に接するようになり反対に示指に接していた竹篦（下方の竹篦）は拇指に接するようになる。このようにして竹篦の位置を変えることができる。熟練すれば手首の回転、捻り等の動作が極めて敏速に行われ、かつ場に竹篦を置こうとする瞬間を利用してこの動作をするためによほど注意しても看破できないので、最初上部に重ねられた竹篦が場に置かれたものと誤信し、これに賭金して失敗するのである。すなわちサクラに対する時は捻らずに伏せ、客に対する時は一度捻って伏せる。

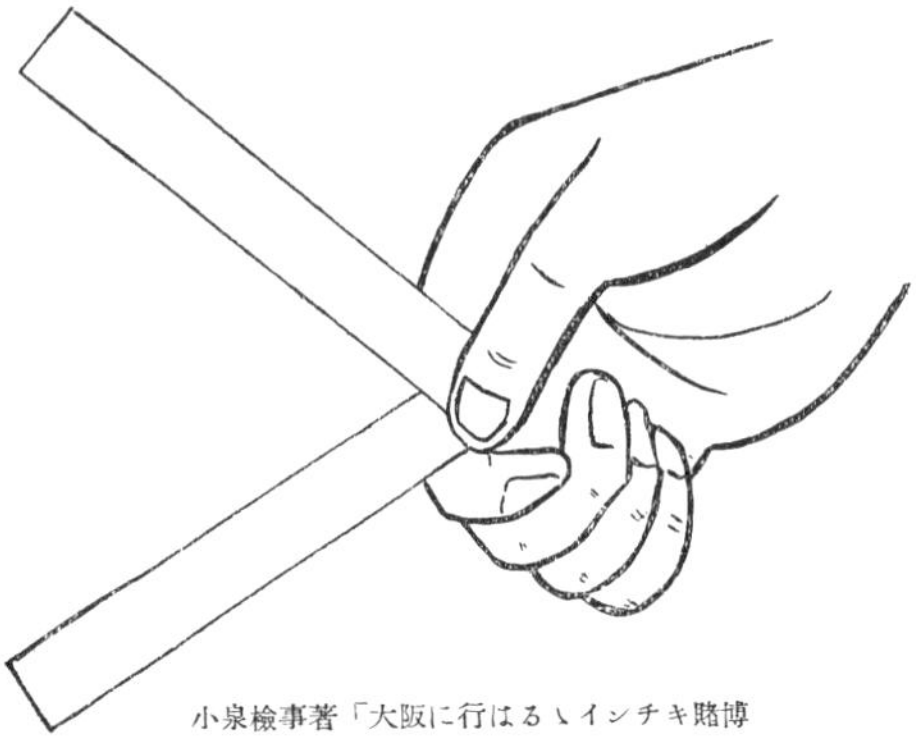

小泉検事著「大阪に行はるゝインチキ賭博と鹿追」より引用す

次の図は竹篦の握り方である。もし客が反対に張ってきた時は当然真打の敗けであるが、このような場合は片方の手に握った反対の色の竹篦と摺り替えて客を欺罔する。特に竹篦四枚を使用する場合（本籍広島県豊田郡幸田村、宮本国太郎（大正元年生）、本籍神戸市林田区五番丁木村乙次郎（明治三十四年生）は四枚竹篦を使用す）には、左手に二枚の竹篦を握りその上部の一枚は常に場の竹とは反対の色になるよう準備し場の竹と摺り替える。彼等は前述のように手を捻って重ね方を転倒する術を「魔法」と呼び、後の竹篦の摺り替えを「カヘブ」と称している。

昭和八年四月二十九日比叡山麓で岡本清八ほか三名は赤黒開

始中を登山客に変装した十数名の刑事隊に包囲されて検挙された。彼等一味は客がもし当たり札を言い当てた時には真打が素早く札を表返して曝し「今のは勝負なし」と称して敗北を防止する手段を採っていた。またサクラは客の後に立ち札の色とは反対の赤または黒を客に告げ、客の心理を撹乱するように努めた。

(三) 紙縒り籤（オッチョコチョイ）

紙縒り籤の詐欺賭博は紙縒りで長さ一尺近くの籤を作り、そのうち二本は根本一寸余の部分において括り付け他の数本の籤の中に混入する。まとめた籤を左手で握り客に抽かせ、根本を括った籤を抽き当てた時は賭金の二倍もしくは四倍を払うと約束する。当るかどうかは運次第と客を欺き、客が賭金し籤を抽こうとする時は巧に客を錯覚させて空籤を抽かせ賭金を騙取する。籤を取り扱う者は真打であり、これと共謀加担し警戒をするあるいは客を誘引して賭金させるものは「サクラ」、専ら警戒のみに従事するものは「バンタチ」と称している。昔の籤の数は主に四本で、四本籤の名さえ出たのだが、近来は八本または十本、十二本位までを使用している。

昭和七年六月和歌山区裁判所検事局に起訴された高橋徳市ほか七名等は同年一月から六月までの間に本件手段だけで約三千円の金を騙取した。その一団の団結は強固で親方高橋徳市の下に組織的統制と訓練を持っていた。

サクラは、

㈠　客の姿が近寄ったら知らぬ態を装い真打と揉み合ってみせること
㈡　客が立ち止まったらサクラが勝負してみせること
㈢　客が賭けた場合は当たらぬことが判っていても当たっているから行けと勧めること
㈣　客の所持金が多いか少ないかを注意すること
㈤　たくさんの所持金がある場合は「サンタン」、「サンタク」または「カマッテル」等の符牒をもって真打に知らせること
㈥　客に金が無ければ「カマラン」「ヤリモナイ」と言うこと

等の事項を実行することになっていた。

彼等は他の香具師同様に次のような隠語を使っていた。

一　円……ハイ両　　七　円……オキ両
二　円……フリ両　　八　円……アッタ両
三　円……カチ両　　九　円……アブナイ両
四　円……タメ両　　十　円……ヤリナパイ
五　円……ヅカ両　　十一円……十一パイ
六　円……ミヅ両　　十二円……十二パイ

以下数字の下にパイの字を付ける。

金のことは……………………ヒン
たくさんのことは……………「サンタク」「サンタン」または「カマッテル」
客に金が無いことは…………「カマラン」「ヤリモナイ」
時計のことは…………………「チャン」
巡査のことは…………………ヒネ
巡査が検挙に来た時は………シケ
客…………………………………キャア

等の符牒すなわち隠語をもって仲間間で会話していた。儲け高（詐取金）は真打が天一割を差し引き収得し、残金中より雑用を差し引いたものは真打、サクラ、番立等平等に分配していた。

詐術は全国的に同一手段である。すなわち真打は右手に二本括り合わせた当たり籤を持ち、これを客に見せて括り合わせてあることを認識させ、これを左手に握り込んだ二本ないし十本の括り合わせていない籤の中に混入し、同時に素早く空籤二本と摺り替える。摺り替える時には左手の小指、薬指等で左手内の空籤を捻り、客の目が混乱した時に当たり籤を入れ込んで、また捻りながら素早く空籤二本を抜き取るから客は錯覚を起こし、抜き取られた空籤二本を当たり籤だと誤認する。次に空籤二本を右手に持ち「当たり籤はこれだからよく見て下さい」と言いながら（何も言わぬこともある）今度はおもむろに左手の籤の中に入れて握り込み、かつわざわざ二、三回置き替えたあと客に賭金させて籤を抽かせる。このようにして客は欺かれて空籤を抽き、賭金は没収されてしまう。

しかし客には目の高い者もあり、あるいは間違えて当たり籤を抽かないとも限らない。このような場合には真打とサクラとが一緒になり、色々応変の辞を尽くして抽くことを止めさせる。

松江区裁判所検事局で検挙された松井茂雄等の一味は、客が空籤を抽いた時は真打は「ガセ」と称して「**サクラ**」に注意し、「**サクラ**」は客に対し「当たり籤だからうんと賭(は)れ」と勧め客が当たり籤を抽いた時、真打は「マブ」と称して「サクラ」に注意し「サクラ」は客に対してこれを抽かせないように努めることと定めていた。

次にこの種の詐欺賭博事件の実例を掲げる。

（昭和八年四月五日福岡区裁判所起訴）被告人黒澤安男、河野文雄、安東博、朴鳳出ノ四名ハ朴慶朱ナルモノト共謀ノ上他人ノ射倖心ヲ利用シ俗ニ「オツチヨコチヨイ」ト称シ紙捻引当ニ名ヲ籍リ他人ヨリ金銭ヲ騙取センコトヲ企テ、昭和八年三月十四日福岡県糸島郡今宿村ノ道路ニ於テ朴慶朱ハ胴元トナリ、被告人四名ハ「サクラ」又ハ見張トナリ通行人ヲ集メ朴慶朱ニ於テ手ニセル紙捻八本ノ中ヨリ末尾ヲ結合セタル二本ヲ引当テタルモノニハ賭金ノ二倍ノ金員ヲ交付スヘシト称シ「サクラ」ヲシテ之ヲ引カシムル場合ニハ故ラニ之ヲ引当テシメ通行人ヲシテ真実引当テ得ルモノ、如ク誤信セシメ置キ通行人ヲシテ之ヲ引カシムル場合ニハ巧ニ結合セ紙捻ヲ他ノ二本ト摺替ヘ右摺替ヘテルモノヲ真ニ結合セタル紙捻ナルカ如ク誤信セシメテ之ヲ引カシメ因テ賭金名下ニ金員ヲ騙取スル方法ニヨリ濱地コマツ外数名ヨリ合計六円五十銭ヲ騙取シタルモノナリ。

（四）　菓子割

「**真打**」、「**サクラ**」、「**番立**」等の役割を定めた一団が共謀し、真打は直径六、七分（約二センチ）内外の円形空洞の菓子玉数個を箱に入れ、客がもし当たり玉を抽き当てた時は賭金の二倍もしくは四倍を提供すべしと欺き、手先で当たり玉と空玉とを擦り替える等の方法により空玉を抽かせて賭金を騙取する詐欺行為を「**菓子割**」と言っている。九州方面においてはこれを「**水玉**」または「**シカ**」等と称し「**サクラ**」を「**コツ**」と言っている。

ネタは糯米製（もちごめ）の菓子玉で、その中に赤色厚紙（または白紙）の一片を封入したものは当たり玉、菓子の破片を封入したるものおよび中空なものはいずれも空玉であって、この三種の菓子玉のうち当たり玉には小さい墨で印を付す、あるいは針で突いて穴を開けサクラおよび真打の目印とする。

詐術としては、次の二つの方法がある。

（イ）　真打は当たり玉一個、菓子の破片を封入したもの一個、および中空なもの二個の計三種四個の菓子玉を台に載せ、客には菓子の破片を封入したものは中空の玉と欺き、当たり玉一個および中空のもの三個を置くかのように説明し、当たり玉を中空なものの中に入れ右手指で混ぜながら当たり玉を摘み上げるように装って巧に中空なもの一個を摘み上げる。さらにこれを菓子の破片を封入したものと擦り替え、厚紙を封入してある当たり玉のように装ってことさらに客の面前にてがさがさと振って音を聞かせ、おもむろに他の当たり玉および中空なものの中に混ぜて客に菓子の破片入りの玉を当たり玉と見誤らせてこれを抽かせる方法。

(ロ)　あらかじめ当たり玉入りの箱、中空なもの入りの箱を準備する。当たり玉入りの箱の中にはひそかに菓子の破片を入れたものを、中空なもの入りの箱の中には当たり玉を混入しておき、客には当たり玉入りの箱の中には当たり玉のみ、空玉入りの箱の中には空玉のみしか入っていないと告げる。そして当たり玉入りの箱から当たり玉、空玉入りの箱からは空玉を摘出してこれを割って見せた後、ひそかに当たり玉入りの箱からは菓子破片入り一個を、空玉入りの箱からは同じく当たり玉二個の計三個を取り出し、あたかも空玉二個の中に当たり玉一個を混ぜたようにして、識別できる程度に台の上で動かして客が移動を見間違わなければ当たり玉を抽き当てられると誤信させて空玉を抽かせる方法。

もし客が当たり玉を抽き当てた時は試しと称し、勝負無しにして金を渡さないことにする。

左に実例を示す。

其（一）昭和八年三月二十八日高瀬区裁判所判決

被告人木原勝次ハ俗ニ「シカ」ト称スル詐欺賭博ノ方法ニ依リ他人ヨリ金員ヲ騙取セムコトヲ企テ昭和八年三月七日熊本県玉名郡江田村ノ街路ニ於テ球菓子内ニ赤色厚紙ノ一片ヲ封入シアルモノ菓子ノ破片ヲ封入シアルモノ及中空ナルモノ三種ヲ取出シ最初ニ中空ナルモノ二個ノ内ニ紙片ヲ封入シアルモノ一個ヲ混入スルモ直ニ右中空ナルモノ一個ヲ恰モ紙片ヲ封入シアルモノノ如ク装ヒ之

ヲ取出シ窃ニ菓子ノ破片ヲ封入シアルモノト擦リ替ヘ而モ之ヲ恰モ紙片ヲ封入シアルモノノ如ク装ヒテ故ラニ客ノ面前ニ於テ振動シタル上他ノ二者ト混シ而シテ客ニ向ヒ該三個ノ内紙片ヲ封入シアルモノヲ摘出スル時ハ賭金ノ三倍ニ相当スル金員ヲ支払フヘシト申向ケ右菓子ノ破片ヲ封入シアルモノヲモ恰モ紙片ヲ封入シアルモノノ如ク装ヒ又仮令観客カ真実右紙片ヲ摘出スルモ斯ル場合ハ試シ等ト称シテ約定ノ金員ヲ支払ハサル意思ナルニ拘ラス恰モ之ヲ支払フモノノ如ク装ヒ以テ観客ヲシテ菓子ノ破片ヲ封入シアルモノヲ真実紙片ヲ封入シアルモノト信セシメ又真実紙片ヲ封入シアルモノヲ摘出スル時ハ賭銭ノ三倍ニ相当スル金員ノ支払ヲ受ケ得ルモノト誤信セシメ右観客中ノ水上悟外二名ヲシテ五回ニ亘リ合計金十円五十銭ヲ支払ハシメテ之ヲ騙取シタルモノナリ。

其（二）昭和八年二月十五日小倉区裁判所起訴

被告人山本万吉ハ餅種ト種スル菓子ノ中ニ赤紙ノ小片ヲ入レタル実玉一個ト無之モノ二個ヲ卓上ニ転ハセ右実玉ヲ指摘シタル場合ハ其賭金ノ二倍ヲ交付スル方法ニヨリ俗ニ「シカ」ト称スル賭博ヲ為スニ当リ予メ秘カニ空玉ヲ入レタル箱中ニ実玉ヲ、実玉ヲ入レタル箱中ニ空玉ヲ各用意シ置キ前者ハ之ヲ空玉ナルカ如ク後者ハ之ヲ実玉ナルカ如ク装ヒ相手方ヲ欺罔シ金員ノ騙取ヲ企テ、昭和八年一月一日ヨリ十二日ニ至ル間、犯意ヲ継続シ八幡市内ニ於テ氏名不詳者ヨリ合計金五十円位ヲ騙取シタルモノナリ。

其（三）昭和八年四月十一日福岡区裁判所起訴

被告人金参龍ハ昭和八年四月六日福岡市東公園内道路ニ於テ通行人ヲ集メ水玉ト称スル糊付菓子

三個ノ中ヨリ赤紙在中ノ水玉ヲ引当テタルモノニハ賭金ノ三倍ノ金員ヲ与フヘシトテ真中ヲ仕切リタル紙箱ヲ通行人ノ面前ニ置キ一方ノ仕切内ニハ中ニ赤紙或ハ水玉ノ破片ヲ入レアルモノ、他方ノ仕切内ニハ然ラサルモノヲ入レ置キナカラ前者ノ仕切内ニハ赤紙在中ノモノノミ入レアルガ如ク詐称シ見物人ヲシテ其旨誤信セシムル為前者ノ仕切内ノ一個ヲ割テ在中ノ赤紙ヲ示シ置キ賭金希望者アルヤ先ツ前者ノ仕切内ヨリ水玉ノ破片在中ノモノヲ取出シ見物人ノ面前ニテ振リテ見セガラガラノ音ヲサセ、恰モ赤紙在中ノモノノ如ク信セシメ後者ノ仕切内ヨリ取手シタル二個ノ水玉ト共ニ両手ノ間ニテ三個ヲ夫々識別シ得ル程度ニ緩カニ揉ミ之ヲ備付ノ紙箱ノ蓋ノ上ニ転カシ右破片在中ノ水玉ヲ拾ハシムル方法ニヨリ小山田稔ヲ欺罔シ賭金名下ニ金四円ヲ受取リテ騙取シタルモノナリ。

第六章　ポンコツ詐欺

昭和八年五月十八日、東京市日本橋久松警察署は、ポンコツ詐欺賭博団の首魁伊勢崎菊太郎ほか数名を検挙し、同年十月二十四日東京区裁判所は有罪の判決を言い渡したが同判決書に認めた犯罪事実は次の通りである。

被告人伊勢崎菊太郎ハ綽名ヲ小武蔵又ハ関取ト呼ヒ東京市日本橋区蠣殻町東京米穀商品取引所附近ヲ根拠トセル所謂ポンコツ屋即チ其一味ニ於テ主催者タル主任、詐術ヲ担当スル技師金員ノ世話方ヲ為ス中盆、客ヲ装ヒ現金ヲ賭スル「スワリ」、所謂獣ト称スル客ヲ誘引スル客引、場所ヲ提供スル「シキ」、下足番又ハ見張ヲ為ス下番等ノ役割ヲ分担シ共同シテ骨子五個ヲ使用スル天賽賭博ニ仮装シ七分賽ト称スル不正骨子ヲ利用シ俗ニポンコツ又ハ「玉ノ上ゲ下ゲ」等ト称スル詐欺賭博ヲ行ヒ賭客ヲ欺罔シテ賭銭ニ仮託シテ金員ヲ騙取シ一味ニ於テ予メ定メタル一定率ニ従ヒ詐欺金ノ分配ヲ為ス詐欺団ノ親分ニシテ被告人倭文、同清水、同松村、同東泉等ハ其輩下被告人青木、同君塚、同長谷川等ハ他派ポンコツ屋ノ親分禿国コト江波戸国治ノ輩下ニ属シ孰レモ前示詐欺賭博ヲ常ニ行ヒ居ル者ニシテ、被告人黒川ハ約二十年来右取引ニ出入シ右被告人等ヶ所謂ポンコツ屋トシテ

前示ノ如キ詐欺賭博団体ヲ組織シ居ルコトヲ知悉シ居ルモノナルトコロ、

第一、昭和七年十二月二十日頃、被告人倭文、同松村カ右取引所附近ノ俗称「場」ニ於テ客引トシテ日本橋区本町四丁目十番地ノ五自動車運転手菅原弥三郎ヲ所謂獣トシテ被告人清水カ所謂「シキ」トシテ提供シ居ル同市蠣殻町二丁目一番地ナル同人居宅ニ誘引シ来ルヤ右菅原ヨリ多額ノ金員ヲ騙取セムコトヲ企テ被告人伊勢崎、同倭文、同松村、同東泉、同清水ハ外数名ト共謀ノ上同日ヨリ昭和八年二月十五日頃迄ノ間ニ前後三日ニ亙リ同家二階六畳間ニ於テ被告人伊勢崎ハ主任技師及替銭、被告人清水ハ「シキ」及下番、其余ノ被告人等ハ「スワリ」ト為リテ互ニ俗ニ天賽ト称スル博奕ヲ為シ真実偶然ノ輸贏（ユエイ）（勝チ負ケ）ニ関シ金銭ノ得喪（トクソウ）（成功ト失敗）ヲ決スルモノノ如ク装ヒ被告人伊勢崎ハ技師トシテ壺振ヲ為スニ当リ壺内ニ骨子ヲ入ルルニ際シ機ニ応シテ其内部ニ仕掛ヲシタル鉛ノ作用ニヨリ白又ハ黒ノ一面ノミヲ現出スル白又ハ黒ノ七分賽ト称スル不正骨子ヲ密カニ然ラサル他ノ骨子ト掏リ替ヘタル上予メ定メタル合図ニ依リテ白或ハ黒ヲ入レタル事実ヲ他ノ被告人等ニ知ラシメ賭銭側ヲ指示シ以テ右菅原ヲ敗北セシムル機会ヲ多カラシムル俗ニ「ポンコツ」又ハ「玉ノ上ゲ下ゲ」ト称スル詐術ヲ施シ同人ヲ詐罔シテ賭銭名義テ以テ合計二百円位ヲ交付セシメテ騙取シ

第二　昭和八年三月十七日頃ヨリ同月二十七日頃迄ノ間ニ前後四日位ニ亙リ同市大森区新井宿二丁目一四八六番地無職平林高治ヲ前示被告人清水ノ居宅ニ誘引シ来リ被告人伊勢崎、同清水、同倭文、同松村、同青木、同君塚、同長谷川、同黒川ハ外数名ト共ニ前示同様ノ詐術ヲ用ヒ右平林ヲ

欺罔シテ金員ヲ騙取セムコトヲ企テ、共謀ノ上同家二階六畳ノ間ニ於テ被告人伊勢崎ハ右四日間共主任技師及替銭、同清水ハ「シキ」及下番、同倭文は中盆及「スワリ」トナリ、被告人松村ハ右四日間、同青木、同君塚ハ右四日間中三日、同長谷川ハ同二日、同黒川は同一日宛夫々「スワリ」ト為リテ前示同様ノ詐術ニ依リ右平林ヲ詐罔シ同人ヨリ賭銭名義ヲ以テ合計八千三四百円ヲ交付セシメテ騙取シ

タルモノナリ。

首魁伊勢崎菊太郎は、東京市日本橋区蠣殻町一帯を縄張りとする博徒、上州屋一家、齋藤一家、生井一家等いわゆる三家のうち生井一家の親分で、すでにポンコツ詐欺の前科一犯を有しながら多数の乾児と共にポンコツ詐欺を行っていた。

（一）ポンコツの意義

賽五個を使用する賭博は天賽しかない。しかも天賽は東京市を中心として行われ、地方ではほとんどその例を見ない。その賽は六面中三面は白面、他の三面は黒面となっている。白面は生地のまで色彩を施さない。黒面は目盛りを黒く染めたものや面全部を黒色に染めたもの等がある。不正賽との擦り替えを防ぐため博徒はそれぞれ独特の細工をした賽を所持するので、稜角に刻みを入れたもの、面に溝を入れたもの、目盛りに朱を入れたもの、賽を刳り抜きたるもの、賽の一面から他

の面へ穴を穿ちたるもの等数十種の変形を見ることができる。形は概して小さく五分形以下である。次図は一般的な天賽の賽である。

なお賽のほかに盆蓙、壺笊、一個を必要とする。勝負の方法は、賭客は各自その欲する所に従い黒または白に賭金し壺を振った結果、黒の目が多ければ黒に賭けた者が勝ちとなり、胴親から賭金額に相当する金額を受け、白に賭けたものは賭金を親に没収され、白の目が多い時はその反対となる。

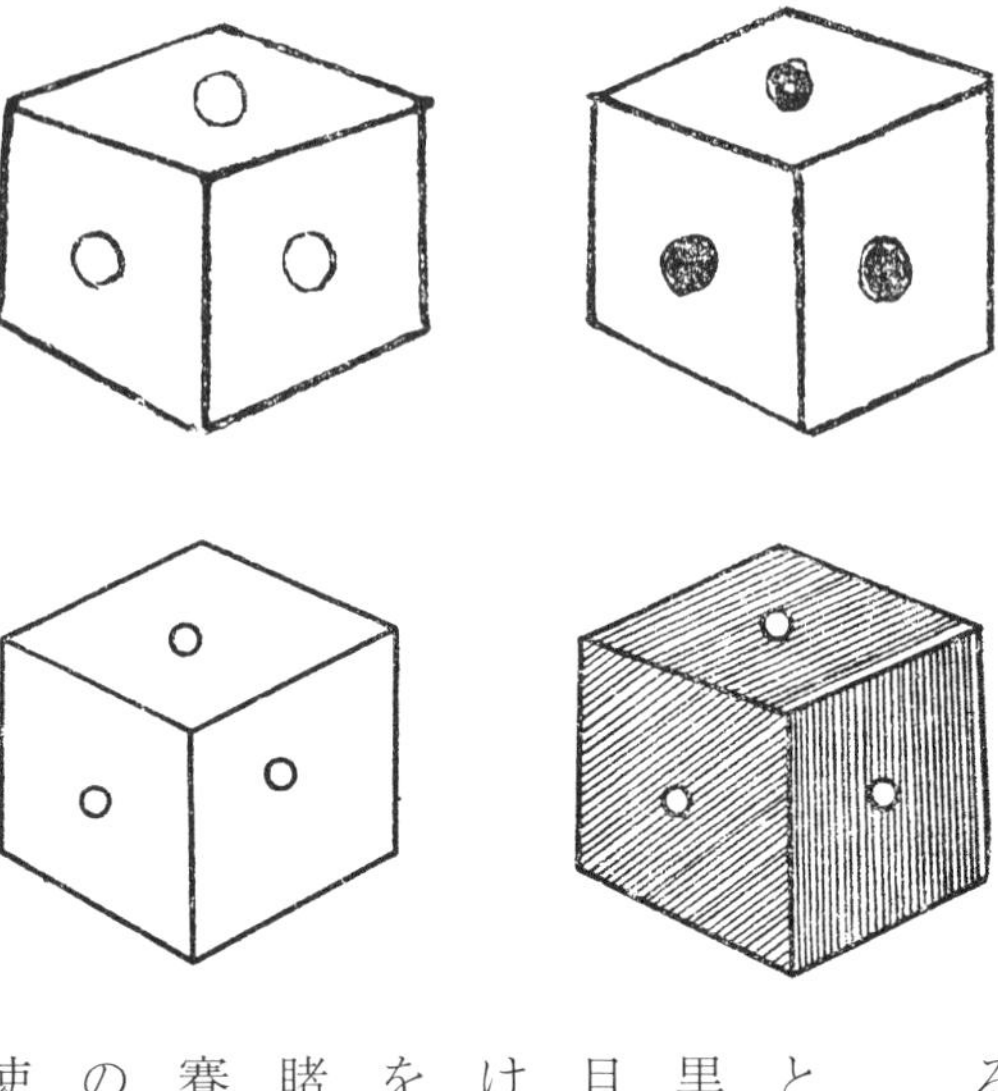

（伊勢崎一味が用ゐたもの）

そして総黒すなわち黒の目が出揃った場合を黒の天賽といい、胴親は白に賭けた者の賭金を全部没収しながら黒に賭けた賭客には金を支払わない。総白すなわち白の目が出揃った場合を白の天賽といい、右と反対に黒に賭けた者の賭金全部を没収しながら白に賭けた賭客には金を支払わない。伊勢崎等一味は右の賭博を行うかのよう賭客を欺き、不正鉛入りの七分賽一個または二個を普通賽の中に混入して偶然性を失わせて賭金を騙取した。このように天賽賭博に仮装して、七分賽のような不正賽を使用し相手方より賭金名下に金員を騙取する詐欺賭博行為を「**ポンコツ**」または「**玉の上げ下げ**」、「**玉の入れ替**

え」等と称する。

（二）　ポンコツの詐罔方法

他の「**抱き落とし**」と同様、まず客引役が客（「**獣**」）を賭場に仮装した場所（「**敷**」）に誘引してくる。その誘引方法には二通りある。その一、客引は東京米穀商品取引場内または場外を張り場として客を物色し、時候の挨拶からはじまって米取引の話に移る。そこへ第二の客引が偶然通り合わせた未知の者のごとく装い、第一の客引と話を合わせ次第に三名の親密の程度が深くなった頃を見計って第一の客引は二人を「**敷**」に案内する。すなわち「**抱き落とし**」に所得「**タチ**」の方法で客を誘引する。その二、客引は客の知人を抱き込み、同人を橋渡しとして客に接近し客を「**敷**」に連れ込む。右「**抱き落とし**」にいわゆる「**ソヤ**」の方法で客を誘引する。「**敷**」には「**主任**」、「**技師**」、「**中盆**」、「**スワリ**」等の役割を持った連中が控えて客に天賽賭博を勧め、客に張方をさせて技師が胴親となる。はじめ数回は普通賽を五個使用し、かつ客に勝利させるように仕向ける。最後の一戦となると技師は五個の普通賽の中一個または二個（勝率を確実にするためには三個）を白の七分賽または黒の七分賽と密かに擦り替えて思い通りに白目または黒目の中いずれかが場に出るような技術を施し、同時にこの技術を施したことを共犯者に内通する。その合図の方法は、例えば膝の上に手を置き、手を握れば黒の七分賽、手を広げれば白の七分賽とする。

擦り替えの方法としては、あらかじめ七分賽一個または数個を足の下、着物、帯の間等適宜の場所に入れて隠し、擦り替え直前これを左手に移し薬指と小指との着け根に挟み、その左手で場の普通賽五個を寄せて摑む。摑む時に五個のうち不正賽と同数の普通賽のみを左手拇指と示指との付け根に挟み、他の普通賽は左手掌に載せ壺の中に入れる時は、掌の中の普通賽と薬指と小指との間の不正賽合計五個を投げ込み拇指と示指との間の普通賽は足の下等に隠して擦り替えるのである。

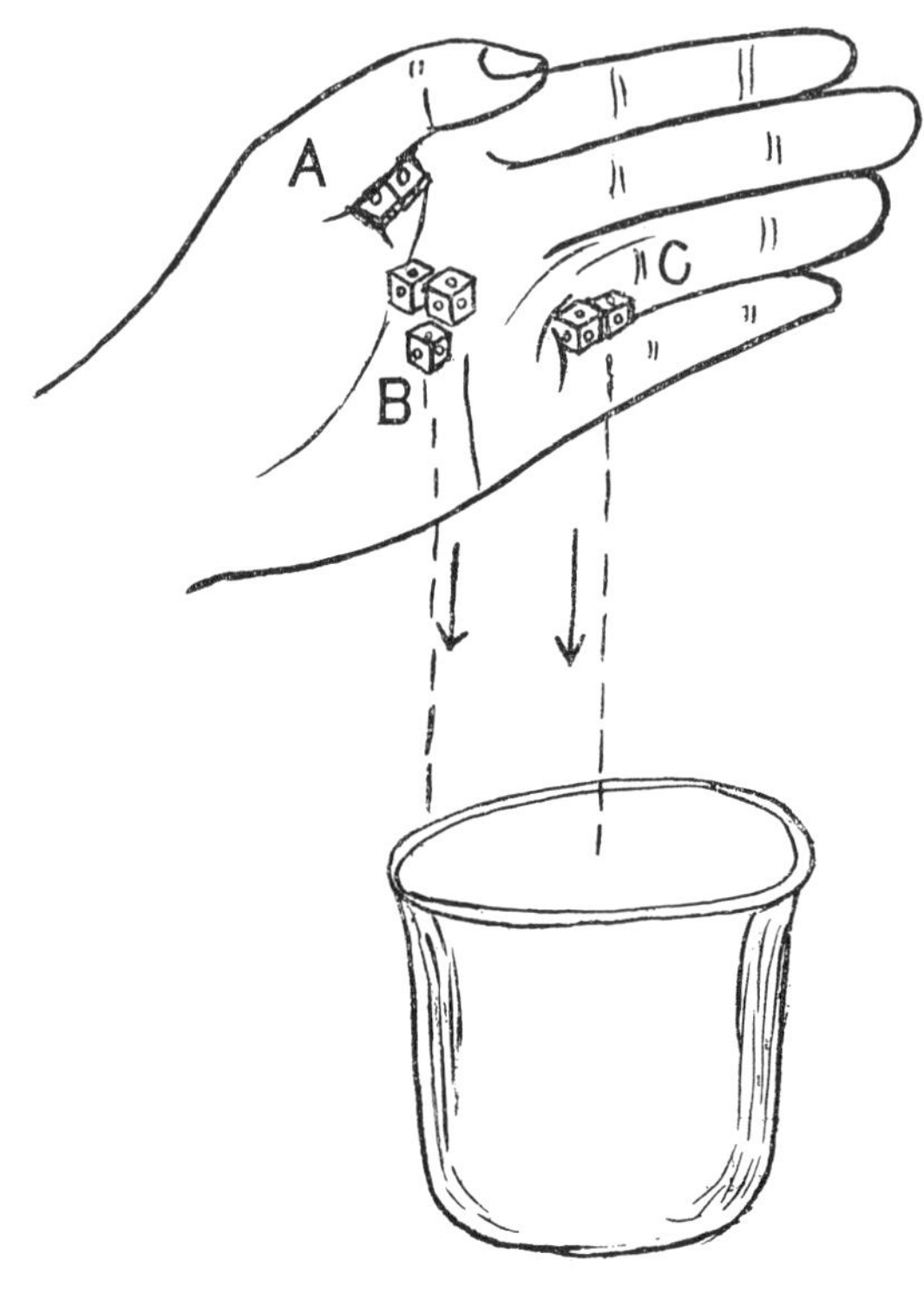

Aは普通賽
Bは普通賽
Cは七分賽
BとCは壺の中に、
Aは犯人の帯の間等に

図は二個の不正賽と二個の普通賽との擦り替えを示したもので、伊勢崎菊太郎が応用した技術である。

(三)　役　割

(一)　主　任

一団の親分を「**主任**」という。その任務は、

(イ)　乾児の生活を保障する。

(ロ)　「**敷**」すなわち賭場を仮装する犯罪の場所を選定し、場内の指図をする。

(ハ)　不良徒輩に応待する。

右取引所附近を根拠とする不良徒輩（俗に「**モロモロ**」と称す）は、詐欺賭博（俗に「**商法**」と称す）が行われた事実を伝聞すると蟻のごとく群って強談（「**這出し**」）するから、これに小遣銭を与えて追っ払う。また博徒から賭場への参集を強要、または劇場等への観覧券を買付けられた時（義理事）には心付けをする。

(ニ)　博徒の親分、顔役に儀礼を行なう。

(ホ)　「**スワリ**」に資金を貸す。

(ヘ)　騙取金を分配する。

(ト)　積立金を預かる。

(二)　客　引

抱き落としの場合と同様の仕事をする。

(三)　技　師

胴親をすると同時に不正賽と普通賽を擦り替える仕事をする。不正賽を機械、機械賽、道具等というのでこれを取扱う者を技師という。

(四)　中　盆

丁半、「ハンカン」等の賭博のうち盆と同様に「数」の世話をして賭銭の整理をする。

(五)　替　銭

「**替銭**」は、主任に金を貸す銀方役で、表に出る役ではない。

(六)　スワリ

「**スワリ**」は「座り」であって、被害者である客と同席し不正賽使用の事情を知らないかのように装い、主任から貸して貰った資金を資本にして馴れ合い賭博をして、客と一緒に張方となり賭博をするように誤信を深める「サクラ」の役を勤める者。

(七)　下　番

「**下番**」は賭場外にあって、賭場の警戒、殴り込みの防止等の仕事をする。

(八)　「敷」

「**敷**」は犯罪場所すなわち「敷」を提供するものをいう。

(九)　蔭

「**蔭**」は直接犯罪には関係なく、蔭にいて、犯罪の遂行に便宜を与える紛議の仲裁役である。紛議の大部分は、被害者またはこれと連絡をとった博徒との被害賠償問題が主である。「主任」その他の表役がその交渉に直接関係するのは種々の点において不利であるから、「蔭」を作ってその交渉を引き受けてもらう。

(四)　詐取金の分配

(一)　積立金………五分

詐取金から天引五分を積立金として主任が撥(は)ねる。

(二)　客　引………半額

積立金を差し引いた残額の半額を客引に渡す。数人の客引はその仲間で適当に分配する。客引の仕事は重要かつ困難で、さらに危険率が大きいから優遇される。

(三)　「敷」………六分

積立金と客引への支給が終わった後、敷すなわち場所の提供者に総詐取金の六分を渡す。

(四)　右の各差引残金を左の率で分配する。

主　任……………三本
中　盆……………二本
技　師……………二本
替　銭……………一本
スワリ……………一本
　もし客引が「スワリ」を兼ねた時は二人までは一本ずつ、三人の時は三人で二本。
下　番……………一本
蔭……………一本

詐取金千円と仮定すれば、
(一)　積立金……………五十円也
(二)　客　引……………四百七十五円也
(三)　敷……………六十円也
差引残額　四百十五円也
主任以下蔭まで全部一人ずつとして、七人十一本であるから、
主　任……………百十三円余
中　盆……………七十五円余
技　師……………七十五円余

替　銭……………三十七円余
スワリ……………三十七円余
下　番……………三十七円余
蔭……………三十七円余

このような右詐取金の分配率は、大正十四年二月頃ポンコツ屋の親分、伊勢崎菊太郎、江波戸国治、伏見長兵衛、宮川喜太郎、茂木安太郎等五名が、日本橋区蠣殻町二丁目十二番地料理業「万」において会合の上協定し以後実行してきたものである。

(五) 系統

伊勢崎菊太郎系

（主任）伊勢崎　菊太郎（目下府中刑務所服役）
チンケ事 倭文栄造
松村利作
ヤラズノ森事 森彌一郎
岡本市三郎
吉川某
有田某

江波戸国治系

（主任）禿国事 江波戸国治
ツー公事 青木務
君塚菊次郎
ハセ事 長谷川鉱三
兵隊小林事 小林熊蔵
通称 カチヤ

宮崎某
東泉努
清水磐彦
蔵木市三郎事
岡本常三郎
エンベンコト
黒川待蔵

（六）不正賽

本件に使用した黒目および白目の七分賽は伊勢崎菊太郎が、日本橋区浜町三丁目、角細工職大塚馬之助より購入したもので、代金は普通賽五個と黒目および白目の七分賽各一個で五円六十銭であった。これを下方屋商店の売値に比べればよほど廉価である。

第七章　鉄砲または一番落とし

「**八八**」、「**馬鹿花**」の方法による詐欺賭博の中に「**鉄砲**」、「**一番落とし**」または「**一発落とし**」と称する方法がある。技師はあらかじめ仕組札を準備し、「**馬鹿花**」の勝負中に仕組札と勝負札とを擦り替えて、仕組札を勝負札として使用して一発の下に客を射落とす手段をとる。「**八八**」、「**馬鹿花**」の詐術として代表的なものは、

一、作り込み
二、釣り札
三、不正札使用

等であるが「**八八**」、「**馬鹿花**」においては、手札場札の配布および役の関係が複雑であるから「**作り込み**」には不適切であり、釣り札は効果薄で決定的勝利を得ることはできない。また不正札は証拠を残すから発見のおそれがある。そこで「**鉄砲**」または「**一番落とし**」と称する不正手段が案出されたのである。

馬鹿花で現に行われている札の配り方は、親が四十八枚の花札の上層部から順に、

第一回　四枚ずつ右肩から手札として撒く。ゆえに三人（尽大、客、技師）に撒く時は十二枚を撒く。

第二回　三枚を場札として撒く。

第三回　三枚ずつ右肩から手札として撒く。ゆえに三人に撒く時は九枚を撒く。

第四回　三枚を場札として撒く。（次図の通り）

このように手札七枚ずつ二十一枚、場札六枚、合計二十七枚を撒く。札を打ち始めるのは親で、次は右肩から順次親の左肩に座っている人におよぶ。闘牌者は三人に限定されるから四人撒きの時は一人落ちねばならない。落ちた人の札は配布された順席を変えずに山札の上に伏せて重ねる。

① 鉄砲または一番落としの方法

(一)　客を抱く

普通の「**抱き落とし**」と同様に忠兵衛兼技師が客に対し、尽大の金を花札の「**作り込み**」と称する詐術等によって騙取しようと持ちかけ、忠兵衛は札を寄せる際に赤短、青短等の札三枚を一ヶ所に寄せ集めて山札を作り、これを突く時もその順序を狂わせないよう巧みに突き、これらの札三枚を配布して客にその技倆に驚嘆させて、忠兵衛と共謀して「**作り込み**」を施用すれば必勝することは疑いなく、尽大の賭金を騙取できると誤信させる。

(二)　座席

三人撒の場合

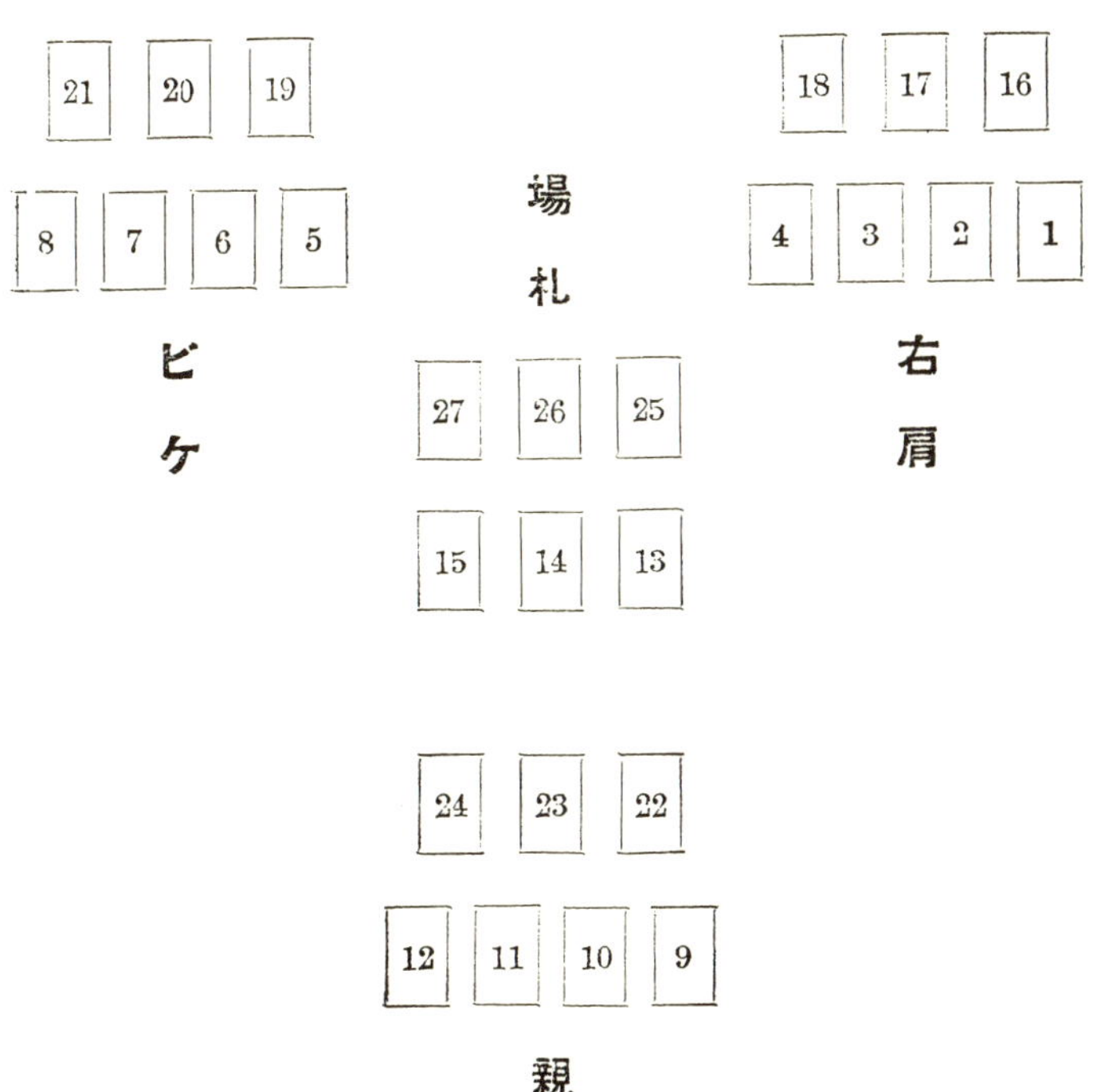
21
20
19
18
17
16
8
7
6
5
場札
4
3
2
1
ビケ
27
26
25
右肩
15
14
13
24
23
22
12
11
10
9
親

四人撒の場合

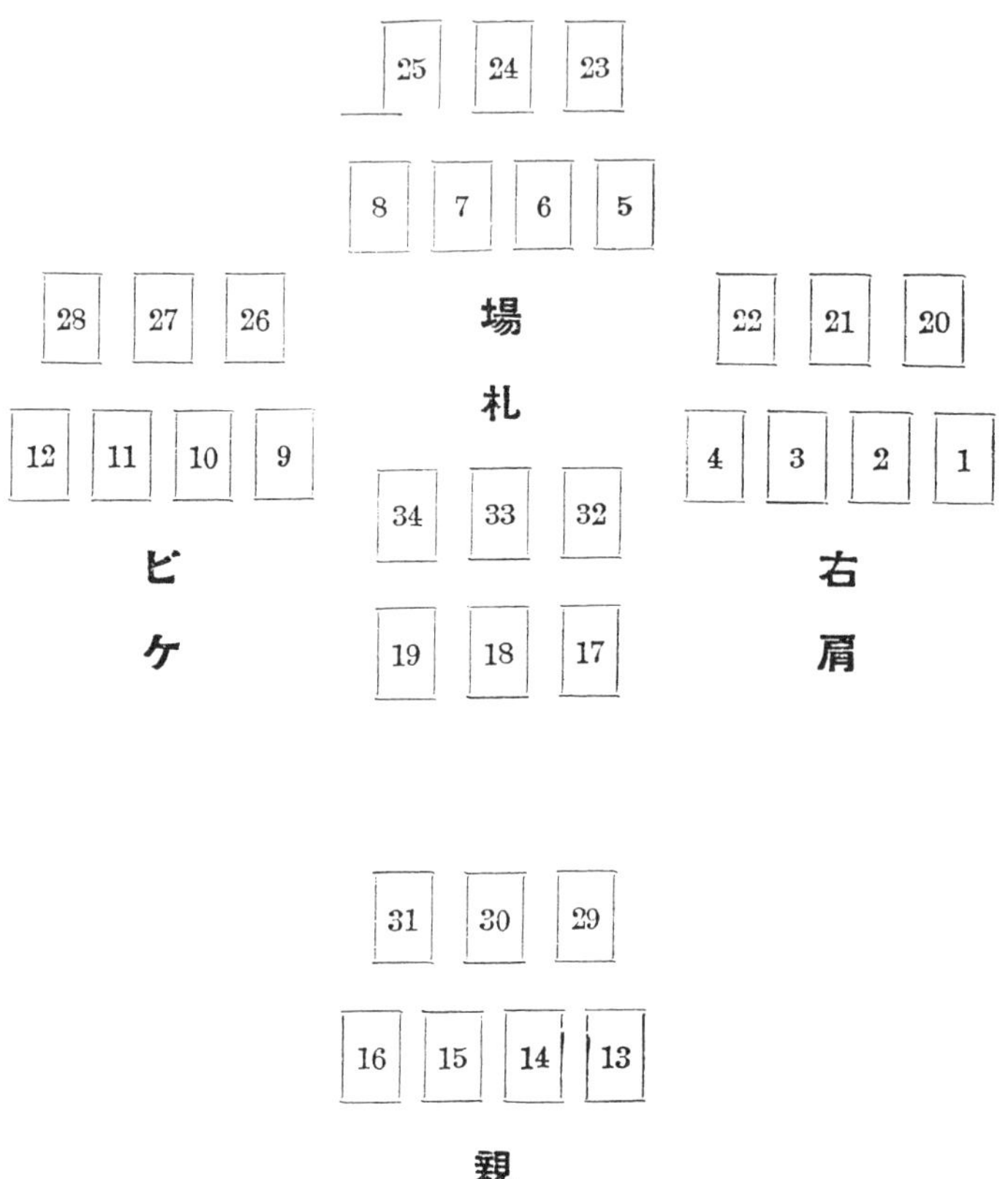
25
24
23
8
7
6
5
28
27
26
場
札
22
21
20
12
11
10
9
4
3
2
1
34
33
32
ビ
ケ
右
肩
19
18
17
31
30
29
16
15
14
13
親

さて勝負となると図のように座る。
第一図は客、尽大、忠兵衛（技師）三人の場合。
第二図は客、尽大、番頭、忠兵衛（技師）四人の場合。
第三図は右四人にお引を加えた五人の場合。
すなわち忠兵衛（技師）の右肩は尽大であっても差し支えないが、忠兵衛（技師）の左肩は必ず客でなければならない。これは忠兵衛（技師）が胴親となった時、客にビケ役を執らせるためである。

（三） 忠兵衛が親を取る

第一図

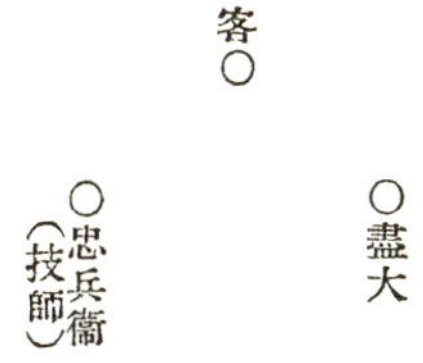

○盡大
客○
○忠兵衛（技師）

第二図

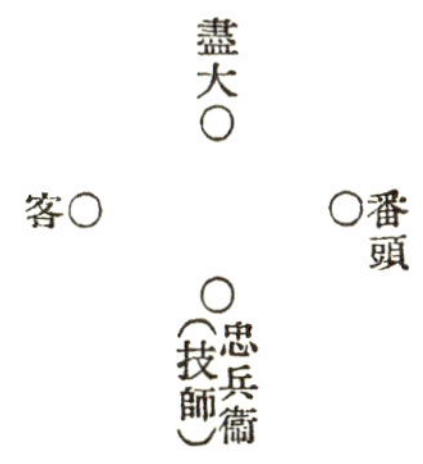

○番頭
盡大○
○忠兵衛（技師）
客○

第三図

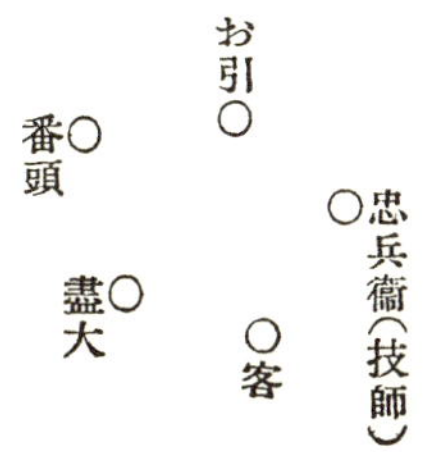

○忠兵衛（技師）
お引○
○客
番頭○
盡大○

尽大との馴れ合いの上で、忠兵衛（技師）は胴親となって客に毎回、赤短、青短等の手役札三枚、三光札三枚等を撒き与え、客に赤短、青短、四光等の出来役を作らせて悦ばせる。時機を見て客が親となった時、忠兵衛（技師）は客に脱退（落ち）を勧め、客が落ちて忠兵衛（技師）が親となり尽大、番頭等と勝負をし、馴れ合いの上で忠兵衛が勝利を占めて、再び忠兵衛（技師）が親となって札の擦り替えに移る。

（四） 擦り替え

忠兵衛（技師）は次に述べるような仕組札を密かに用意して賭場にくるが、勝負の途中で便所に入って仕組んでくることもある。仕組みの順序は複雑であり、場合によっては仕組替えの必要も起こるので、多くの技師は仕組みの順序を書き留めた紙片を所持しているから、これを領置するように捜査上留意すべきである。

鉄砲における札擦り替えの図（岩重警部「インチキ賭博」より）

仕組札は忠兵衛（技師）または番頭が持参してくるが、図は番頭が所持していた仕組札を忠兵衛（技師）の座布団の下に入れ、忠兵衛（技師）は銚子を客の傍に置き、仕組札を右手に取る。同時に尽大は客に対し盃を差し出し「一杯下さい」といい、客に傍らの銚子を取らせて尽大に酌をさせることで客の眼を奪い、その瞬間忠兵衛（技師）は右手の仕組札を左手に持ち替えてこれを場に出し、右手で場に出ていた積札を取り下げこれを番頭に手渡して、仕組札を使用して配布する。配布する前、尽大が区切った場合には「小手返し」の方法（札技術の項参照）により元の順序に戻してから配布する。

（五） 仕組札の配布

仕組札を配る上で緊要なことは、次の三点である。

第一、客を脱退（落ち）させないこと。

（一） 客が勝負から脱退（落ち）しないよう考慮し、あらかじめ技師の左肩に客を座らせて、技師が胴親となった時は、客が最も有利なビケとして最終回の打札をなすようにする。

（二） 客に赤短、青短の手役三枚札光物三枚等を与えて、ビケの客が闘牌中は必然的に赤・青の短または四光の出来役が作れるものとの期待を持つように札を仕組む。

第二、尽大に出来役札を与える。

闘牌中、客に出来役が入る一歩手前で尽大に赤短、青短または四光等の出来役ができるように仕組札を撒く。

第三、番頭および忠兵衛（技師）は尽大の出来役に協力する。

番頭および忠兵衛（技師）は自己の得点に顧慮せず、尽大に出来役ができるよう手持札を捨てて闘牌する。しかし無謀な闘牌をすれば客に不安の念を抱かせるから、そこは呼吸が必要である。

② 仕組札の実例

その一　昭和十年夏、横浜地方裁判所検事局にて検挙された原宇吉ほか数十名の一味が用いた仕組札は、客の手札として青短三枚を配りおき、尽大が赤短および五光の出来役で勝つように仕組んだ。

この場合は客一名に対し共犯者三名（尽大、忠兵衛（技師）、番頭）が相手方となり、前記の順序に座し忠兵衛（技師）が親となり配札後、忠兵衛（技師）は手が悪いと称して「落ち」た。結局、番頭が親となって、客は「ビケ」となり勝負をした。

仕組札を擦り替える順序は前項の通りで、忠兵衛（技師）がこれを担当する。仕組札の順序は次の通りであった。

1 杜若の五　番頭
2 藤の素　同
3 坊主の二十　同
4 萩の二十　同

5 梅の十　尽大
6 雨の二十　同
7 藤の十　同
8 萩の素　同

9 藤の素　客
10 萩の五　同

20 桜の五　番頭
21 梅の五　同
22 松の五　同

23 桐の素　尽大
24 松の二十　同
25 杜若の素　同

26 楓の五　客
27 牡丹の五　同

35 楓の素
36 桜の素
37 菊の素
38 牡丹の素
39 藤の五
40 牡丹の十
41 坊主の素
42 坊主の素

11 雨の十　同
12 雨の五　同

13 梅の素　忠兵衛（技師）
14 牡丹の素　同
15 梅の素　同
16 杜若の十　同

17 桐の素　場札
18 桐の二十　同
19 菊の十　同

28 菊の五　同

29 杜若の素　忠兵衛（技師）
30 楓の素　同
31 桜の素　同

32 萩の素　場札
33 桐の素　同
34 雨の素　同

43 菊の素
44 松の素
45 松の素
46 坊主の十
47 桜の二十
48 楓の十

番頭の手札

第一回撒き
1 杜若の五
2 藤の素
3 坊主の二十
4 萩の十

第二回撒き
20 桜の五
21 梅の五
22 松の五

尽大の手札

第一回撒き
5 梅の十
6 雨の二十
7 藤の十
8 萩の素

第二回撒き
23 桐の素
24 松の二十
25 杜若の素

客の手札

第一回撒き
9 藤の素
10 萩の五

第二回撒き
26 楓の五
27 牡丹の五

11雨の十
12雨の五

28菊の五

忠兵衛（技師）の手札

第一回撒き
- 13梅の素
- 14牡丹の素
- 15梅の素
- 16杜若の十

第二回撒き
- 29杜若の素
- 30楓の素
- 31桜の素

場札

第一回撒き
- 17桐の素
- 18桐の二十
- 19菊の十

第二回撒き
- 32萩の素
- 33桐の素
- 34雨の素

このようになり、忠兵衛（技師）は「落ち」その手札を配布された順に積み重ねこれを山札の上に置くから結局のところ山札は、上層部から下層部へ、

「梅の素、牡丹の素、梅の素、杜若の十、杜若の素、楓の素、桜の素」35楓の素、36桜の素、37菊の素、38牡丹の素、39藤の五、40牡丹の十、41坊主の素、42坊主の素、43菊の素、44松の素、45松の素、46坊主の十、47桜の二十、48楓の十」

の順序となる。次に順序により番頭より右肩に闘牌して行けば、

番頭

手札＝回数―打札―起札―取札

手札	回数	打札	起札	取札
杜若の五	第一回	萩の十	梅の素	萩の素、萩の十
藤の素	第二回	藤の素	杜若の十	｜
坊主の二十	第三回	杜若の五	桜の素	杜若の素、杜若の五
萩の十	第四回	坊主の二十	菊の素	｜
桜の五	第五回	梅の五	牡丹の十	牡丹の十、牡丹の素
梅の五	第六回	松の五	菊の素	菊の素二枚
松の五	第七回	桜の五	坊主の十	坊主の十、坊主の素

大尽

手札	回数	打札	起札	取札
梅の十	第一回	雨の二十	牡丹の素	雨の二十、雨の素
雨の二十	第二回	杜若の素	杜若の素	牡丹の素、杜若の十
藤の十	第三回	藤の十	楓の素	藤の素、藤の十
萩の素	第四回	桐の素	牡丹の素	桐四枚
桐の素	第五回	梅の十	坊主の素	梅の十、梅の五 坊主の二十、坊主の素
松の二十	第六回	松の二十	松の素	松の二十、松の五
杜若の素	第七回	萩の素	桜の二十	萩の素、萩の五 桜の五、桜の二十

客

手札	回数	打札	起札	取札
藤の素	第一回	菊の五	梅の素	菊の五、菊の十 梅の素二枚
萩の五	第二回	牡丹の五	楓の素	牡丹の五、牡丹の素

雨の十	第三回	藤の素	桜の素	桜の素二枚
雨の五	第四回	雨の五	藤の五	藤の素、藤の五
楓の五	第五回	雨の十	坊主の素	雨の五、雨の十
牡丹の五	第六回	萩の五	松の素	松の素二枚
菊の五	第七回	（楓の五）	楓の十	（楓の五、楓の十）

の順序となり、

㈠　番頭の手札赤短は自然に打札として棄てざるを得ず。

㈡　尽大は右棄て札から第五回に梅の五、第六回に松の五、第七回に桜の五を得て赤短を作り、他面第一回に雨の二十、第四回に桐の二十、第五回に坊主の二十、第六回に松の二十、第七回に桜の二十を得て五光（雨入四光とも称す）を作る。すなわち第七回に赤短と五光が同時にできる。

㈢　客は第一回に菊の五、第二回に牡丹の五を容易に得るが、楓の十が最後の起こし札として寝ている（これを鹿を舐めていると称す）ので、尽大に先を起こされ、青短は作れずに流されてしまう。

のである。

こうして場札中には桐の二十札一枚があったため、いわゆる「大場」であって賭金は二倍額にて計算され、さらに親が進んで脱退せず賭者の一名の依頼によって脱退する場合には、さらにその倍すなわち四倍の計算となるから賭金は約定を目勝五十円、出来役赤、青短百円、四光百五十円、五光二百円とすれば、赤短および五光の二役にて三百円の四倍すなわち千二百円を尽大が客および番頭の両人よりそれぞれ受け取ることになり、結局一挙にして客より千二百円を騙取することができる。

このほか右一味の連中が用いた仕組は、

(一)　客に「桜の二十」「坊主の二十」「松の二十」等を配り、いわゆる四光の手を付け、場には「桐の二十」があるも結局「尽大」が最後に「赤短よろし」を造り上る場合。

(二)　客に（一）と同様の手を付け、結局「尽大」が一手先にて「赤短よろし」を造り上る場合。

(三)　客に「赤摑み」すなわち梅、松、桜の短冊を配りおき、結局一手前にて「尽大」が「素十四」および「赤短よろし」の二役を造り得る場合。

等であった。

右各場合においていずれも三人撒き、四人撒き、五人撒きの変化がある。

これらの仕組札はいずれも細微功名に研究されているから、極めて自然に闘牌上なんら作為なく尽大に二大出来役ができる。ゆえに客は真に偶然、尽大に二大役が生じたもので、自己の敗北したのは一に不運の結果であるとの感を抱くに至る。

その二　昭和十年七月、東京区裁判所検事局に起訴された詐欺被告人島崎友吉ほか四名等が花合わせの際用いた仕組札は次の通りであった。

その席順は次図の通り。

尽大○
○番頭　客○
○忠兵衛（技師）

1 雨の五 番頭
2 桜の五 同
3 梅の五 同
4 松の五 同

5 萩の一 尽大
6 梅の一 同
7 菊の一 同
8 杜若の一 同

23 雨の一 尽大
24 松の二十 同
25 雨の二十 同

26 藤の一 客
27 楓の五 同
28 牡丹の五 同

29 桜の一 忠兵衛（技師）
30 楓の一 同

9 藤の五 客
10 藤の十 同
11 杜若の一 同
12 菊の五 同

13 牡丹の一 忠兵衛（技師）
14 松の一 同
15 松の一 同
16 牡丹の一 同

32 楓の一 場札
33 桐の一 同
34 桐の二十 同

35 桐の一
36 坊主の一
37 杜若の十
38 梅の一
39 梅の十
40 牡丹の十
41 坊主の十
42 菊の十

17 桐の一 場札
18 萩の十 同
19 菊の一 同

20 藤の一 番頭
21 雨の十 同
22 萩の一 同

44 坊主の二十
45 萩の五
46 杜若の五
47 桜の二十
48 楓の十

（31桜の一　同　43坊主の一

番頭の手札

第一回撒き
- 1雨の五
- 2桜の五
- 3梅の五
- 4松の五

第二回撒き
- 20藤の一
- 21雨の十
- 22萩の一

尽大の手札

第一回撒き
- 5萩の一
- 6梅の一
- 7菊の一
- 8杜若の一

第二回撒き
- 23雨の一
- 24松の二十
- 25雨の二十

客の手札

第一回撒き
- 9藤の五
- 10藤の十
- 11杜若の一
- 12菊の五

第二回撒き
- 26藤の一
- 27楓の五
- 28牡丹の五

忠兵衛（技師）の手札

第一回撒き
- 13牡丹の一
- 14松の一
- 15松の一
- 16牡丹の一

第二回撒き
- 29桜の一
- 30楓の一
- 31桜の一

場　札

第一回撒き

17桐の一
18萩の十
19菊の一

第二回撒き

32楓の一
33桐の一
34桐の二十

前記原宇吉の仕組札と同一な点は、

一、客の手札として、青短（菊の五、楓の五、牡丹の五）を配る。

二、番頭の手札として、赤短、（桜の五、梅の五、松の五）を配る。

三、尽大の手札として、雨の二十、松の二十を配る。

四、楓の十を山札の最下層に置き、客は最終回の打札によって、始めて青短ができる。

五、番頭の手札赤短三枚は、自然に打札として場に棄てねばならない。棄てたものは逐次尽大の手に収まり、尽大の最後の打札の際、赤短と五光が同時にでき上がって、客は最後の打札をする機会を逸しその期待は水泡に帰する。

その三　昭和十年春、警視庁岩重警部によって検挙された佐々木事尾見薫一味が用いた「鉄砲」の組み合わせは次の通りであった。

1梅の素尽大
2菊の素同
3雨の素同
4杜若の素同

16雨の二十尽大
17桜の素同
18桜の素同

28杜若の素
29桐の素
30雨の十
31萩の素

5 牡丹の五　客
6 菊の五　同
7 楓の五　同
8 杜若の十　同

9 雨の五　忠兵衛（技師）
10 桜の五　同
11 梅の五　同
12 桜の二十　同

13 桐の二十　場札
14 桐の素　同
15 坊主の十　同

19 萩の十　客
20 藤の十　同
21 楓の十　同

22 藤の五　忠兵衛（技師）
23 坊主の素　同
24 楓の素　同

25 菊の十　場札
26 萩の素　同
27 桐の素　同

32 坊主の二十
33 松の素
34 松の素
35 梅の十
36 梅の素
37 杜若の五

38 坊主の素
39 藤の素
40 松の二十
41 萩の五
42 牡丹の素
43 藤の素

44 楓の素
45 牡丹の素
46 牡丹の十
47 松の五
48 菊の素

尽大の手札

第一回撒き

1 梅の素
2 菊の素
3 雨の素
4 杜若の素

第二回撒き

16 雨の二十
17 桜の素
18 桜の素

客の手札

第一回撒き

5 牡丹の五
6 菊の五
7 楓の五
8 杜若の十

第二回撒き

19 萩の十
20 藤の十
21 楓の十

忠兵衛（技師）の手札

第一回撒き
9雨の五
10桜の五
11梅の五
12桜の二十

第二回撒き
22藤の五
23坊主の素
24楓の素

場札

第一回撒き
13桐の二十
14桐の素
15坊主の十

第二回撒き
25菊の十
26萩の素
27桐の素

（一）尽大は、第一回に桐の二十、第四回に坊主の二十と雨の二十、第五に桜の二十、第六回に梅の短、第七回に松の短、桜の短、松の二十各一枚ずつを得て、一挙にして赤短と五光を作る。

（二）客は、楓の短と牡丹の短とは逸早く入手することができるが、最後の起こし札として、菊の素が寝ているために、菊の短を持ちながら尽大に先を越され、好機を失する。

その四　高松地方裁判所検事局が検挙した、野村鉄太郎ほか一名等が通称「江多花賭博」、「八十八元の鬼喰い」と称する賭博に仮託して行った詐欺賭博の仕組札は左の通りであった。ただしこの賭博の出来役は、青短、赤短、三光、四光、カラス等である。また花札四十八枚を配る順序は、前項の例と異なり最初の三枚を場に撒き、次に四枚ずつを右肩から手札として撒き、次に三枚を場に撒き、次に三枚ずつを右肩から手札として撒く。

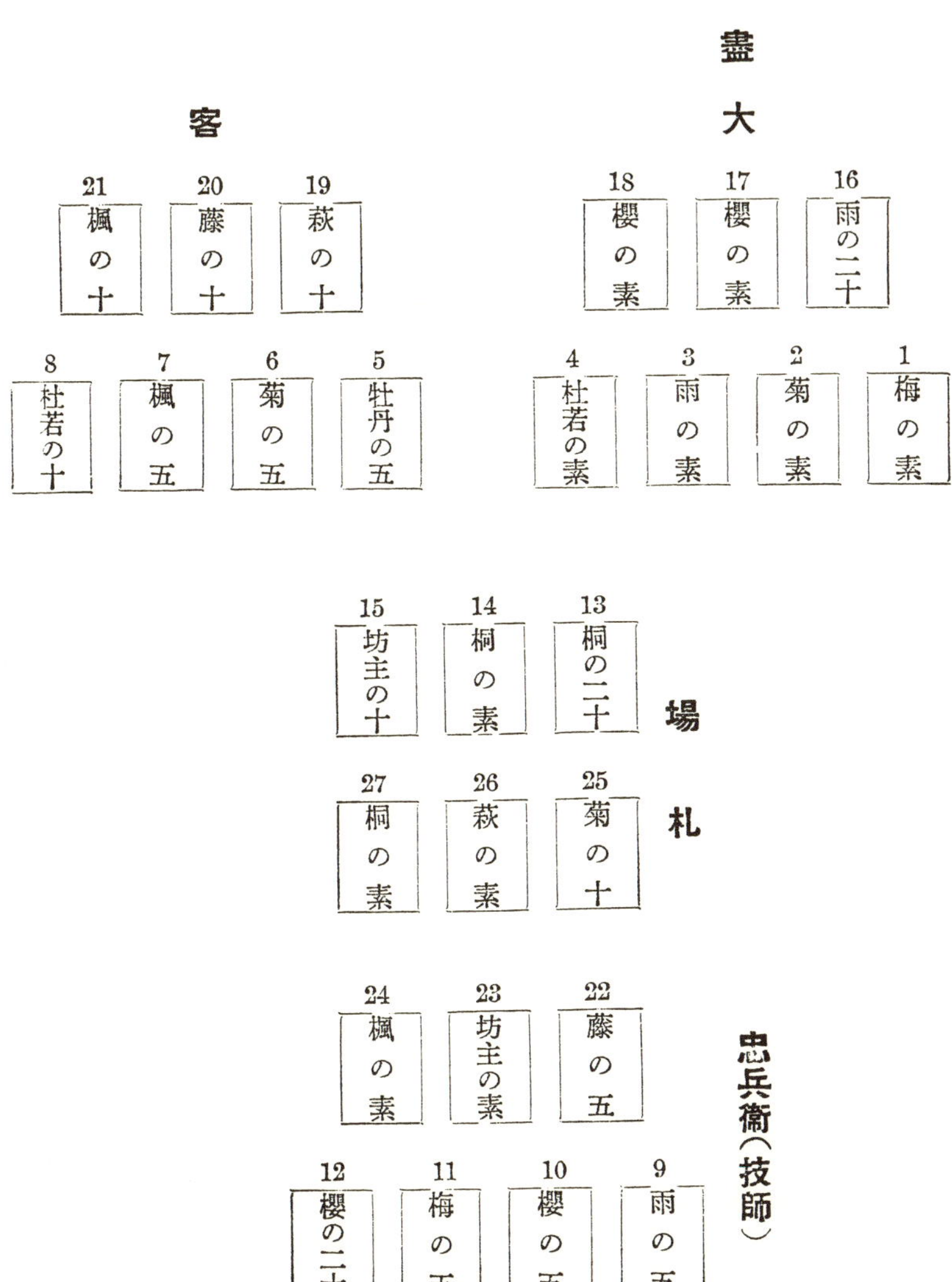
大盡
客
18 櫻の素
17 櫻の素
16 雨の二十
21 楓の十
20 藤の十
19 萩の十
4 杜若の素
3 雨の素
2 菊の素
1 梅の素
8 杜若の十
7 楓の五
6 菊の五
5 牡丹の五
場札
15 坊主の十
14 桐の素
13 桐の二十
27 桐の素
26 萩の素
25 菊の十
忠兵衛（技師）
24 楓の素
23 坊主の素
22 藤の五
12 櫻の二十
11 梅の五
10 櫻の五
9 雨の五

雨の素はこれを「**鬼**」と称し、これをもって任意の場札を引くことができる。闘牌中は出来役ができても勝負は終結せず、最後の起こし札を捲り終わって得点を計算する。

なお本件は、忠兵衛（技師）、尽大および客の三人間で行われた。右の野村鉄太郎は八通りの仕組方を研究し、これを紙片に記入して携帯していたのでそれが証拠物件として領置された。

その時の手札、場札等は左の通りであった。

尽大の手札

第一回撒き
- 4 雨の二十
- 5 梅の素
- 6 牡丹の素
- 7 桜の素

第二回撒き
- 19 桐の素
- 20 松の素
- 21 坊主の素

客の手札

第一回撒き
- 8 桜の二十
- 9 梅の十
- 10 桜の五
- 11 杜若の五

第二回撒き
- 22 菊の五
- 23 楓の五
- 24 牡丹の五

忠兵衛（技師）の手札

第一回撒き
- 12 萩の十
- 13 萩の五
- 14 萩の素
- 15 萩の素

第二回撒き
- 25 坊主の素
- 26 杜若の十
- 27 菊の素

場札

第一回撒き

1 松の二十
2 桐の二十
3 藤の十

番号	札	役割
1	松の二十	場札
2	桐の二十	同
3	藤の十	同
4	雨の二十	尽大
5	梅の素	同
6	牡丹の素	同
7	桜の素	同
8	桜の二十	客
9	梅の十	同
10	桜の五	同
11	杜若の五	同
12	萩の十	忠兵衛（技師）
13	萩の五	同
14	萩の素	同
15	萩の素	同

第二回撒き

16 雨の十
17 雨の素
18 松の五

番号	札	役割
16	雨の十	場札
17	雨の素	同
18	松の五	同
19	桐の素	尽大
20	松の素	同
21	坊主の素	同
22	菊の五	客
23	楓の五	同
24	牡丹の五	同
25	坊主の素	忠兵衛（技師）
26	杜若の十	同
27	菊の素	同
28	楓の十	
29	楓の素	
30	桜の素	
31	坊主の二十	

32	雨の素（鬼）
33	牡丹の十
34	牡丹の素
35	松の素
36	菊の十
37	梅の五
38	菊の素
39	坊主の十
40	杜若の素
41	杜若の五
42	藤の素
43	桐の素
44	杜若の素
45	桐の素
46	藤の五
47	梅の素
48	藤の素

右勝負の結果の出来役は、

(一)　尽大には、カラス、三光、四光、赤短、の四役。

(二)　客には、青短の一役。

と、尽大の絶対勝ちとなり、尽大の各出来役は客の出来役よりも先んじて作られた。

その五　昭和九年名古屋地方裁判所検事局が検挙した、詐欺賭博被告人立木重右衛門一味が用いた「**鉄砲**」の仕組札は次の通りであった。ただし同人等は客を忠兵衛（技師）の右横に座わらせて、忠兵衛（技師）は手が悪いと称して落ち、客に最初の闘牌をさせた点が右四の設例と異なる。座席は左図の通りである。

番頭○　○客

○忠兵衛（技師）

尽大○

撒き札は、

客の手札

第一回撒き
杜若の五
雨の十
楓の一
藤の五

第二回撒き
楓の五
牡丹の五
菊の一

番頭の手札

雨の五

楓の十

第一回撒き
- 萩の五
- 萩の一
- 萩の一

第二回撒き
- 楓の一
- 牡丹の一

尽大の手札

第一回撒き
- 杜若の一
- 松の一
- 松の五
- 松の二十

第二回撒き
- 牡丹の十
- 坊主の一
- 萩の十

忠兵衛（技師）の手札

第一回撒き
- 藤の一
- 雨の二十
- 雨の一
- 坊主の一

第二回撒き
- 梅の一
- 梅の一
- 桐の一

場　札

第一回撒き
- 桐の二十
- 桐の一
- 桐の一

第二回撒き
- 藤の十
- 菊の五
- 杜若の一

忠兵衛（技師）が落ちて山札は上層より次の順序となる。

1 梅の一
2 梅の一
3 桐の一

8 坊主の十
9 牡丹の一
10 藤の一

15 桜の一
16 坊主の二十
17 梅の十

4藤の一　11菊の十　18梅の五
5雨の二十　12菊の一　19桜の二十
6雨の一　13松の一　20杜若の十
7坊主の一　14桜の一　21桜の五

客は手札に楓の五、牡丹の五、菊の一があり、場札に菊の五が出ているから闘牌中は必然的に青短ができるものと誤信し、かつ短の手役があるので勝負に加わるが、番頭が楓の十、楓の一を握って放さないから、客は楓の一を棄て札しなくてはならず、青短の希望は一瞬にして葬られてしまう。反対にビケの尽大は五光、赤短、バイソウ（数百六十以上）を作り得て客に致命傷を負わせることができる。

第八章　カブと詐欺

（一）カブ賭博の方法

カブ賭博の方法は土地により異なる。

一、追丁カブ

関東地方、東北地方では「追丁カブ」という方法が行われる。「**追丁カブ**」は胴親と張方との勝負で賭具はカブ札または花札四十八枚中十一月、十二月の各四枚を除いた四十枚の札である。勝負の方法は次の「**京カブ**」とほとんど同じである。「**追丁カブ**」と「**京カブ**」の相違点は、

（イ）「**追丁カブ**」では胴親に四、一（シッピン）（四月の藤と一月の松各一枚）、または九、一（クッピン）（九月の菊と一月の松各一枚。「クッツン」とも言う）の札ができた時は親の掻き目と称し張方にカブ（九）または追丁（八）ができていても胴の絶対勝ちであるが、「京カブ」では四、一、は五と計算し、九、一、は九すなわちカブとして計算する。

（ロ）「追丁カブ」では胴親または張方の得点が十点、二十点等いわゆる「ブタ」なる時は零点として計算する。もし双方同時に「ブタ」を得た時は胴親が張方の賭金を没収することができる。「京カブ」では胴親または張方に「ブタ」ができた時は「笑い」と称し全部無勝負とするか、または張方の一人に「笑い」ができた時はその張方と胴親との間でのみ無勝負とする。

（ハ）「追丁カブ」では「アラシ」と称し、同一月の札三枚が張方に入った時は張方の掻き目で絶対勝ちであるが、「京カブ」ではその定めはない。しかし近時はだんだんと「追丁カブ」と「京カブ」の特異性が失われつつある。

二、京カブの方法

（イ）　関西地方の「京カブ」

「京カブ」は東海地方および関西地方で行われる。

胴親と張方の勝負であることは「追丁カブ」と同じで、賭具は「カブ札」または花札四十枚で勝負する。胴親はまず四十枚の札を伏せたまま揃えて切り、張方はこれを切り返して胴に返す。次に胴はこれを重ねた四十枚を上より順次一枚ずつ四枚（張札）だけ張方の前にいずれも表面を曝して横に並べた後、胴の分として次の一枚（台札）を伏せて自分の前に取っておく（張札四枚を撒く場合は四枚引撒き、三枚撒く場合は三枚撒き、五枚撒く場合は五枚撒きと言う）。これが済むと張方は四枚の札の中より一枚を選びそれを自己の賭け札と定めてこれに賭金する。賭け札と定められたもの以外の札は勝負には関係のない捨て札となる。これを「空家」と称する。賭金が終われば胴は次に二枚目の札を分配する。その時賭け札だけは伏せて配り、他の捨て札には曝して渡す。さて張方は賭札の第二枚目の札を見てその札の点数と一枚目の点数とを十位切捨の方法で合算し五に満たないときは当然もう一枚、すなわち三枚目の札を胴に請求しなければならないが、九または八のような高点のものを得ていればよろしいと胴に答える（所により合算数が四であった場合には三枚目を請求しなくともよいことになっている）。こうして合算数が七以上になるときはもはや三枚目を請求できない。張方の撒き札が終われば胴は捨て札の三枚分について、それぞれが五以上の点になっているかどうかを確かめ、五に満たないものにはさらに一枚ずつ補充したあと伏せて胴の分として最後に一枚を取る。胴は二枚となった自己の札の目を合算し、九または八、七のような高点を得ていればこれで全部の分配は終わるが、張方と同様に胴も二枚札だけで五に満たず、また五、六のような低い点しか得ていない時はさらに一枚を取るが、胴も三枚以上の札を取ることはできない。胴および張方に札の分配が済むと、胴と張方は同時に札を曝し、十位切捨の方法で計算し、九またはこれに近い点数を得たものが勝者となる。ただし胴または張方が十または二十を得た場合はその勝負は無勝負となる。これを「ニゲタ」とも言う。三十の時は「カブ並」と言い、九と同様の位をもつ。次に四枚撒きの配り方を示す。

(ロ)　東海地方の京カブ

胴親と張手の勝負であることは前と同じである。通常花札を賭具として用い、花札の中から十一月（雨）、十二月（桐）の札合計八枚を抜き、残り四十枚で勝負する。胴親は胴金をある額だけ自分の前に出し、それから八月（山）七月（萩）六月（牡丹）五月（杜若）の各札を一枚ずつ四枚を場に曝して横一列に並べる。これを「張り札」と呼び、順序はだいたい八、七、六、五の順に、右から左へ並べるのが通例だが、必ずしもその順序を要しない。また八月（山）の札の代わりに九月（菊）の札を張り札に出すこともあり、また前項記載の「カブ」の方法と同様に全く右のような特殊の札を用いず何でも構わず四枚の札を出して張り札をなす場合もある（こうして近来この地方で検挙される事件の大部分は後者の方法で張り札を撒く）。胴親はそれ以外の札を突き混ぜ、側に切らせたあと自分の前へ伏せておくがこれを「山」または「山札」、「箱」または「箱札」といっている。その山札の一番上から親は一枚だけ取ってこれを自分の前に伏せておく。これを「親札」という。前項の京カブでは切った後に張り札を撒くが、ここでは張り札四枚を撒いてから切る（こうして近来は前項のカブ同様切った後四枚の張り札を山札の最上層から一枚ずつ撒く方法が用いられている）。「側（張方側のこと）」は各自の欲する金額を四枚の張り札のいずれか一枚に張るが、一同が賭金を終わると胴親は自分の一番右にある張り札から始めて順次に箱札を一枚ずつ打つ。札は一枚の張り札に対して二枚までしか打てないことになっているが、最初の一枚は「側」の掌へ伏せて打つことになっている。もし同一の張り札に二人以上が賭金をしている場合には、通常最も多く賭金しているものが代表してこの札を受け取る。この一枚を「引き札」と称する。もしその札の月数と張り札の月数とを合計していまだ数が足りないと思えば、もう一枚を請求することができる。すると胴はその一枚を浮かせて打つ。これを「**打札**」と称する。このようにして胴親は第二番目の張り札に対しても同様のことを繰り返し、第四番目の札に至り最後に自分の前にある親札に対しても同様のことを繰り返す。次に胴親は各「張り札」のところに伏せた各自の「引き札」を一枚一枚開けてその目を調べ、これを親の目と対照し親の目より低い目に張ってある賭金はこれを取り、高い目に張ってある賭金にはそれぞれ同額の金を支払い、同目の場合は「別れ」とする。胴または張方が十点を取った時は「ブタ」と称し、

カブ(四枚撒)の撒き札配置　三木検事著「賭博」より引用す

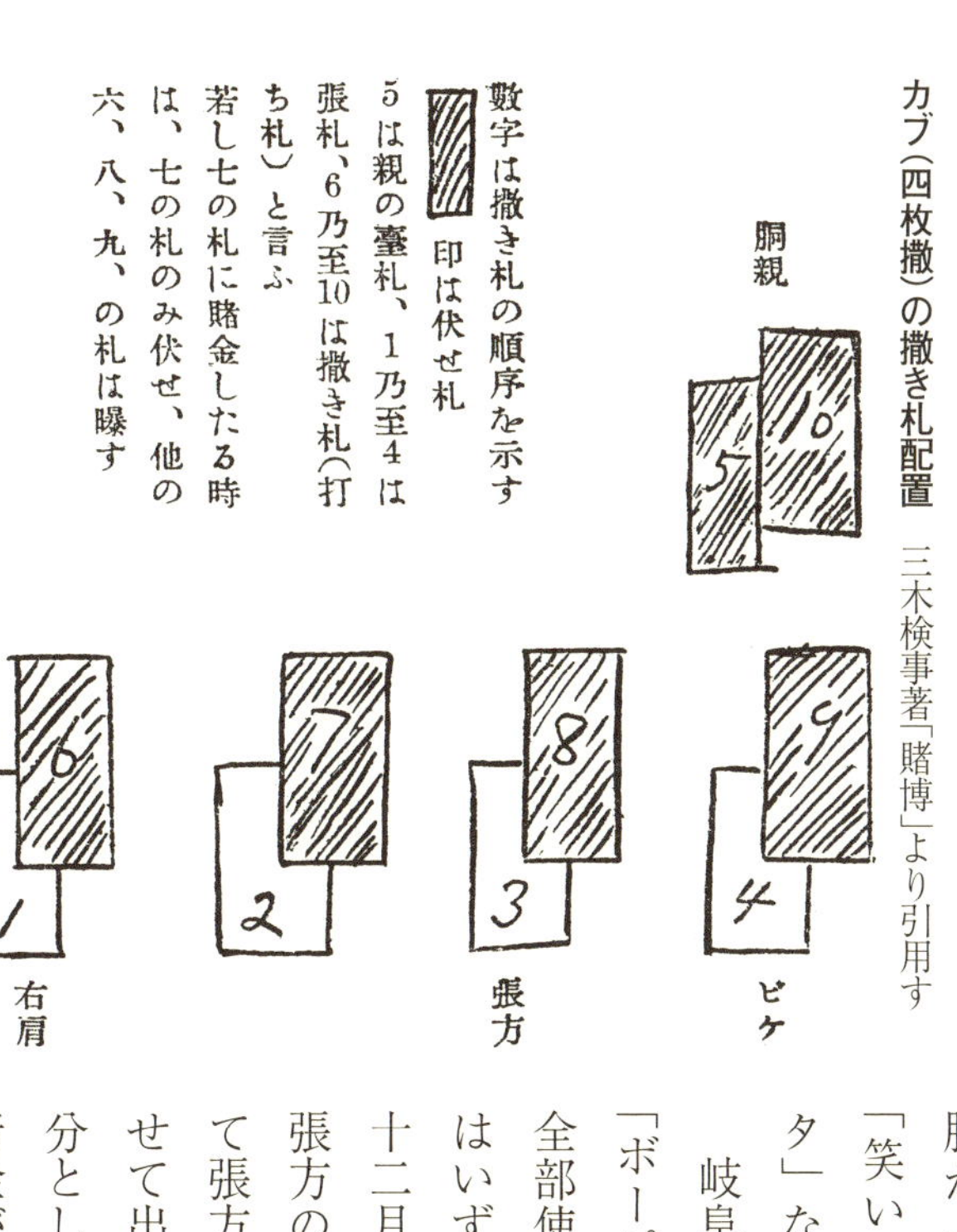

胴が「ブタ」を張った時は張方全部に対し「笑い」(無勝負)となり張方の一人が「ブタ」ならばその者と親のみが「笑い」となる。

岐阜県下飛驒において行われる「カブ」を「ボーピン」という。特徴は花札四十八枚を全部使用する点で、十一月(雨)十二月(桐)はいずれも十点として計算し、十月、十一月、十二月の札はこれを「ボー」という。胴親と張方の勝負で胴親は花札四十八枚を突き混ぜて張方に切らせ、場に四枚を張り札として伏せて出し張方に賭金させた上、胴親は自己の分として山札から一枚を伏せて取り、張方の賭金が終わればさらに箱札から一枚ずつ右か

ら左に曝して配り、最後に自己の分として一枚伏せて取る。張方は最初の伏せ札と二枚目の曝し札とを見せ、数が少ないと思えば、もう一枚だけ胴親に請求して分配を受ける。胴親はこれを曝して配布する。つまり張方の第一枚目の札は伏せ札、第二、第三枚目は曝し札として配布される。「追丁カブ」のように四、一も九、一のような掻き目の定めもない。また「京カブ」のような「笑い」もなく目通りに計算する。しかし胴親が「ボー」（十、十一、十二月の各札）のうち一枚と「ピン」（一月の札）のうちの一枚すなわち「ボーピン」を得た時は、親の「掻き目」と称し仮に張方にカブ（九）目ができていても賭金は胴親が掻き取るのである。

三、豆札によるカブ賭博

胴親と張方の勝負であり、豆札と称する特殊な札四十札を使用する。勝負の方法は京カブとほとんど同じである。

（二）　カブにおける一般的詐術

一、寄せ込み（切り込み）

札技術の項参照。

二、吹き返し（擦り）

カブまたは掻き目を作りやすい一、五または九等の札一枚を手に釣り込み、場の札と擦り替える。

札技術の項参照。

三、蹴込み

札技術の項参照。

四、屛風

同　上

五、目つぶし

同　上

(三)　カブと抱き落とし

「追丁カブ」および関西地方における「京カブ」について説明する。

欺罔方法

その一

(一)　客を抱く方法

忠兵衛（技師）は客と共謀して胴親となり、張方である尽大と勝負する際にあらかじめ「カブ」すなわち二枚の札で九となるべき札二枚、または「四、一」、「九、一」等の搔き目の札を右手に釣っておき、尽大の気付かない隙を窺って胴親に分配した札二枚と擦り替え、擦り替えた札二枚をあたかも正当に分配した札のようにして場に曝し尽大に示せば、尽大は胴親に「カブ」「四、一」「九、一」等ができたものと誤信し賭金を胴親に渡すから、客は必勝すると称して客を欺罔し、客の所持金は胴金として忠兵衛が預かる。

（二）　客を落とす方法

尽大は銅親の掻き札を曝し、忠兵衛（技師）に擦り替えの機会を失わせる。つまり忠兵衛（技師）が胴親となり数回にわたり札を釣って撒き札と擦り替え、胴親を勝利させて客を喜ばせる。最後に至り尽大は一時に全額の賭金をして、胴親が二枚の札を撒き終わった時に、いかにも不安げに手を差し延べて胴親の二枚の伏せ札を曝してしまう。曝されたら忠兵衛（技師）も擦り替えを敢行することはできないから、胴親の忠兵衛は敗戦し胴金は尽大に取られる。もちろん、この場合に忠兵衛（技師）は尽大に目の良い札を配布し、反対に胴親には目の悪い札が分配されるよう寄せ込みをしなければならない。

その二

（一）　客を抱く方法

「釣り札」および「擦り替え」と称する詐術を客に行わせる。忠兵衛は自ら審判役となり客にも張方をさせ、共謀して胴親である尽大を欺き、賭金名下に金員を騙取することを客に勧める。まず忠兵衛は花札によるカブの方法を説明する。「九（クッ）、一（ピン）」と称し胴親の取った札が一月の松の札（一と計算す）と九月の菊の札（九と計算す）の時は、張方の札の合計数にかかわらず胴親を勝者とする賭博である。しかし「九、一」を生ずる事例は稀有なので、張方（客）はあらかじめ任意の花札一枚を掌中に隠し（釣り込み）、胴親（尽大）が張り方の賭け札として場に曝した四枚の札の月数と掌中の札の月数とを合算し、九またはこれに近い数となる札に賭金した後、伏せ札として一枚配られた際、張方（客）はあたかもその伏せ札の数を点検するかのように装い、これを手に取り密かに自己の内股間に投げ入れた上、掌中の札をあたかも配布された伏せ札のように装って場に置けば、張方の札の合計数は常に九またはこれに近い数となって張方が勝者になると説明して客を張方とさせる。

（二）　客を落とす方法

尽大は札の「寄せ込み」技術を使う。尽大は胴親、忠兵衛は審判役となり客を張方とし、客に前示の詐術を行わさせ数回客に勝利を与えた後、胴親（尽大）は札を集める時、松若は菊の札の中いずれか一枚を山札の最上部に置き、その札以下六枚目ないし九枚目に山札、最上部に配したのと反対の菊または松の札二枚あるいは三札を連続重配し（七枚目以下九枚目までは予備札）これを突き混ぜる際、巧みに右配置札の位置を変動させないよう取り扱い、元の位置に突き出して場に積んで山札となす。次に胴親は、張方がその山札を適宜の個所にて区切り上層部が下層部に、下層部が上層部に位置を転倒した山札を左手に取り、その最上端より四枚を場に曝した上、張方がその場札と掌中の釣り札の数と加算し、九またはこれに最も近い数となるべき場札の選択に腐心するのに乗じ、胴親は掌中の山札を張方が区切る以前の位置に置き替える。そして山札最上部に配した松または菊の札一枚を台札として伏せて取り、以下張札四枚を撒き六枚目の菊もくは松の札一枚を台札として伏せて取り、胴親は九の月数の菊および一の月数の松の札一枚ずつを取り「九（クッ）、一（ピン）」を作って張方を敗北させる。張方に対しては偶然「九、一」の役を作り得たように装って勝者となり、張方にその偶然を誤信させて賭金名下に金員を騙取する。

しかし張方が一、すなわち松の札四枚を掌中に握り込んでいるため胴親が一および九の手札二枚を得て「九（クッ）、一（ピン）」の役をつくれない場合には、胴親は張方に告げてその勝敗を定める方法を変更し、「九、一」の役に代えて同一種類の手札三枚を胴親が得た時は、胴親の「搔き目」すなわち絶対の勝ちとすると協定した後、この方法により勝敗を争う内、胴親は前示詐術と同様の詐術を行い、同一種類の手札三枚を得て「搔き目」を作り、張方に対しては偶然これを得たかのように装い賭金を騙取する手段に出る。

その三

（一）　客を抱く方法

客にショウ札を使用させる。客は胴親、忠兵衛は審判役となり尽大を張方に回し、客と忠兵衛が組んで尽大の賭金を騙取すべく忠兵衛は客に申し向ける。その手段として忠兵衛は、各札の月数に照応する数をインクの点等で札の裏面に表顕させる「ショウ札」の使用を客に勧める。これを使用すれば、まだ札を開かないうちに張方の得点および自己の得点を知り両者を比較し、もし胴親の得点が張方の得点に比べて劣勢の場合は、さらに一枚の札を取り優勢の地位を獲得することができるから、胴親は勝者となる機会が多いと解説して客を胴親にさせて、張方である尽大と勝負を決するに至る。

（二）　客を落とす方法

忠兵衛（技師）は札の擦り替えを行う。胴親である客と張方である尽大とが、右ショウ札を使用し勝敗を争う中、審判役である忠兵衛は場札を寄せ集める時、密かに掌中に「カブ目」を作りやすい月数の札一枚を釣り込み、張り札中に釣り札と合算し合計九すなわち「カブ目」となるべきものが在るときは、張方である尽大にのみ密かに右釣り札の目を示し、尽大に釣り札と合算し九となるべき張り札に多額の金銭を賭けさせ、胴親である客が二回目の親札を配布するのを待ち忠兵衛は審判役として張方の張り札を点検するもののごとく装って同張り札二枚を取り上げ、これと同時にそのうち一枚を掌中の釣り札と擦り替えて張方の賭け札の合計数を九として、尽大を勝者にしておきながら、胴親である客に対しては偶然張方に九の目ができたように装い胴金を騙取する。

第九章　チョボ一賭博と詐欺

（一）　チョボ一と称する賭博の方法

和歌山地方では「**チョッポ**」、福井県下では「**六点チョボ**」と称するこの賭博は、胴親と張方との勝負で人数制限はない。

賭具としては賽子一個、壺笊一個のほかに左図のような配列で一から六までの数字を記載した目紙が必要である。

6	1
5	2
4	3

六	一
五	二
四	三

数字は何方でもよいが、各段の横の和は必ず七でなければならない。すなわち賽の表目と裏目の配列になっている必要がある。

前示のような目紙を使わない時は、一から六までの数字を書いた札、または花札、カブ札、豆札等の一から六までの札六枚を使用し、張方は右六枚の中から任意の一枚を場に伏せ、その上から紙、ハンカチ等を被せて金を賭け、壺を開いて賽の目と張札の数が一致するかどうかにより勝敗を決める。親は一個の賽を壺に伏せ、張方は任意の数に賭金をし、賭金が終わると胴親は「勝負」と言って壺を開ける。張方が張り当てた時は張方の勝ちとなり、胴親より賭金額の四倍を受けるのを普通とするが、玄人筋においては五と二の中目は出が悪いとの考えにより、五と二の目に張り当てた張方には五倍を与える場合もある。張方は六分の一の適中率であるのに、胴親は六分の五の勝率であるから四倍の賞金では張方の危険歩合は大である。

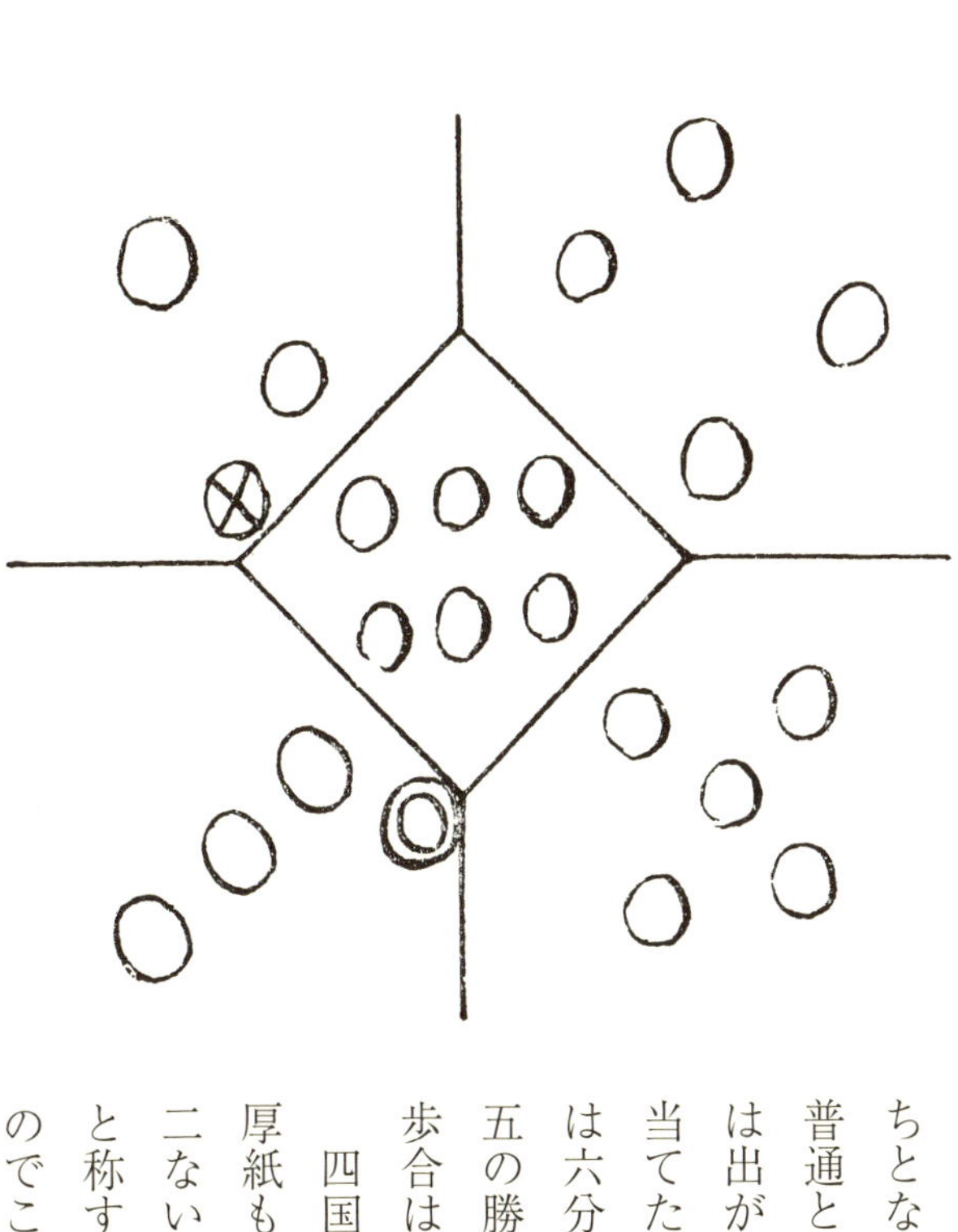

四国地方の「**チョボ一**」賭博の方法は、半紙厚紙もしくは板に、上図のような五個の区画と、二ないし六個の〇印を付した目紙もしくは目板と称するものを用意する。〇印は数を示したものでここに賭金し、一の数に張る場合は目紙の

縁に賭金し一と言う。その後の勝負方法は前項の通りであるが、張方が二の目に張りながら「六を見る」と言って六の区画との境界線に接するよう図の⊗印の箇所に賭金する場合に、もし賽の目が六と出た時、張方は賭金の没収を免れる代わりに、賽の目が二と出た時も張方は親から三倍の金を受け取るに止まり、四倍の金は受け取れない。またもし張方が三の目に張りながら五および六をみると称して五の区画との境界線、および六の区画との境界線の双方に接するよう図の◎印の部分に賭金する場合に、もし賽の目が五または六と出た時も張方は賭金の没収を免れる代わりに賽の目が三と出た時も張方は親から賭金の二倍しか貰えない。

（二）欺罔方法

一　不正賽使用

その一

（一）客を抱く方法

忠兵衛は客に対し忠兵衛と客とが内通し、尽大を張方に回し尽大の賭金を騙取することを勧め、客を胴親にして水銀、金属粉等を容れた俗に金粉入りの不正賽を使用させる。この賽は壺の底から場に伏せる間に金属の粉が反対側に移動し、その重量のため転がらずに壺の縁を滑るから、壺に入れて振る時に壺の中の賽の出目を見ておけば、必ずその反対の裏目が出たまま壺に入っている。もし胴親（客）が壺に入れるのが不慣れなため、裏目を見るのに不安を感じる時は、忠兵衛が横にいて見届けて知らせる。裏目を見るのは横にいる方が見やすいから見誤ることは無い。その合図は忠兵衛の指先でする。客は忠兵衛の右手を見ていて、

拇指の先を示指の先に付けたら一、
拇指の先を示指の腹に付けたら二、
拇指の先を示指の第二関節に付けたら三、
拇指の先を示指の第三関節に付けたら四、

等々と定めておく。

もし張方（尽大）が裏目へ張ったら壺をそのまま開けば胴親（客）が勝つ。もし張方（尽大）が上目へ張ったら壺を開く際、壺の椽（たるき）を賽に擦り付けて押せば、賽は転倒するから胴親（客）が勝つ、と説明し客に実演させると、その通りになるから客は乗り気になって胴親になることを承諾し勝負に移る。

賽は壺の内面には二、三分通り鬢付油を塗り込んであるから、賽の角は油に粘着し壺を持ち上げ動かす時は中心を失って転倒するのであって、単に壺で押しただけでこの不正賽が転倒することはないが、この鬢付油使用の事実は絶対に秘密にしておく。

水銀入、金属粉入の賽を使用する事実も客に打ち明けないのが普通だが、打ち明ける場合もある。例えば、賽の扱いに経験があると察した時には打ち明ける。賽を扱う経験が無いと思う時には、普

通の賽だと教え、

「これを壺に入れて徐に場に伏すれば伏せ方一つで必ず壺の裏目が出目となって表れる」

といい二、三回実演させ客がなるほどと感心していると、

「骨さえ喰み込めばなんでも無いでしょう」

とたたみかけて欺す。

(二)　客を落とす方法

当初の数回は右の方法で客が勝ち、次に尽大（張方）は「イザ決戦」というようなことをいって、多額の賭金をする態度を示す。客（胴親）は、これに応戦し壺に賽を入れる。忠兵衛は賽の出目を見て裏目を読み壺を伏せ前述の暗号をもって客（胴親）に出目を知らせる。それを尽大（張方）も素知らぬ顔をして密かに見てその出目と合う目へ賭金をする。そのまま壺を開くと客が敗けるから、客は賽を転倒させるように壺で賽を押して壺を開ける。それなのに賽は転倒していない。依然として、忠兵衛が合図した出目が出ていて客は敗戦となる。

なぜ転倒しなかったか。賽が転倒するのは前述のごとく鬢付油のためであるから、忠兵衛または尽大（張方）は密かにその油を拭き取り、あるいは油を付着させていない他の同型の壺（先用壺）と擦り替え、これを客に使用させて賽の転倒を防いだためである。壺を拭いたり擦り替えたりする機会を作るために、忠兵衛は決戦の前に客（胴親）へ何事かを忠告するように装って別室に呼び、尽大一人を部屋に残す。あるいは尽大が客と盃を交換するなどして客の眼を奪い、忠兵衛に不正行為

をさせる。しかし、客が用心深い者であって忠兵衛に壺を開けさせる時は次の手段を採る。

（一）　壺はそのままとし、賽を鼓賽と擦り替えこれを使用する。壺の中の鼓賽の上目が例えば三であった時はその裏目も三であるから尽大（張方）は三に張る。客（胴親）は賽が擦り替えられたことに気付かないから壺の上目は三であるから裏目は四で、四が上目となって場に出るものと誤信し、三に張った尽大の敗戦を予期するから壺を押して賽を倒そうとしない。しかし鼓賽は裏表同一目だから裏目も三が出て逆に客が敗戦する。

（二）　賽は従前通り金粉入りを使用し、密かに壺の内面の半周にのみ鬢付油を塗り半周にはこれを塗らない壺を使用する。右賽を使用すれば壺の中の賽の上目が例えば三であった場合は、その裏目は四で壺を伏せれば四が場の上目となるから尽大（張方）は四に張る。そこで忠兵衛は壺を転倒させ、尽大を敗戦させるため賽を壺で押し倒すように装い、壺の鬢付油を塗っていない部分を賽に当てて押す。しかし前述の通り油を塗っていない部分で押しても賽は倒れないから、依然四の上目が出て、尽大の勝ちとなり客は敗戦する。

その二

（一）　客を抱く方法

忠兵衛は胴親となり尽大を張方として勝負を争う時、忠兵衛は普通賽一個を壺で伏せ足を付ける際、密かに賽を壺の外に出して据え賭金を待ち、張方の張り目を見た後に張目と右賽の上目が違えばそのままとし、張り目と合致すれば、賽を転倒して異なった目として張方を敗戦させると詐称して客を欺き忠兵衛は胴金を客から預る。

(二)　客を落とす方法（不正賽使用方法）

忠兵衛は胴親となり勝負の決戦となると、尽大との打ち合わせにより始めから使用してきた普通の賽を二玉の賽（六方中二の面が上目に出る達摩賽）に擦り替え、これを壺に伏せ足を付ける時に壺から取り出して壺の外によせておく。張方（尽大）は前もって忠兵衛と二玉の賽を使うことは打ち合わせ済みであるから必ず二に張る。忠兵衛は二の面以外の面を上目にして壺によせかけ、これを客に見せる。客は二の面以外の目が上目となっているから安心し、賽が傾いていることなど眼中にない。それから忠兵衛は壺を開くが、二玉の賽は壺にもたれかかって転倒を免れていたのだから支えを失ってたちまち転倒し、二の面を上目として座り、張方の勝ちとなり忠兵衛（胴親）は負けるが、客は忠兵衛の壺の開け方が拙劣であったため予想もしない目が上目になって敗けたのだと誤信し、二玉の不正賽には思い至らない。

忠兵衛は自身で壺を開ける代わりに、前記のように壺にもたれかけたあと客に壺を開けさせることもあるが、これも同様の結果となる。

二、不正札使用

その一　チョボ一の見損い

前項の目紙の代わりに張方は一から六までの数字を書いた張札と賽一個を使用し、張り札は紙、ハンカチ等の下に入れて張る。この方法によるチョボ一賭博に仮託して行う詐欺賭博を俗に「チョボ一の見損い」という。

(一)　客を抱く方法

前項の通り忠兵衛は客に対し忠兵衛と内通し尽大を張方に回し同人の賭金を騙取することを勧め、忠兵衛が客に代わって胴親となり客を張方（尽大）の側に座わらせて、尽大が何の数の札を張ったかを見届け、これを胴親（忠兵衛）に密かに内通させる。胴親（忠兵衛）は壺に賽を伏せたように装って実は右手の指の間に賽を挟んで客の内通を待っているから、その合図で張方（尽大）の張った札の目と反対に賽の出目を作り壺を開け、あたかも賽は壺の中に伏せられてあって偶然張方（尽大）の目と反対の目が出たかのようにして張方（尽大）を敗かす。

(二)　客を落とす方法

五通りの方法がある。

一、張方（尽大）は「べカ札」の項に記述するように二個の数字に通う「屛風札」と称する「べカ札」または両面とも異なる数字を表せる俗に「両面」と称するべカ札を使用する。例えば一面は三、他面は四の屛風札、または三、四の両面通い札を使用する。そして四に賭金する場合は客には札の三の数字の方を示し、あたかも三に賭金するように客を欺き、屛風札にあっては三を四の数字面に変えて紙の下に入れ、両面通い札にあっては、三の反面の四の数字を示す方を表にして紙の下に入れ客の裏をかく。客は胴親（忠兵衛）に三の合図をし、胴親は賽の三の出目を作るから敗北する。

二、張方（尽大）が、例えば四に賭金する際には、その上に密かに違った数字の札一枚を重ね、客に四以外の数に賭金するものと誤信させ、紙を被せる際には巧みに四の札だけを被せこれと違った数字の札は手許に残す。すると客は、四と異なった数字を胴親（忠兵衛）に合図するから胴親（忠兵衛）は四以外の賽の出目を作って敗北する。

三、張方（尽大）はあらかじめ五の札の中央部の数字のみを切り抜き、この紙片を四の札に唾液で貼付し一見五の札のように見せかけた札を用意し、機を見てこれを取り出し、客に対してはあたかも五の札を張り札とするように装って張り、右の紙片は密かに取り除いて四の札としておき、客

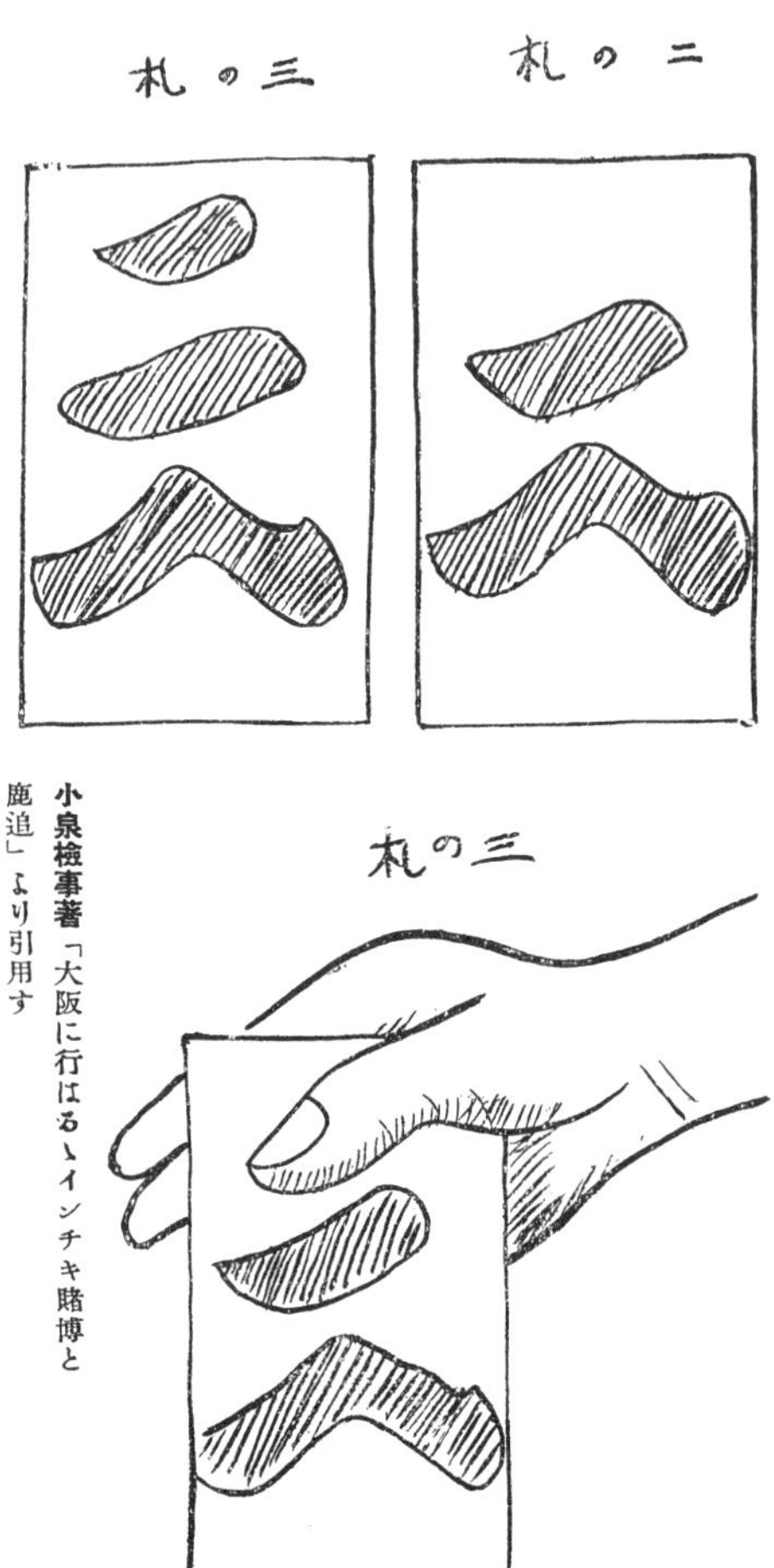

小泉検事著「大阪に行はるゝインチキ賭博と鹿追」より引用す

に五の札であると誤信させて胴親（忠兵衛）に内通させる。胴親（忠兵衛）は賽の出目を五として胴親が敗北する。

四、張方（尽大）は三の札に賭する際、三の字の一画を指で隠しあたかも二の札に賭けるように装ってこれを客に見せて欺き、客に胴親（忠兵衛）へ二の合図をさせて胴親（忠兵衛）は賽の出目を二として胴親が敗北する。その数字札を使用する場合の欺罔方法は前図および次図の通りである。

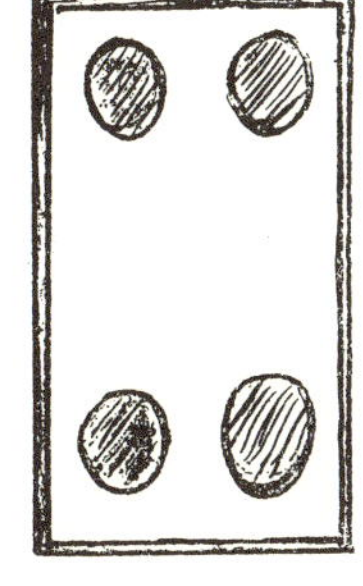

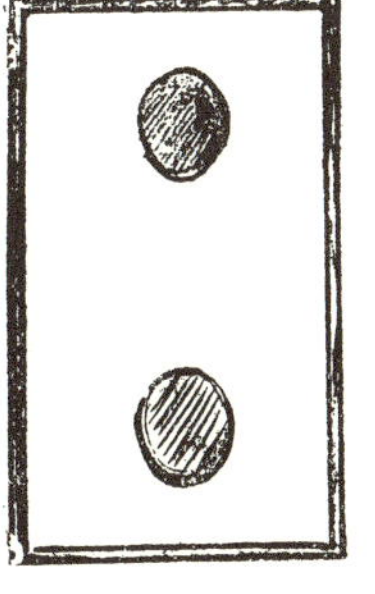

チョボ一に使用される張り札

五、張方（尽大）は、五の札に賭する際、五の札の中央の一点を隠し、あたかも四の札に賭けるかのように装ってこれを客に示して欺き、客に胴親（忠兵衛）へ四の合図をさせて胴親（忠兵衛）は賽の出目を四として敗北する。

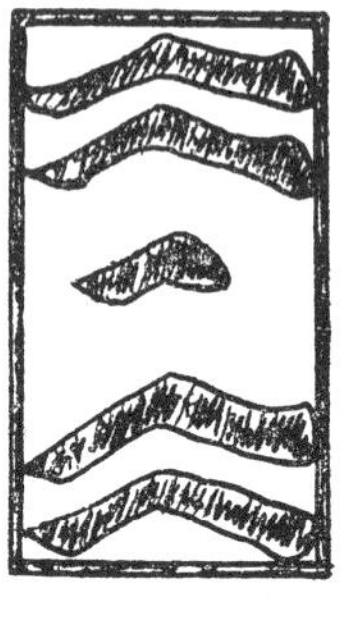

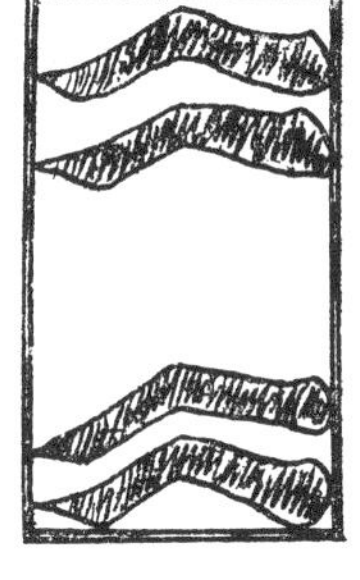

こうして、

(イ)　五の札を張り札としながら、四の札を張り札とするように客を欺罔する方法を「チョボ一グシの見損い」と称し、

(ロ)　三の札を張り札としながら、二の札を張り札とするように客を欺罔する方法を「チョボ一、二、三の見損い」と称する。

愛媛県下では、（イ）、（ロ）のような方法で客を抱き落とす（乗りこかす）方法を俗に「見てくれ」と称す。

次に不正賽および不正壺使用による詐欺賭博の実例を示す。

【実例】 昭和九年十月十日、和歌山区裁判所検事局、起訴

被告人松本章ハ外数名ト共謀シ賽ヲ湯呑ニテ伏セ賽ノ目ニ張リ当ツルヤ否ヤニ依リテ勝敗ヲ決スル俗ニ「チョッポ」ト称スル賭博ニ於テ賽ニ或種ノ仕掛ヲ為シアル為伏セタル賽ノ目ヲ知リ得ルト共ニ相手方カ当リ目ニ張リタル時ハ湯呑ノ縁辺ヲ賽ニ触レシメテ開クコトニ依リ容易ニ賽ヲ転倒セシメ得ルカ故ニ斯ル詐術ヲ用フルニ於テハ常ニ必勝スベキヲ以テ互ニ通謀シテ相当資産アリテ賭事ヲ好ム旦那ヲ物色シ之ヲ相手トシ右詐術ニヨル賭博ヲ為シテ一時ニ多額ノ金員ヲ獲得セン事ヲ中向ケ其賽右ノ如ク賽カ容易ニ転倒スルハ湯呑ノ縁辺内面ニ鬢付油ノ如キ粘着力アル油カ塗布シアルニ依ルモノナルコトヲ故意ニ秘シテ客ヲ勧誘シ客若シ之ニ応セハ被告人等共謀者中ノ一人ヲシテ右ニ所謂旦那ヲ装ハシメ之ヲ張手トシ客ヲ胴元トスル両者間ニ賭博ヲ行ハシメ機ヲ見テ右湯呑ノ縁辺内側ノ油ヲ拭キ取リ、賽ヲ転倒シ得サル如ク仕做シ客ノ伏セタル賽ノ目ヲ共謀者中ノ一人ハ旦那ニ秘ニ合図ヲシ旦那ヲシテ其ノ当リ目ニ張ラシメタル上客ヲシテ賽ヲ転倒スルコト能ハサルニ到ラシメ「チョッポ」ノ勝負ニ敗レシメ客ヲシテ賽カ転倒セスシテ失敗シタルハ自己ノ詐術ノ拙劣ナルカ為メナリト誤信セシメ、賭金名下ニ金員ヲ騙取セントスル俗ニ鹿追ト称スル方法ニ依リ客ヨリ金員ヲ騙取センコトヲ企テ昭和九年五月下旬和歌山市本町料理店半鐘ニ於テ前示方法ニ依リ南出六左衛門ヲ欺罔シ同人ヨリ金百五十円ヲ騙取シタルモノナリ。

（三）チョボ一クズレと詐欺

一、「チョボ一クズレ」と称する賭博の方法

「チョボ一クズレ」とは四国地方で行われる賭博で、松山地方ではこれを「**六出し**」ともいう。賭具は一から六までの数字を書いた六枚の札（花札、カブ札、豆札等を使用する場合もある）、賽一個、伏壺一個である。

胴親と張方の勝負であって、張方の人数には制限はない。胴親は壺に賽一個を入れて伏せる。張方は、六枚の札をその目を見ずに一重ねにして場に積み一番上の札は伏せておく。次に胴親は壺を開け、その出目の数だけ右の積札を上から順次めくって取り除き、次に表れた札の数が賽の出目と一致すれば張方が勝ちで賭金の四倍を受け取ることができ、違えば張方の負けで賭金は没収される。

例えば、賽の出目が三であったならば、積み札の上から三枚を取り除く。こうして次の四枚目の札が三であったら張方の勝ち、違ったら張方の負けとなる。賽の出目が六であった時は親の付け目と称し常に胴親の勝ちとし、張方の賭金を没収することになっている。つまり胴親は六分の一の勝率を優先的に保持しているから、できる限り胴親となった方が有利である。

二、欺罔方法

（一）客を抱く

忠兵衛は客に対し右の六出し賭博では親が有利であることを説き、なるべく胴親をやって張方に大金を賭けさせ、反対に張方にまわった時はなるべく少額の賭金をするように心懸け勝負を繰り返せば客の必勝疑いなし、と申し向けて尽大と勝負させる。あるいは、忠兵衛自身が胴親となり客より賭金の提供を受ける、もしくは客を胴親にするのである。

(二)　客を落とす

張札を重ねるに際し、不正手段として六枚の札を**六**、**一**、**二**、**三**、**四**、**五**の順に重ねておけば、六の目が出たとき以外は張り方の勝ちで、その勝率は六分の五である。逆に**一**、**二**、**三**、**四**、**五**、**六**の順序に重ねておけば張方は全敗するから、この原理を応用して客を落とす。忠兵衛は客に胴を取らせて張方（尽大）と勝負をさせ、当初の間は少額の勝負を繰り返して勝敗共に自然に任せおき、時には張方（尽大）はわざと六枚の札を**一**、**二**、**三**、**四**、**五**、**六**の順序に重ねて山札とし、張方必敗の方法を採って客（胴親）に勝ちを譲る。その後、

(一)　張方（尽大）は六枚の札を**六**、**一**、**二**、**三**、**四**、**五**の順序に作り込み、張り方が六分の五の勝率を有する不正配列にして張方を勝利させて客の賭金を騙取する。

(二)　尽大が胴親となった時は、張方の客を必敗させるため壺に賽を入れて伏せる際、密かに賽を抜き取り壺の外に置き、胴親の付目である六の目を出して据え、あたかも偶然六の目が出たように客を欺罔する。

第十章　賽本引と詐欺

「賽本引」と称する賭博は、胴親と張方の勝負で、賭具は賽二個、壺一個、および一から六までの数を表した六枚の「目安札」、および張札とを使用する。張方は張札を並べ賭金をした後に、胴親は賽二個を壺に入れて振って伏せてから壺を開けて賽を曝す。二個の賽の目を合算し六以上となれば六で切り捨て、すなわち八ならば二、十ならば四と勘定し、次に目安札を出す。張札には手本引と同じく四枚張、三枚張、二枚張、一枚張、等四通りの方法があり、それぞれ勘定の方法も異なる。

このように詐欺賭博者間で、いわゆる「賽本引」は賽一個、壺一個、および一より六までの数字を記載した札を使用して勝負をする前記チョボ一賭博と同一方法による賭博をいう。その欺罔方法もチョボ一賭博と全く同一であるから「チョボ一賭博と詐欺」の項を参照されたい。

第十一章　手本引と詐欺

「**手本引**」には博徒の行うものと詐欺賭博者が行うものとの区別がある。

一、博徒の行う手本引の方法

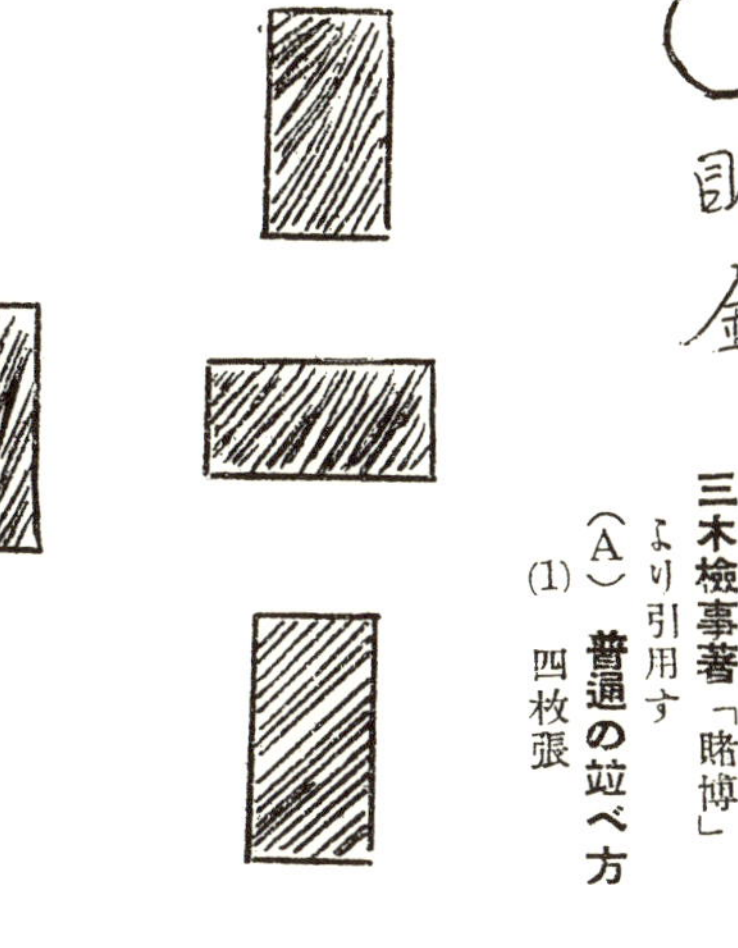

三木検事著「賭博」より引用す

(A) 普通の並べ方

(1) 四枚張

手本引は胴親一人を相手とし張方数人が勝負をする。賭具は胴親が使用するものとして日本手拭一筋、一から六までの数の六枚の「引き札」、一から六までの数の六枚の「目安札」、張方の使用するものとして、一から六までの数の六枚の張札である。胴親は「引き札」六枚を懐中に入れ、そのうち任意の一枚を抜き「引き札」の一番上に絵を向けて重ね、他人に発見されないように懐中から取り出して手拭に包み込み自席の前に置く。張方は一枚から四枚の張札を自席の前に並べる。その並べ方には図の八通りがある。

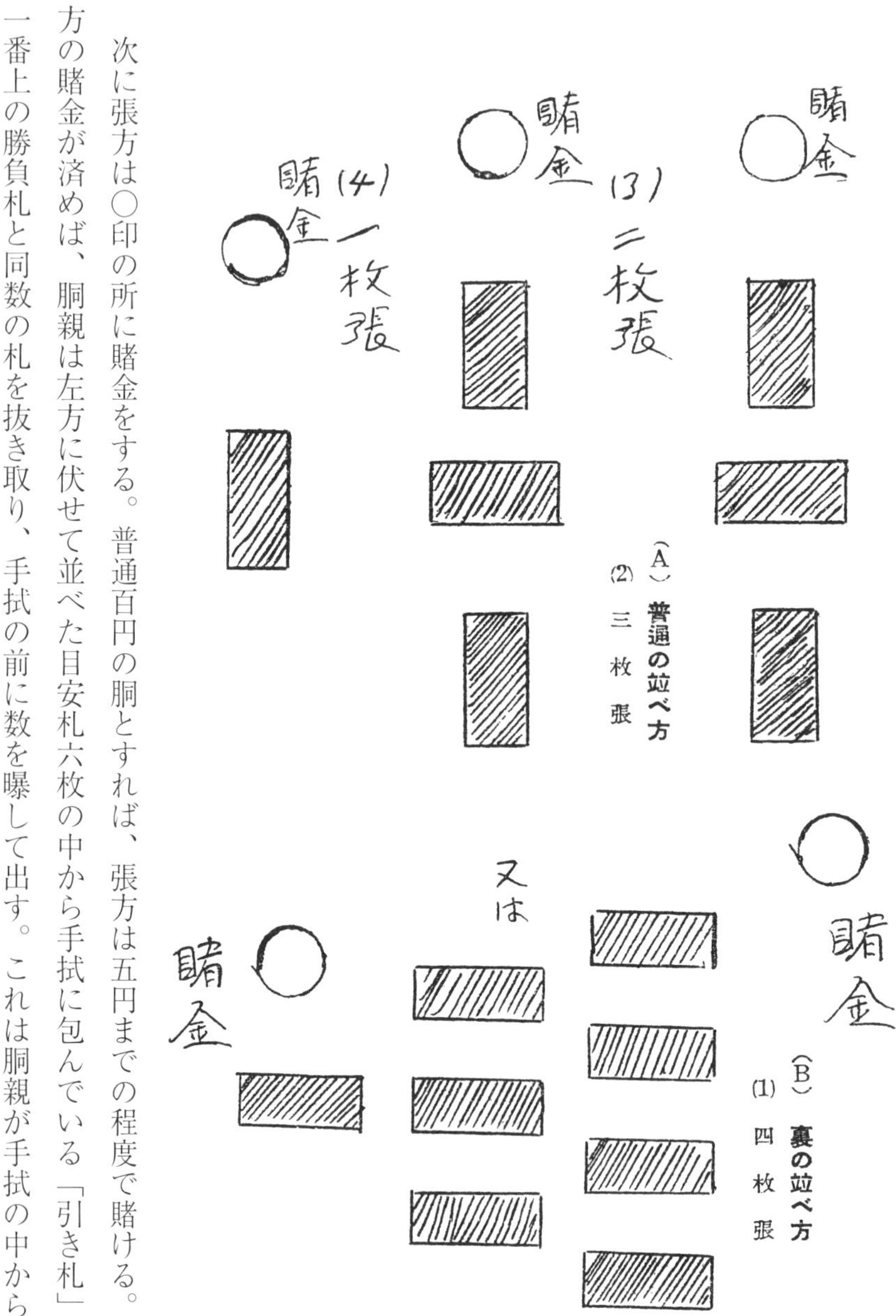

次に張方は○印の所に賭金をする。普通百円の胴とすれば、張方は五円までの程度で賭ける。張方の賭金が済めば、胴親は左方に伏せて並べた目安札六枚の中から手拭に包んでいる「引き札」の一番上の勝負札と同数の札を抜き取り、手拭の前に数を曝して出す。これは胴親が手拭の中から取

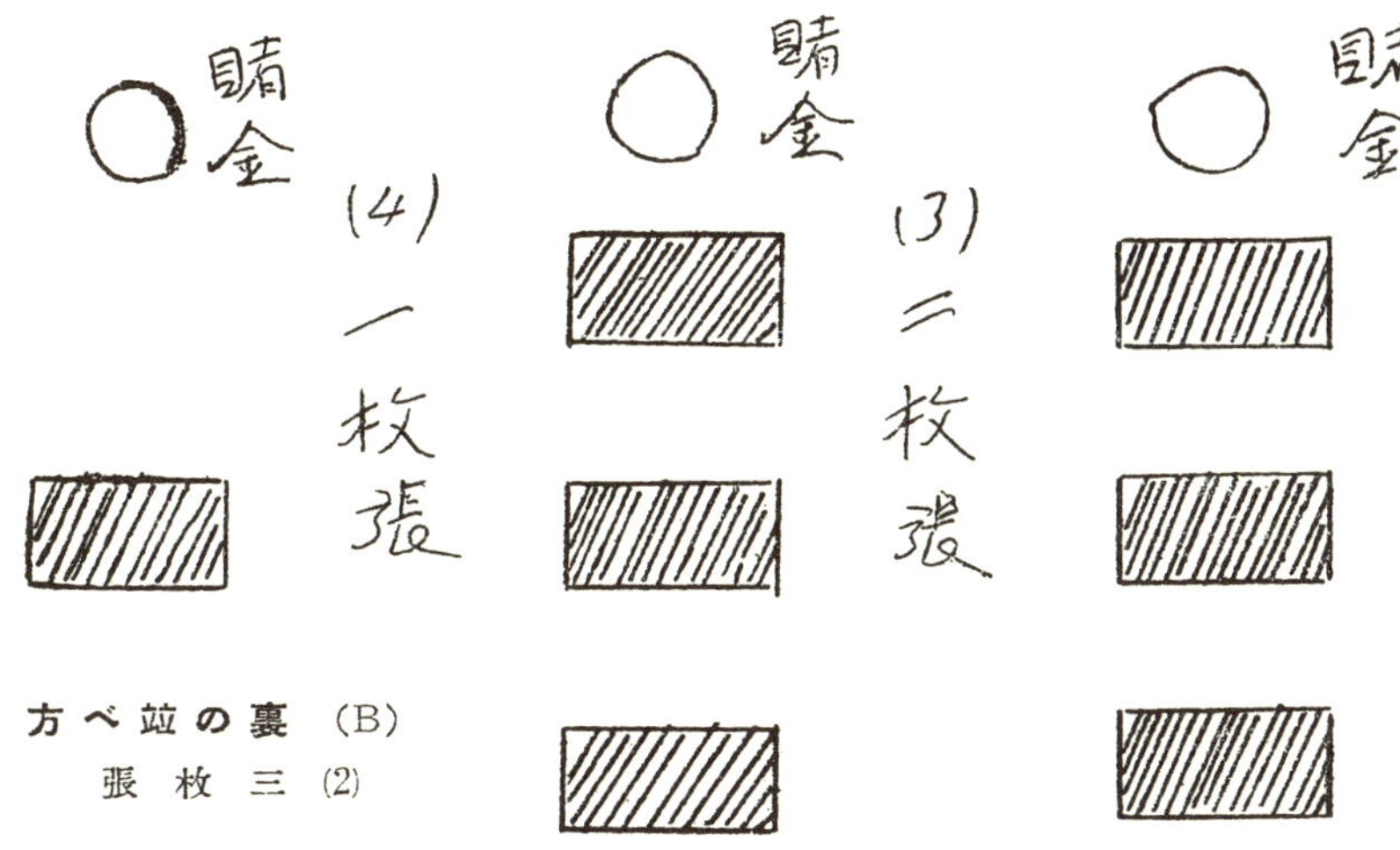

方べ並の裏（B）
張枚三 (2)

り出す「引き札」の勝負札の数を忘れないための心覚えと、胴の不正手段を防止するためである。もし引き札の数と目安札の数とが一致しない場合は、「引き札」の数の勝負札だけでなく「目安札」の数も共に胴の勝負札となる。次に胴親は手拭から「引き札」を出し、張方も張札を順次めくって曝し、「引き札」と張札を対照して張札の中に引き札と同数の札があれば、張方の勝ちとなる。四枚張、三枚張、二枚張および一枚張等によってその勝金にそれぞれ差異が生じる。

二、詐欺賭博に応用される手本引と称する賭博の方法

方法

胴親一人を相手とし張方数人が勝負をする。賭具は胴親が使用するものとして、手拭、風呂敷、ハンカチの類を一枚、一から六までの数字を書いた六枚の引き札一組、張方が使用するものとして、一から六までの数字を書いた六枚の張札一組である。

胴親は、前記引き札のうち任意の一枚を引き札の最上部に重ね（これを勝負札と称す）、上から前記の布一枚を被せて張方の張札を待つ。張方は前記張札のうち、任意の一枚を抜いて伏せて場に出してから賭金する。賭金が終われば胴親は布を取り除いて勝負札を曝し、張方は張札を曝してその数を対照し、数が合致すれば張方の勝ちで賭金の数倍を胴親から取り、合致しなければ胴親の負けで賭金は没収される。

三、欺罔方法

客を抱く方法

忠兵衛は胴親、尽大は張方にまわり、客には尽大の側に座わり尽大の張札に注意して張札の数が一から六のうち、何の数かを密かに胴親の忠兵衛に合図することを依頼する。客が尽大（張方）の張札の数を忠兵衛（胴親）に合図すると、忠兵衛（胴親）はこれと右勝負札の数と合致するかどうかを判断し、合致しない時はそのままとし、合致していれば布を取り除く際、密かに積み札を顚倒し底札を最上部、前示勝負札を底とするから、今まで底札だったものが勝負札のように装って場に曝せば、尽大（張方）を欺きこれを敗かすことができると言って客を抱く。

客を落とす方法

張方の尽大は忠兵衛との通謀により、前記チョボ一、賽本引の場合のように三の張札の一画を隠して二の張札かのように客に示し、尽大は二に賭するもののように客を誤信させて欺罔し、忠兵衛に「二」の合図を送らせる。一方、忠兵衛は勝負札として上部に二、底部に三の札を重ねて隠し、客の合図により、わざと「二」の札を避けたまま「三」の引札を勝負札とするように装って三の底札を勝負札として曝す。これにより尽大の張札の数を合致させて尽大に勝利させる。

第二編　特殊な詐欺賭博

（一）電気装置の賽

賽の丁目または半目にのみ鉄粉を充塡し、これを壺で伏せ足を付ける際、場の下に装置したマグネットに電流を通せば、丁目側に鉄粉を充塡した賽は、その反対の半目が上目となり、半目側に鉄粉を充塡した賽は丁目が上目となる。

「狐」（狐チョボ一）では、四五一に充塡し三二六が出る、三二六に充塡し四五一が出る。「天サイ」ならば黒に入れて白が出る、白に入れて黒が出る。「チョボ一」ならば一より六までのうち何の目でも出せる。前記塩島商店では、鉄粉を練硬剤状としたものを「モヒネール」と称して発売し、重量三百目余の携帯用マグネットと共に代金百五十円で販売している。

実例では、

昭和三年四月、鈴木利治ほか数名は函館市松風町木村末吉方で田中某に丁半賭博を挑み、あらかじめ設置したマグネットに電流を通し、鉄粉入りの賽を使用して六百余円を騙取した（同年八月十八日函館区裁判所起訴）。

昭和五年二月、土肥正義ほか一名は富山県中新川郡水橋町の空土蔵内にマグネットを装置し、鉄粉入りの賽を使用して松山某ほか十数名より数百円を騙取した（同年十一月二十五日魚津区裁判所起訴）。

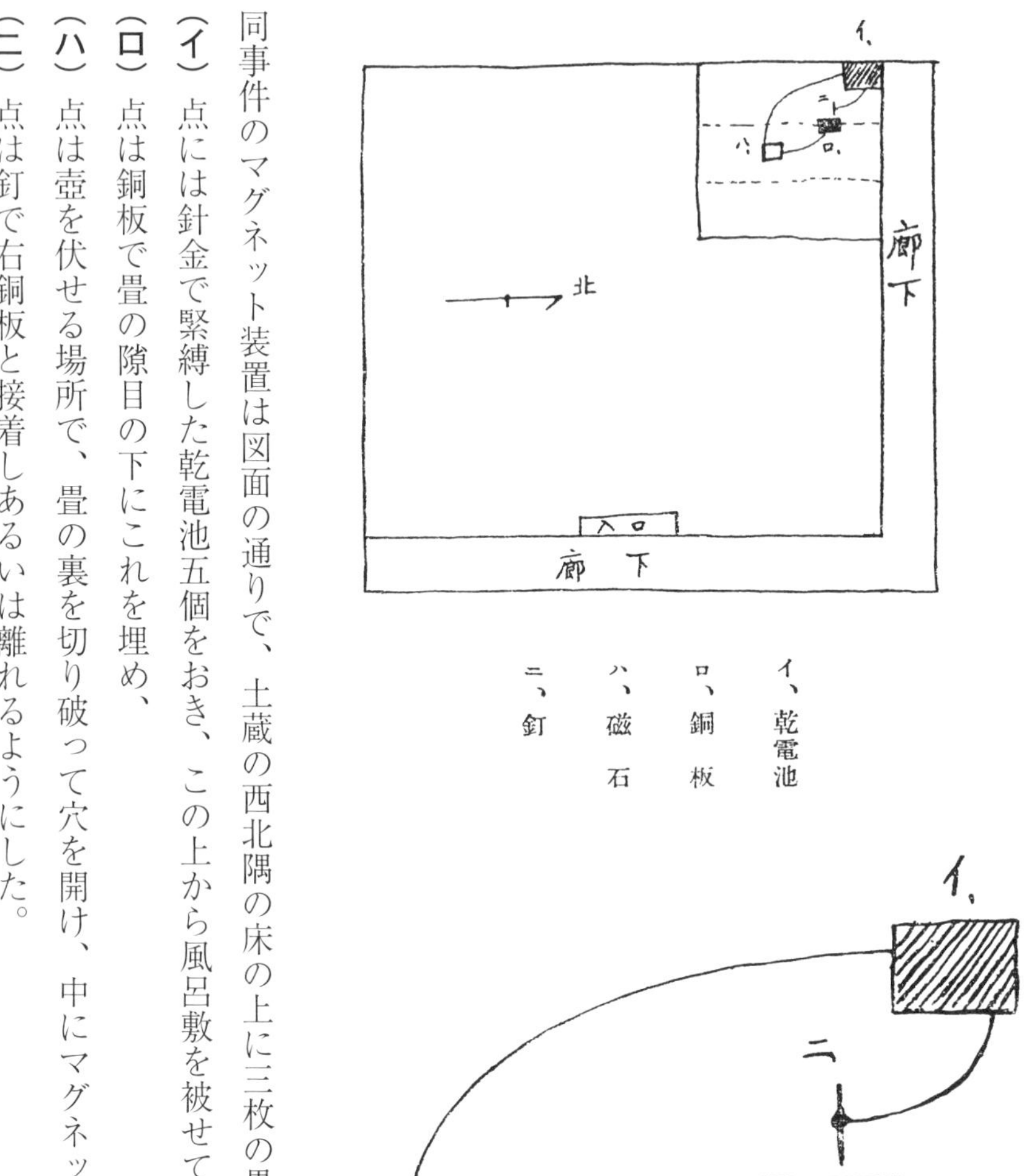

同事件のマグネット装置は図面の通りで、土蔵の西北隅の床の上に三枚の畳を敷き、

(イ) 点には針金で緊縛した乾電池五個をおき、この上から風呂敷を被せて隠し、

(ロ) 点は銅板で畳の隙目の下にこれを埋め、

(ハ) 点は壺を伏せる場所で、畳の裏を切り破って穴を開け、中にマグネットを埋め、

(ニ) 点は釘で右銅板と接着しあるいは離れるようにした。

(イ)と(ニ)との間および(イ)と(ハ)と(ロ)との間には針金を通して、(ニ)点の釘を押す時は、釘の下方が銅板に接着し電流が通じるような装置となっている。

賽を使用する賭博検挙に際しては、単に賭具賭金の押収あるいは領置のみに止まらず、場所の装置構造についても深く注意すべきである。

(二)　穴　熊

賽を用いる賭博で賭場に穴を穿ち、壺で伏せた賽の目賭場の下より透視して、この上目を味方の胴親または味方の張方に内通し、もし味方が不利な場合には針尖をもって賽を転ばし、客を敗戦させる不正手段を「穴熊」と称している。黒川久吉ほか二名は、昭和六年十一月穴熊式をハンカン賭博に応用して、野付牛区裁判所に起訴された。

その犯罪事実は、「被告人黒川久吉、一林与作、高桑栄蔵、山本政吉等は共謀し昭和六年七月十九日北海道紋別郡湧別村被告人黒川方において、その六畳間座敷の西側土壁に覗き見用の小穴を穿ちその床下へ外部より長さ約三尺五寸の丸棒を横に吊り下げその末端に鉄線を付し鉄線の尖端をその座敷の畳床上に突出せしめ共犯者の一人は壁の外側におりて右小穴より胴親が場に撒くハンカンの札を覗き見て中場または乙場中いずれかに金を賭するよう胴親たる共犯者には右仕掛具を用いて通知するようになし置きハンカン賭博に名を藉り二百余円を騙取したるものなり」。

次図はそれぞれ賭場の構造、棒の形状等を示したものである。

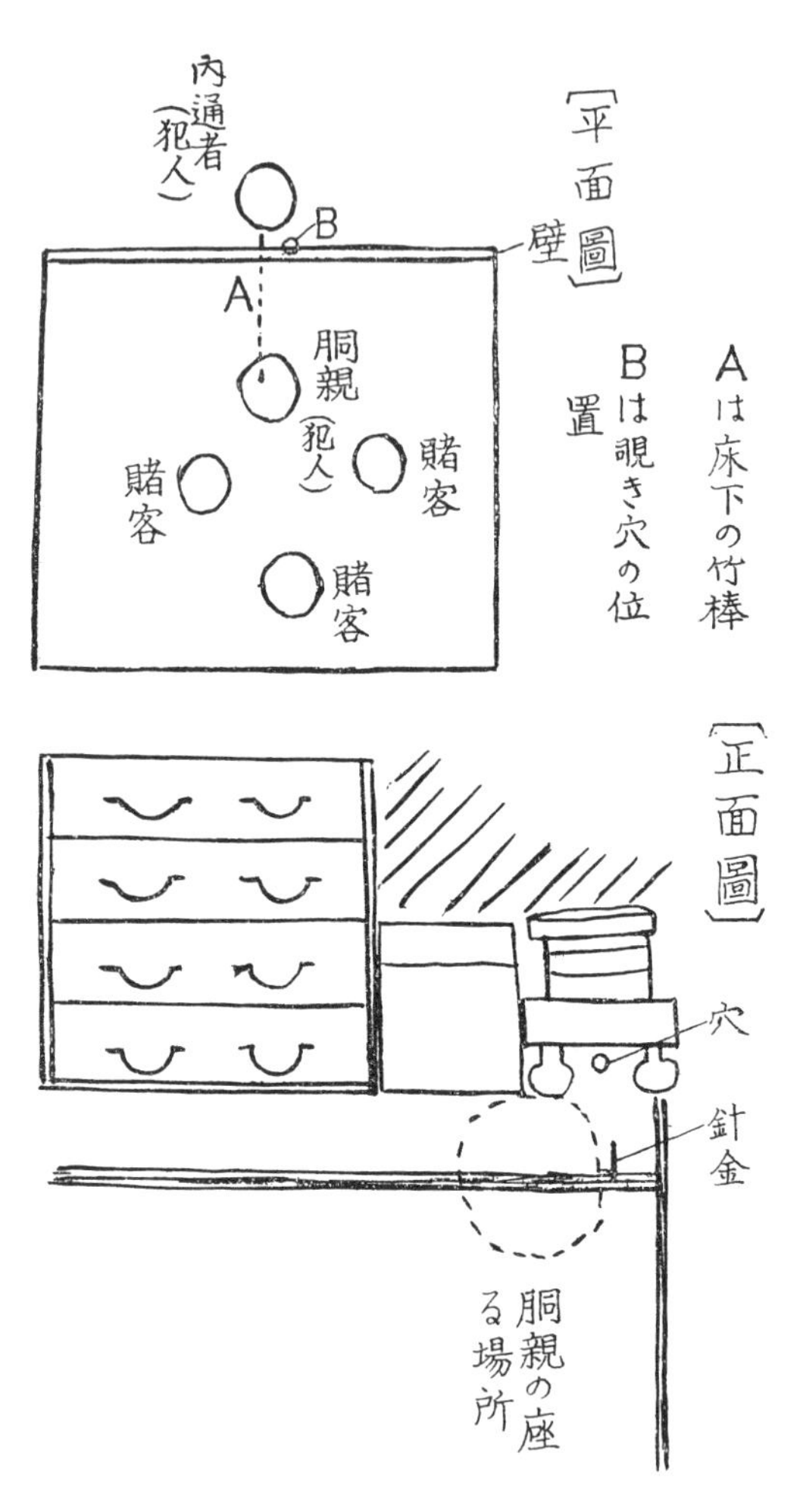

ハンカン賭博は花札を使用し、胴親が初絵、中、乙と三枚ずつ札を撒くが、浮かして撒くのは初絵だけで中と乙はいずれも伏せて出し、張方は中または乙に賭金する。勝負は中絵の札の月数と乙絵の札の月数とを対比して、その高目を得た者が勝ちとなる。伏せた札の目を知る方法として、札の裏にガンをつけたベカ札を使用するのも欺罔の一方法であるが、本件では犯人中胴親となった者が札を撒く時に中絵と乙絵の伏せ札を他の犯人が横から覗き見て、中絵が有利か乙絵が有利かを胴

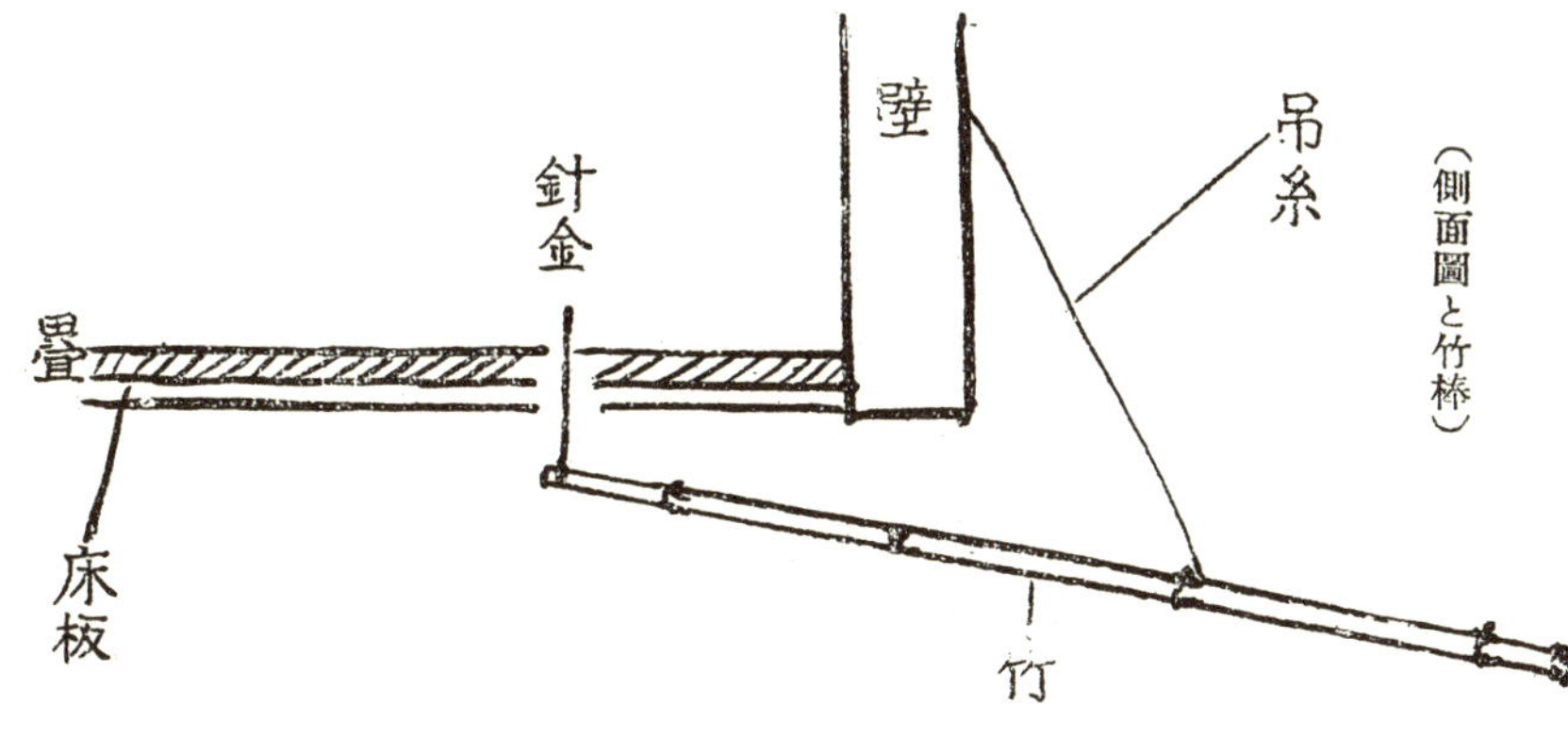

親に内通する方法を採った。賭場で味方の胴親が座る場所をあらかじめ選定し、その後方に当たる所の外壁に穴を開けて覗き見る仕掛をした。そして竹の棒の先端に針金を結びつけこれを床下に入れて吊り下げ、針金の先端は賭場の畳の隙き間から胴親の足許にまで届くようにし、棒を動かすと針金が胴親の足を突くようにした。伏せ札の中絵が有利だから中絵に賭金せよと合図する時は棒を一つ動かして胴親の足を一つ突く、乙絵が有利だから乙絵に張れと知らせる時には棒を二つ動かして胴親の足を二つ突くようにしていた。

（三）「ウステー」と詐術

沖縄県では「ウステー」と称する賭博が行われる。大正十年一月二十八日那覇地方裁判所が下した判決は次の通りである。

「被告比屋根、蒲戸、外一名は伊波五郎が資産家なるより、親となりたるものが同種の貨幣を重ねて出し、子となりたるものがこれに一定の金額を賭してその重ねたる下の貨幣の表裏を当て、当たりたるときは子が賭銭およびこれと同額の金銭を親より取り、当たらざるときは親が賭銭全部を取りて勝負を決する「ウステー」と称する賭博をなすがごとくして伊波をして出金せしめ被告蒲戸がこれをもって相被告某と勝負をなしかつ伊波をして親たる右相被告の側に在りてその重ねる貨幣の表裏を見せしめ下のものが表なるときは手の甲を向け裏なるときは掌を向けて子たる被告蒲戸に通報せしめ初め二回はその合図の通りにして被告蒲戸が勝ち三回目に至り被告蒲戸が所持金全部を賭したるとき右相被告某が重ねたる貨幣を回転して伊波の通報せし所と反対になして勝ちを占めもって伊波より金員を騙取せんことを共謀し、

（一）大正七年六月二十三日沖縄県中頭郡北谷村において被告蒲戸より伊波五郎に対し前顕のごとき合図をなす方法により「ウステー」をなし右相被告より金銭を詐取せんことを申し向け両名が真に伊波の組となりて相被告より金銭を詐取するもののごとく誤信せしめて欺罔し、伊波をして金五

十円を出金せしめ被告蒲戸がこれをもって相被告と「ウステー」をなすもののごとくし伊波をして相被告の側より合図をなさしめ予定の手順により相被告において賭金全部を勝ち取りもって伊波より金五十円を騙取し（下略）たるものなり」。

一、「ウステー」と称する賭博の方法

その方法は「字かぬか」の方法に酷似し、またその詐術も似ている。

賭具は補助貨十枚内外で、胴親は同種の補助貨十枚内外を一重ねに積んで場に出す。張方は底になって隠れている貨幣の上目が表（金高を打ち出しある方）か裏（絵模様等を打ち出しある方）かに金銭を賭し、張方の賭金が終われば胴親は底の貨幣を場に曝して張方の張目と合致するかどうかを見てもし合致していれば胴親は張方の賭金相当の金を張方に提出し、合致していなければ張方の賭金は胴親が没収する。人数は胴親は一人、張方は数人でも差し支えない。

二、欺罔方法

（一）　客を抱く方法

忠兵衛は胴親である尽大の傍に客を座らせ、胴親が底に積む貨幣の出目が表か裏かを見届けて、これを手真似（例えば、表なる時は手の甲を向け、裏なる時は掌を向ける）をして張方である忠兵衛に内通する。忠兵衛は客から内通を受けた目に賭金すれば、尽大の賭金を巻き上げられると称して、客の所持金は張方の忠兵衛に預けさせて忠兵衛は客に代わって張方となり、客を傍観者の位置に立たせて、尽大と忠兵衛とが「ウステー」と称する賭博を始めることにする。

（三）　客を落とす方法

忠兵衛（張方）はさらに連勝を期するかのように装って、一時に所持金全部を賭金することを申し出る。すると、尽大（胴親）はこれに応じて忠兵衛を必敗させる方法として、あたかも補助賃の表を上目にして底に置くように客に見せながら、密かに裏返して裏を上目にして底におく。客は忠兵衛に上目は表だと合図するから忠兵衛（張方）は表の目に賭金し、補助貨を開くと尽大の補助貨は裏が上目となっているので、忠兵衛（張方）は負けて尽大の勝ちとなる。しかし客は容易に詐術を見破れず、上目の見間違いだと誤信し欺罔される。

（四）　玉ころがしと詐欺

「玉ころがし」には俗に玉ころ台と称する遊戯具を使用する。その遊戯具は板の上に無数の釘を差し上部より硝子玉を転がす時は、玉は釘の間を通り抜け下部の一ないし八の数字で表した決勝点のいずれかの部分に落ち込む仕掛けである。釘の差し具合で玉はある部分には落ち込みやすく、ある部分には落ち込みにくくして胴親の負担が大きい場所には玉が落ち込まないようにし、胴親の損失にならない場所には落ち込みやすく作ることができる。しかしそれでは客が集まらないから、犯人はどこの決勝点にも平等に玉が転げ込むよう釘を差し、遊戯具そのものには仕掛けを施さず、偶然による勝敗を争うもののように吹聴し、当初は台を片方に少し傾け水平を失わせて、客の有利な所に玉が落ち込むようにして胴親を負けさせ客に多額の賭金をさせた後、密かに台の下方の支え板を抜き取り、今までとは反対の側に玉が転げ込むよう傾かせる手段を講じてから客に玉を落下させて、胴親の有利な場所に玉を落とさせて賭金を騙取する。

次は昭和八年四月十四日京都区裁判所に起訴された実例である。

被告人川端米蔵は昭和七年九月初旬より十月中旬までの間、十数回にわたり京都市内で石浦吉松ほか数名を相手とし玉ころ台、玉等を用いて金銭を賭し、俗に「玉ころがし」と称する賭博をするかのように装い石浦音松等が一時に多額の金を賭した際、密かに玉コロ台の上部の枕木にあらかじめ準備しておいた三分角の棒を左右に動かす、あるいは上部の枕の辺にボール紙片数枚を挟んで石浦吉松等を欺罔して玉ころ台の水平を失わせた上、玉を転々とさせて反対の方向に玉を落とさせ金二百円を騙取した。

(五)　馬券カードと詐欺

一、馬券カードと称する賭博の方法

賭具は縦四寸、横六寸くらいの二ツ折になった賭け紙で一方には馬の絵があって番号が書いてあり、他の一方には勝者欄が設けてあってそこにも番号が書いてあるがこれは薬品で隠されている。

胴親と張方との勝負で、張方は右馬の絵の方に書いてある任意の番号に賭金する。胴親は張方の賭金が済むと勝者欄の薬品を拭いてこれを表し、張方の賭けた番号と勝者欄の番号を対照して双方が一致すれば張方の勝ちで、胴親から三倍または四倍の金を貰うことができて、一致しなければ張方の負けで賭金は胴親に取られる。

二、欺罔方法

(一)　客を抱く方法

忠兵衛は、馬券カードの勝者欄に一の数字が出るものには、下の欄の登録番号の右から一番目の数字に印をつけ、勝者欄に二の数字が出るものには、登録番号の左から二番目の数字に印をつけてあることを客に説明する。その印を見て金を張れば必ず勝つから尽大と一戦を試みよ、といって客を張方に、尽大を胴親にして勝負をさせる。

(二)　客を落とす方法

忠兵衛は勝負中、右馬券カードの印（ガン）を消したり、あるいは前項の打ち合わせに反し、勝馬欄の番号と異なった印を付けたカードを用意して張方に賭金させ、客を敗戦させる。客には自己の軽率のため印（ガン）の見誤ったかのように誤信させて賭金を騙取する。

（六）　場丁半賭博と詐欺

一、場丁半と称する賭博の方法

「場丁半」は四国地方、九州地方で行われる胴親と張方の勝負である。胴親は花札四十八枚を突き混ぜ山札とし、張方はさらにこの山札の適宜の個所を区切り、その区切ったものを山札の下部として、俗に「切る」と唱えることをした上、胴親はその札の最上部より伏せたまま八枚を場札とし、ついで張方に八枚、胴親に八枚を順次配布し、残余の札を山札とした後、勝負に当たりあらかじめ定めておいた場札中の実札（またはガス札。実札とは一月の松印では、松に鶴、松に短冊、二月の梅印では梅に鶯、梅に短冊、三月の桜印では桜に幕、桜に短冊、四月の藤では藤に郭公、藤に短冊、五月の杜若では杜若に八ツ橋、杜若に短冊、六月の牡丹では牡丹に蝶、牡丹に短冊、七月の萩では萩に猪、萩に短冊、八月の山では山に月、山に雁、九月の菊では菊に盃、菊に短冊、十月の楓では楓に鹿、楓に短冊、十一月の雨では雨に小野道風、雨に燕、十二月の桐では桐に鳳凰、桐の下半分黄色のものを指し、ガス札とはその他の付加模様なきものを指す）この中いずれか一方を賭け札と定め、その枚数が奇数か偶数かに対し最初張方の方からこれを半または丁として金銭を賭し、ついで胴親は張方の反対に金銭を賭したる上、審判役をする者が場札を起こしてこれを実札とガス札とに区別する。それと同時に賭け札と定めた実札あるいはガス札の枚数が張方が賭した丁または半と一致したかどうかを審判し、もし一致していれば張方が勝者となり賭金の倍額または四倍額の金を胴親から取り、もし一致していない時は張方の負けとなり賭金を胴親に没収される。普通は場丁半を終わった後、各自に配布された各八枚の手札と場に曝された八枚の札とにより俗に「六百間」と称する花合賭博をするから、右「場丁半」は、一名前出場丁半の異名がある。

二、欺罔手段

(一)　客を抱く方法

忠兵衛は審判役に、客は張方となり共謀してガン札（ショウ）を使用して尽大を胴親にまわしたら必勝すると称し、忠兵衛は客を抱き込む。すなわち四十八枚の実札またはガス札いずれか一方の札全部二十四枚にわたり、例えばその一角または対角をわずかに切り取り、切り取った部分には墨を塗りこれを隠し、札の裏面を凝視すればその表面が実札なのかガス札なのか判断できるよう仕掛けを施したショウ札を、尽大（胴親）には内密に使用し、場札の「ショウ」を見て丁または半に賭金すれば、張方は必勝すべき旨を客に告げて客を抱くのである。ただし客が胴親となった時、尽大は場札中のショウを見てことさら自己が敗けるような張札に賭金する。

(二)　客を落とす方法

忠兵衛は密かに四十八枚の札の中から一枚を抜き、これを掌中に隠しおき場札との擦り替えの機会を待つ。そのうち客が胴親、尽大が張方となり勝負中に尽大（張方）が一時に大金を賭けたのを合図とし、忠兵衛は場札を起こす際に釣り札と場札とを擦り替えて、尽大（張方）が張った数と一致せしめて張方を勝者とし客（胴親）を敗戦させる。例えば実札を賭札とした場合、忠兵衛はガス札または実札のうち一枚を釣って置く。実札が偶数であった時、客は丁に賭金するから、忠兵衛は掌中の釣り札と場札の実札またはガス札と擦り替えて丁目を半目に翻転させる。このため客はショウ札の見誤りのため敗北したように誤信する。

左に類似の実例を摘記する。

（一）　大正六年八月桐谷仙太郎ほか数名が場丁半賭博に仮託し「抱き落とし」をなしたる際には、客に対し「実札全部の裏面にその対角をなせる上下各一箇所に鉛筆にて印を入れたるもの、または実札全部の対角をなせる上下各一ケ所の耳を切りたるもの」を使用せば必勝すべき旨、詐術を内示し、（福岡地方裁判所福岡幸三郎外四十三名詐欺被告事件）

（二）　昭和八年一月、須原安喜ほか数名が同様詐欺をなしたる時、客に対し「実札全部の裏面の一角に針を刺して目印をなしたるもの」を使用せば必勝すべき旨詐術を内示し、（松江地方裁判所須原安喜詐欺被告事件）

（三）　昭和七年一月、松川政太郎ほか数名が同様詐欺をなしたる時は客に対し「ガス札全部の裏面の一角に鉛筆にて印を付したるもの」を使用せば必勝すべき旨詐術を内示し、（今市区裁判所松川政太郎外二名詐欺被告事件）

たる後、忠兵衛は前項のごとく、

(一)　掌中の釣り札と摺り替え
(二)　鉛筆の印は抹消し
(三)　鉛筆の印は指頭にて押さえて隠し

各欺罔手段を施して客に実札またはガス札の計算上の錯誤を起こさせて、尽大に勝利させたのである。

(七)　三枚カウと詐欺

「三枚カウ」と称する賭博に仮託し林吉久ほか三名が安部富次郎ほか数名を欺罔し、賭金名下に計約三千五百円を騙取した詐欺事件に付、青森地方裁判所は昭和七年十二月有罪判決を言い渡した。その犯罪事実は、

第一　被告人林吉久、昆小一郎ハ共謀シテ他人ヲ欺罔シ金員ヲ騙取センコトヲ企テ、昭和四年八月中ノ午前十一時頃ヨリ午後二時頃迄ノ間青森市大字濱町料理屋魚十方ニ於テ花札ヲ使用シ俗ニ「三枚カウ」ト称スル賭銭賭博ヲ為スモノノ如ク装ヒ甘言ヲ以テ安部富次郎ヲ其ノ仲間ニ加入セシメタル上被告人林ニ於テ胴元トナリタル際被告人昆カ目無シト詐称シテ巧ニ高目ノ札ヲ場ニ捨テテ林ニ勝ヲ得セシムル等ノ方法ニ依リ勝ヲ得タルニ拘ラス恰モ正当ノ方法ニ依リ偶然同人ガ勝ヲ得タルモノノ如ク作為シテ右安部ヲ欺罔シ因テ同人ヨリ合計金二千八百円ヲ交付セシメテ之ヲ

騙取シ

第二　（方法前同様に付き省略す）……騙取シタルモノナリ

一、「三枚カウ」と称する賭博の方法

賭具は花札四十八枚で十一月と十二月はいずれも十として計算する。胴親と張方の勝負で、胴親は四十八枚の花札をよく突き混ぜ裏を向けて場に積み、張方はこれを二つに切る。ついで胴親はこの山札を手に取り上げ全部伏せて三枚ずつ三組の張札を作り、同様に伏せて三枚一組の親札を作る。張方は右三組の張札のいずれの組かに賭金をし、賭金が終われば張方も胴親も札を曝す。数の計算は「カブ」同様で十位切捨ての方法により三枚の札の合計数が十二ならば二とし、二十三ならば三と計算し、九またはこれに近い高目をとった方が勝ちとなり、張方が勝てば普通賭金の四倍を胴親から受け、胴親が勝てば張方の賭金を没収する。これには胴親の「付け目」または「かき目」がある。すなわち胴親が三枚とも同一の月の札を得た「アラシ」の場合等がそれである。

二、詐術

前示被告人林吉久等の詐欺事件記録によると、被告人等のうち一名は尽大、他の一名は忠兵衛等の役割を定め、忠兵衛と客が共同して尽大の賭金を巻き上げんことを申し向け客を誤信させる。尽大が胴親、忠兵衛と客は張方にまわり「三枚カウ」をするように装い、忠兵衛は客の張札と同一場所に賭金した後、札を曝し一覧後素早く山札の中に混入し、客にはその札の月数を見せないようにする。張札の月数が親札の月数よりも多かろうが少なかろうがさらに頓着なく、忠兵衛は「ただいまの数は負けであった」と称して胴親の尽大を勝者とし、客を負かすことにしたのである。客は忠兵衛を味方だと信じており、当初数回は五分の勝負をして客に勝たせたため、客は案外容易に引っかかった。

（八）「一、二、三アテゴッコ」と詐欺

昭和六年三月十七日、中津区裁判所検事局は、

「被告人田中秋造外一名ハ共謀ノ上一人ハ尽大他ノ一人ハ忠兵衛ト為リ柚木某ナル者ヲ同県下耶馬渓付近ノ某村ニ誘ヒ来リ同人ニ対シ被告人等ト共に「一、二、三アテゴッコ」ナル賭博ヲ為サンコトヲ勧メ、恰モ真実賭博ヲ為スモノノ如ク装ヒ被告人等ノ中、忠兵衛役ハ柚木ニ代リ胴親ト為リ他ノ尽大役ハ張方ト為リ胴親役ノ忠兵衛ハ賭具タル厚紙ノ札数十個ヲ場ニ出スニ際シ、窃ニ指頭等ヲ以テ張方役尽大ニ対シ右厚紙数十箇ヲ三ニテ除シタル端数ガ三（零ナル場合ハ三トス）ナルヤ、二ナルヤ、一ナルヤヲ内通シ、内通ヲ受ケタル張方役ハ目紙ノ該当場所ニ賭金シ、客ヲシテ真ニ偶然ノ輸贏ニ金員ヲ賭スルモノノ如ク誤信セシメ胴親ノ敗北名下ニ柚木某ノ現金ヲ張方ニ交付、セシメテ騙取シタル」

事案に付、起訴し有罪の判決を受けた。

一、「一、二、三アテゴッコ」と称する賭博の方法

「一、二、三アテゴッコ」は「握りカッパ」の「三ヅキ」に類する賭博で九州の一部地方で行われる。賭具は縦一寸くらい、横二寸くらいの厚紙数十枚の札と一、二、三の数字を書いた白紙すなわち目紙一枚である。人数は胴親一人と張方一人または数名で張方の人数には制限は無いが、厚紙は人数で割れる数でなければならない。また一人に分配される厚紙は、通常少なくとも二十枚以上でなければならない。賭者が場に着くと胴親、張方にそれぞれ厚紙を配る。二人ならば平等に、三人ならば三等分に厚紙札を分配し次に親定めに移る。各人は数を調べず無雑作に札を掴んで場に出し、それぞれの数を三で割って、割り切れた人が胴親となる。もし割り切れなかったら何度でも同じことをやる。また割り切れる人が同時に二人出た時は二人間でもう一度同じことをやって割り切れた人が親になる。

親定めが済むと勝負に移り、胴親は厚紙の数を調べ任意の数を場に握って出し、張方に賭金させて張方は思い思いに目紙の一ないし三の印のうち一ヶ所に金を載せ賭金した後、胴親は手を開き厚紙を出す（この場合胴親は握る手の上から「ハンカチ」を覆い、あるいは手で握る代わりに座布団の下に厚紙を入れる場合もあるが、いずれも数を誤魔化し、不正行為がおこなわれやすいから捜査上注意すべきであろう）。厚紙の数は胴親が計算し三個ずつこれを取り去り、最後の数が三、二、一のいずれであるかを定め、目紙の張場所の目と一致するかどうかを調べる。もし張方の張目と厚紙の残数が一致すれば張方の

勝ち、違った場合には胴親の勝ちである。胴親が負けた時は二倍ないし四倍の金を張方に支払い、張方が負けた時はその賭金を没収される。もしも張方が三人以上の場合は張方は目紙の二ヶ所に賭金し、一ヶ所は空け胴親の張目を作らねばならない。

二、詐　術

胴親は厚紙の数を数えて握り張方に賭金させるから、厚紙の数が何枚で端数はいくらかということは胴親には判っている。それで胴親がこれを共謀者である張方に内通すれば、張方は随意の場所に賭金し、必勝の手段を選ぶことができる。

そこで忠兵衛はこの賭博において卓抜した技量を有すると詐称し、御大尽から金を巻き上げてやるといって客を誘引し、俺に金を預けて胴を取らせれば必ず勝って見せると称して客から胴金を預る。そして忠兵衛が胴親となり張方（尽大）と馴れ合いの上で勝負に移り、胴親は厚紙の数を張方（尽大）に内通して張方（尽大）に勝たせて胴親は故意に負けるようにすれば、客の胴前金を騙取することができる。田中秋造ほか二名は内通の方法として胴親が厚紙を握り出す時、

拇指を離して出せば……………一

拳を真直に立てれば……………二

拳を俯向ければ…………………三

ということを手真似で合図した。

（九）十枚カブと詐欺

「十枚カブ」は四国地方の呼び名で、北陸地方では「相撲取カブ」という。張方と胴親との勝負であって、賭具はカブ札四十札、または普通の花札四十八枚から雨（十一月）、桐（十二月）各四枚を除いた四十枚を使用することもある。張札として十枚の場札を場に出すが、その出し方に二通りあって詐術も異なっている。

その一

一、賭博の方法

胴親は右四十枚の札をよく突き混ぜて、全部の札を裏向きにして場に積み重ね山札とする。張方は山札を切り、下層であったものを上層に、上層であったものを下層に積んで順序を変え、裏向きで積んだ後、胴親はその山札の最上部より十枚を場札（張札）として曝し、残り三十枚を山札として場に裏向きに積む。次に張方は場札の十枚の中から任意の一枚に賭金し、次に胴親もまた張方の張札以外の任意の場札に賭金をし、山札の最上部の札を起こしその札の数と張方もしくは胴親が賭金をした各場札数とを各別に加算し、合計数が九またはこれに近い数となった方を勝者とする。もし一方の合算数が十または二十となった場合は零点とし、また十に端数があった時は十は計算に入れない。

二、欺罔方法

(一)　客を抱く方法

忠兵衛は客の補助役となり客に胴親を取らせて、尽大を張方に廻し客と尽大とが勝負をする際、客には胴親必勝の方法として十枚の場札（曝し札）に賭金する時は、尽大が張った札の月数よりも一つ多い月数の札に賭金させる。例えば、尽大が三に張った時は四に、五に張った時は六に賭金させる。すると起こし札が八であった場合、前者ならば尽大（張方）は十一、客（胴親）は十二、後者ならば尽大（張方）は十三、客（胴親）は十四となり客が勝つ。ただ張方の合計数が九となった時は、胴親の合計数は十となり胴親が敗北するが、こうしたことは稀にしか起こらないのだから、右の要領でやれば胴親には九度の勝率があると教示する。

しかし事実はこの方法でやっても客が必勝するとは限らない。例えば、十枚の場札のうち最少の数は一で、最大の数は八であるとして、尽大は右の最大の数である八に賭金したとすれば、客は一に賭金するほかない。一に賭金して起こし札にも一が出た場合は、尽大にはカブの目ができて尽大が勝ち、また十枚の場札のうち最大の数は八で次に大きな数は六であったと仮定すると、尽大が六に賭金した時は客は一つ数を飛んだ八に賭金するほかない。そしてもし起こし札に三が出たとすれば、尽大の合算数は九となるが、客の合算数は十一すなわち一となりこれまた尽大の勝ちとなる。ゆえに客が必勝するためには、尽大は客を勝たせるように適当な場札を選んで賭金する必要がある。

（二）　客を落とす方法

尽大（張方）は忠兵衛と打ち合わせ、山札の最上部にある一枚目の札の月数を密かに知る方法を講じ、この一枚の月数と合算し九となるべき場札に賭金をして客（胴親）を負かす手段をとる。すなわち尽大は、はじめ数回は前項の胴親必勝する方法により故意に場札のうち月数の連続したものの中低目の札（例えば十枚の場札の月数が一、二、三、四、四、六、八、九、十と表れた時は、二または三、または八または九）に賭金し、客（胴親）にはこれよりも高目の札すなわち三または四、または九または十の札に賭金しやすいようにして客（胴親）に勝利させた後、尽大（張方）は客（胴親）が一勝負後、場札を寄せ集め山札（箱札ともいう）を作る際に山札の下端部にくるべき札二、三枚の月数を記憶しかつ客（胴親）が右山札を突き混ぜる際、その札の所在を注視する。その後、尽大（張方）が山札を切るに当たり右記憶した札のいずれかを山札の最上部より十一枚目に切り出すのである。その後客（胴親）が最上部より十枚を場に曝した後、尽大（張方）は山札の最上部となるべき札、すなわち当初の十一枚目の札にして自らその数を記憶する札と合算し九となるべき場札に金銭を賭し、尽大（張方）が必ず勝者となるべき方法を施し、全く偶然性を失わせて勝者となる。

また補助役である忠兵衛が張方である尽大に代わり山札を突き混ぜる際、密かに最下端の札を尽大に示した上これを山札の最上部に突き出し、尽大にその札の数と合して九となるべき場札に賭金させたる後、その最上部の山札の一枚を起こして偶然賭した札と山札との和が九となったかのように胴親である客を申し欺き、客を誤信させて敗者とする場合もある。

その二

一、賭博の方法

胴親は最初四十枚の札から一ないし十の数の連続する札十枚を抜き場に曝して張札を作り、残りの三十枚を起こし札とし胴親がこれをよく突き混ぜて山札として張方に切らせて、双方が賭金した後に胴親はその最上層の札（床札）一枚を場に曝し、その目数と張り札の目数とを合算し、九またはこれに近い目に張った者が勝ちとなり賭金を没取する。

前項と異なる点は、四十枚の札を突き混ぜる前に、一ないし十までの一枚の札を抜き取って張札を作るにある。その他の方法は前項と同様である。

二、欺罔方法

(一)　客を抱く方法

この賭博方法によれば張り札は毎回不変で一より十までの札十枚であるから、胴親は張方の張札より一つ目数の多い札を張札とすれば、客の合算数が十とならない限り十中九までは必勝することになり、前項の場合よりもその勝率は多い。

そのところで忠兵衛は客に胴親を取らせ、尽大を張方にして勝負させて張方の張目より一つ多い札に張るよう持ちかける。

(二)　客を落とす方法

その一、前項の場合と同様に尽大(張方)は起こし札を密かに見て、起こし札の目と合算し九となるべき張り札に賭金するよう不正手段をとる。山札を揃えるのは胴親の義務であるが、胴親(客)が勝金の計算等に没頭している隙に乗じて張方(尽大)が山札を揃えてしまう。その際、張方(尽大)は山札の底札を密かに見てこれを山札の最上層すなわち起こし札として載せ、山札を場に積む。札を切るのは張方の権利であるが、胴親は張方が札を揃え山札を作ったのだから、あらためて張方に切らせないし張方も切らない。次に張方(尽大)は山札最上層の札と合算し九となるべき張札に賭金する。胴親である客は張方の張札の目より一つ目の多い札を張札として賭金をするから、起こし札を捲れば張方である尽大は九、胴親である客は十となって胴親の敗戦となる。

山札は忠兵衛が揃えることもある。この時、忠兵衛は山札の底札を密かに尽大に見せた後、その底札を最上層に置き起こし札とする。

その二、胴親である忠兵衛は客には内密に、花札の四月の四、五月の五の各四枚の裏面に爪その他の方法により、それぞれ異なる目印を付したショウ入の花札を使用する。張方である尽大は、これらのショウ札が起こし札となる時はことさらに場札と合算して敗者となるべき札に賭金して客を勝者とした後、客に一時に多額の賭金をさせて、ショウ入り札の数と合算し九またはこれに最も近い場札に賭金して勝者となり賭金を騙取する。

その三

釣り札を使用する。

忠兵衛は一枚釣り札をしてこれを尽大に見せ、密かに山札の最上部に載せる。尽大はこれと合わせて九となるべき張り札に賭金し、尽大の数を客の数よりも大きくする方法を講ずる。

（十）　樺太カブと詐欺

一、「樺太カブ」と称する賭博の方法

胴親と張方の勝負である。花札の松、梅、桜、藤、杜若、牡丹すなわち一月から六月までの各四枚の花札の中、一枚ずつ合計六枚を賭具として使用する。胴親は張方に判らないように右六枚の花札のうち一枚を伏せて場に出し、残り札五枚は場に積んでおく。張方は六個の白銅貨を握っていて右の伏せ札の目に合うように任意の個数を摘み出し、これを場に出し上から白紙を覆い、胴親に判らぬよう数を隠して賭金し残りの白銅貨は手に握っておく。それから胴親が札を開け、張方も白紙を取り、札の目と白銅貨の個数が合致するかどうかを見定め、もし合致すれば張方の勝ちで賭金の四倍を胴親から貰うことができ、合致しない時は張方の敗けで賭金は親に取られる。

二、欺罔方法

(一)　客を抱く方法

尽大は張方、忠兵衛は胴親となり六枚の札のうち一枚を伏せて場に出す。客は傍観者のように装って尽大の側に座し、尽大が白紙の下に何個の白銅貨を張ったかを見て、これを密かに胴親たる忠兵衛に通知することにする。通知の方法は指を一本出せば一とか、二本出せば二とか、要するに尽大は忠兵衛の共犯であるから、多少粗雑な表現方法をとっても差し支えはない。客から通知を受けた忠兵衛（胴親）は、もし尽大（張方）の張り目と忠兵衛（胴親）の張り目とが合致して尽大が勝利を得ることが判った時は、「気持ちが悪いから止める」といって勝負を中止する。もし合致しない場合には、尽大に多額の金を張らせるから大勝を納めることができると客に申し向け、客から胴前金を受け取って尽大との勝負に移る。

(二)　客を落とす方法

張方（尽大）として胴親（忠兵衛）を負かし、客を落とすに緊要な事項は、

(一)　まず胴親の伏せ札が何であるかを知り、これが数と合致するよう自己の白銅貨一個ないし六個を場に出すこと。

(二)　白銅貨一個ないし六個を場に出す時、客の目を誤魔化すこと。例えば二個出したものを客の目には一個かのように、五個出したものを客の目には三個かのように誤魔化すこと。

である。

右（一）の事項のためには、客には内密にあらかじめ胴親（忠兵衛）と張方（尽大）との間に、胴

親の伏せ札の目を張方に知らせる方法を内約しておく。

例えば、胴親が、

額を掻けば伏せ札の目は一

鼻の下に手をやれば二

顎に手をやれば三

耳を掻けば四

頸に手をやれば五

腕を組めば六

であることに内約しておく。

右（二）の事項のためには、右手の小指や薬指等を曲げ込んで密かに一個の白銅貨を隠し、他の三本の指で一個ないし五個の白銅貨を握ってこれを客に見せる。あるいは一個ないし六個を右手に握りこれを場に出すようにして、そのうち一個を密かに減じてこれを隠す。胴親の伏せ札の目よりも一個少ないか一個多いか、いずれにしても伏せ札の目と合致しない数を手に握り込んだ所を客に見せる。客が連勝の歓喜に酔い注意力が粗漫となる機会を窺って、張方（尽大）は多額の金を賭し胴親（忠兵衛）と前示暗号を取り替わし、数を誤魔化して場に出す方法を行うから、客はこれに気付くはずはなく、胴親（忠兵衛）が敗戦となって客の胴前金は尽大に食われるのである。

（十一）　四割源平と詐欺

その一　花札を用うる「四割源平」と詐欺

一、花札を用うる「四割源平」の賭博方法

花札を用うる「四割源平」は北海道方面で行われる。花札四十八枚中の一月から七月まで、すなわち松、梅、桜、藤、杜若、牡丹、萩各四枚ずつの札のうち一枚を抜き計七枚を張り札として張方に渡し、残りの二十一枚を胴親がよく突き混ぜて山札として場に積み、最上層の札は伏せておく。張方は七枚の札のうち任意の一枚を場に伏せて出す。胴親は右山札の最下層の底札一枚を抜いて場に曝して出し、同時に張方も場に伏せた張り札一枚を曝し、胴親の曝し札の目と合致するかどうかを見定め、もし合致している時は張方の勝ちで賭金の四倍の金を貰うことができ、合致していない時は張方の負けで張方の賭金は全部胴親に没収される。

二、欺罔方法

（一）　客を抱く方法

胴親には忠兵衛が当たり、尽大を張方にまわし胴親と客は互いに通謀して尽大の賭金を巻き揚げるべく図る。すなわち客を尽大（張方）の傍に座らせて、あたかも利害関係のない見物人のように装わせ、尽大の張札の目を盗み見て指等で胴親に内通する一方、胴親（忠兵衛）は札を突き混ぜる

際に山札の底には何月の札がきているかを見ておき、もし客の内通した目と底札の目とが合致した場合には辞を構えて勝負を中止し、合致しない時に勝負をすれば胴親は必勝し客は断じて損失を蒙ることとなしと詐称し、客に胴親へ所持金を託させる。

㈡　客を落とす方法

前項の方法で胴親（忠兵衛）と張方（尽大）が勝負を進める中、胴親（忠兵衛）は底札の目を密かに暗号で張方（尽大）に知らせる。

例えば胴親が、

右の膝頭に手を置くと…………一
右股の付根に手を置くと…………二
左の膝頭に手を置くと…………三
左股の付根に手を置くと…………四
両膝頭に手を置くと…………五
股の中央に手を置くと…………六
両手を握り合わすと…………七

と内約した暗号で張方（尽大）に内通し、内通を受けた張方（尽大）は、これと合致する目の札を場に伏せて出すのであるが、これを出す際には故意に異なる目の札を出すものかのように装って客の目を誤魔化し、客に当然胴親が勝つものと誤信させる。

張方（尽大）は伏せ札を開けると同時に胴親（忠兵衛）は底札一枚を取って場に出すが、この場合目が合致するから胴親（忠兵衛）の負けとなり、胴親（忠兵衛）は四倍の賭金を張方に支払うことになる。こうして客は張方の張札を見誤ったように誤信し、かえって胴親（忠兵衛）に対し自己の過失を詫びるのである。

その二、賽を使用する「四割源平」と詐欺

一、賽を使用する「四割源平」の賭博方法

胴親と張方との勝負であって、一個の賽および壺と白銅貨六個を使用する。

胴親は賽を壺に入れて場に伏せ、張方は賽の目に合うように、白銅貨一個ないし六個を場に出し上を白紙で覆った後に金を賭ける。胴親が壺を開け張方は白紙を取り除き、もし賽の上目と白銅貨の個数とが合致すれば張方が勝ちで胴親から賭金の四倍の金を取り、合致しなければ胴親が勝ちで張方の賭金を没収する。

二、欺罔方法

(一)　客を抱く方法

忠兵衛は胴親となり密かに客と組んで尽大を張方にまわし、尽大の金を巻き上げることを客に勧め、客を常に尽大が張る白銅貨の個数に注視させてこれを胴親に内通させる。一方胴親は壺を伏せて足を付ける際に密かに壺を持ち上げて賽の上目を見、もし客が内通した数と賽の上目が一致する場合には、胴親は辞を構えて勝負を中止し、一致しない時に限り勝負をするから決して胴親が負け

るようなことは無く、胴親（忠兵衛）と客とは巨利を得ると申し欺き、客から胴金を預り尽大（張方）との勝負に移る。

（三）　客を落とす方法

胴親（忠兵衛）は連勝した後に、壺で伏せた賽の上目を客に見せると同時に、密かに張方（尽大）の目にも止まるように壺の縁を揚げて見せる。張方（尽大）は賽の上目はこれを知らないかのように、故意に上目と合致せずこれよりも一個多いか少ないかいずれかの個数の白銅貨を場に置くように装い、上に白紙を被せ、密かに白銅貨一個を増減して賽の上目と合致させる。客は張方が増減した石の個数を知る由もないから、張方が客に見せて場に置いた石の数だけを胴親に内通し必勝を期している。そこで胴親は壺を開け、同時に張方も白紙を取り、はじめて客は目が合致している事実を知って驚き、自己の不注意のため張方の白銅貨の数を数え損ってしまったように誤信し欺罔される。

（十二）　賽引と詐欺

一、「賽引」と称する賭博方法

北海道、東北地方の一部で行われる賭博で、胴親と張方との勝負である。一月から十一月までの花札、すなわち松、梅、桜、藤、杜若、牡丹、萩、月、菊、楓の各四枚の札のうち一枚、合計十枚の花札および白銅貨十個を賭具とし、胴親がこの十枚の札の中から任意の一枚を賭け札として場に伏せて出す。張方は十個の白銅貨を手に握っておき、一個ないし十個の白銅貨を場に出して、胴親に判らぬように上から白紙で覆った後に賭金する。次に胴親は賭け札を開け、同時に張方も白紙を除き、両者の目が合致するかどうかを見定め、もし合致していれば張方の勝ちで賭金の四倍を胴親から貰い、合致しない時は賭金は胴親に没収される。

二、欺罔方法

(一) 客を抱く方法

忠兵衛は胴親となり客と組んで張方である尽大に当たり、詐術を施して尽大の賭金を騙取することにする。その手段として、客は利害関係のない第三者を装って張方である尽大の傍に座し、尽大が場に出す白銅貨の個数を見る。一方胴親である忠兵衛は賭け札を客に見せてその目を読ませ、もし尽大の白銅貨の数と賭け札の目数とが合致していることを認めた時は、直ちに胴親に内通して勝負を中止させ、右目数が合致していない時だけ勝負する。このようにすれば胴親の必勝疑いなしと称して客を抱き、忠兵衛は客から胴金を預り尽大との勝負に移る。

(二) 客を落とす方法

胴親(忠兵衛)は客の所持金を騙取する時がきたと思ったら、張札の目を客に見せると同時に密かに張方(尽大)にも見せるが、張方は何気ない風を装い、故意に張札の目と合致せずこれと一個だけ数を異にした白銅貨を客に見せて場に置き白紙を被せ、その際一個を増減して賭け札の目と合致させる。

次に、胴親は伏せ札を起こし、同時に張方も白紙を取り除く時は、両者の目が合致しているから胴親（忠兵衛）は敗け胴金を取られる。客は胴親（忠兵衛）が張方（尽大）にも札の目を読ませ、かつ張方（尽大）が一個を増減した事実を知らないから、軽率にも張方の白銅貨の数を数え損ったため敗北したと誤信する。

（十三）　麻雀賭博と詐欺

麻雀賭博の多くは一点にいくらかの賭金をするのであるが、詐欺賭博としては左の三方法がある。

一、犯人三名が共謀し被害者一人に対抗する場合

麻雀では第一に座席を決め、第二に起家（親）を定め、次に開戦となり、牌全部を卓上に裏向けに出しよく混ぜてから、各自の前に二個ずつ重ねて十七対の一列を桝形に組み、骰子を振って各々牌を取り、荘家は十四個、散家は十三個の牌を取って後、荘家はまず不用な牌を捨て、その後南家より順に重ねてある牌を一箇ずつ取り、それを手中の不用な牌と交換しながら不用な牌を河中に捨てて行く。また人の捨てた牌に自分の入用な牌があれば「チー」または「ポン」と掛け声してその牌を取り「順子」または「刻子」を四組作り、雀頭一つを作ることによって和了する。

その計算は和了したものは「副底」と称し、自分の基礎的得点の上に二十点（四十点の時もある）を加えられ役がつけば得点は倍加される。そこで犯人三名が通謀し被害者一人に対抗し密かに持牌の融通をする時は、犯人の中一人は被害者に先じて、栄和して勝ちを占めることができる。

持牌融通の手段として、神戸市高野某等一味がとった方法は、一犯人がある牌を欲する時は自己の足をもって仲間の足を打ち、その回数により牌の名称を表して暗号を伝え、仲間に持牌を棄てさせ、これを取って役牌を作ることにした。すなわち、

一筒は　足で二回　○……○
二筒は　同　三回　○……○○
三筒は　同　四回　○……○○○
四筒は　同　五回　○……○○○○
五筒は　同　六回　○……○○○○○
六筒は　同　七回　○……○○○○○○
七筒は　同　八回　○……○○○○○○○
八筒は　同　九回　○……○○○○○○○○
九筒は　同　十回　○……○○○○○○○○○
一萬は　同　三回　○○……○
二萬は　同　四回　○○……○○

三萬は　同　五回　○○………○○○
以下右の例に同じ
一索は　同　四回　○○○………○
二索は　同　五回　○○○………○○
三索は　同　六回　○○○………○○○
以下右の例に同じ

その他東、南、西、北、紅中、緑発、白板等の牌については、臨機その場の都合によって暗号を定めてこれを実行した。

二、牌を取り込む

前示のごとく十七幢を井桁式に並べる時に、何でも構わず二個の牌を密かに取り込み手持ちを多くしこれを使って順子、刻子等を作り、不用の牌は密かに河中に棄てる。

三、牌を擦り替える

被害者が十七幢山を作るのに夢中になっている間に、犯人は同じ牌二枚を一重ねにして犯人の座席前の幢の一端に置き、配牌が終わって後、犯人自身その持牌を揃えるように装い、作り込みの牌二枚と自分の持牌中不要の牌とを擦り替える。

麻雀の規約通りによれば、全部の牌は一旦伏せてよく混ぜて後に幢を作らねばならないが、事実は、手間を省き表向きの牌を裏向けながら幢を作るのであるから、その間密かに右のように同一牌二枚を盗みこれを自己の前に並べておく。

著者
井上　馨（いのうえ・かおる）
名古屋地方裁判所検事局検事をつとめ、裁判記録、被告人の供述などから「司法研究　報告書第二十輯十四　詐欺賭博の研究」のほか、多くの司法研究成果をまとめた。

いかさま、騙（だま）しの技法（ぎほう）　詐欺賭博の研究

2017年10月25日　初版第１刷発行　　ISBN978-4-336-06218-5

著　者　井上　　馨
発行者　佐藤今朝夫

〒174-0056 東京都板橋区志村１-13-15
発行所　株式会社　国書刊行会
TEL.03(5970)7421(代表) FAX.03(5970)7427
http://www.kokusho.co.jp

印刷・製本　三松堂株式会社
落丁本・乱丁本はお取替いたします。